KB196747

세종마을교육을 담다

마을교육,
다 함께
가치

세종마을교육을 담다

마을교육, 다 함께 가치

초판 1쇄 인쇄 2024년 12월 25일
초판 1쇄 발행 2024년 12월 31일

지은이 김미연, 박아남, 윤나영, 강기훈, 이종숙, 문지현
펴낸이 김승희
펴낸곳 도서출판 살림터

기획 정광일
편집 조현주·송승호·이희연
북디자인 꼬리별

인쇄·제본 (주)신화프린팅
종이 (주)명동지류

주소 서울시 양천구 목동동로 293, 2215-1호
전화 02-3141-6553
팩스 02-3141-6555
출판등록 2008년 3월 18일 제313-1990-12호
이메일 gwang80@hanmail.net
블로그 http://blog.naver.com/dkffk1020
한국교육연구네트워크 www.kednetwork.or.kr

ISBN 979-11-5930-313-5 03370

• 가격은 뒤표지에 있습니다.
• 잘못된 책은 바꾸어 드립니다.
• 이 책은 저작권법에 따라 보호를 받는 저작물이므로 무단 전재와 복제를 금합니다.

세종마을교육을 담다

마을교육,
다 함께
가치

김미연, 박아남, 윤나영, 강기훈, 이종숙, 문지현

살림터

행복한 세종, 마을교육공동체와 함께

세종특별자치시장 최민호

한 아이를 키우려면 온 마을이 필요합니다. 소중한 우리 아이들의 꿈, 그 꿈의 크기와 색깔은 무엇으로 정해질까요? 말뚝에 매여 자란 코끼리는 다 커서도 말뚝을 뽑을 생각을 못 한 채 좁은 공간에 만족하며 살아간다고 합니다. 비단잉어는 작은 어항 속에서는 10cm 정도 자라지만 수족관에서는 30cm, 강물에서는 1m가 넘게 자랍니다. 우리 아이들의 꿈을 키워 주는 것은 무엇에도 얽매이지 않는 자유로운 생각, 그리고 폭넓은 경험과 사회적 포용입니다. 아이들을 잘 키우려면 온 마을이 함께 나서야 하는 이유가 바로 여기에 있습니다.

아이들의 삶 속에서 시작되는 마을교육이 얼마나 중요한지 공감하고 있습니다. 집과 학교, 학원만 오가던 아이들이 마을로 돌아오고, 마을이 아이들의 놀이터이자 배움터가 되기를 바랍니다. 지금 이 순간에도 우리 아이들을 위해 노력해 주시는 마을교육활동가 여러분께 감사와 존경의 박수를 보냅니다.

이 책에는 마을에서 아이들의 성장을 돕기 위해 고민하고 실천하신 분들의 노력이 담겨 있어 같은 고민을 하시는 분들에게 좋은 길잡이가 될 것입니다. 다시 한번 『마을교육, 다 함께 가치』의 출간을 축하드리며, 이 책을 통해 세종시민 모두가 마을교육공동체의 소중함을 느끼고 세종시 전체가 행복한 마을교육공동체로 거듭날 수 있도록 다 함께 노력해 나가면 좋겠습니다.

마을교육과 함께 자라난 세종교육

이 책에서 가장 많이 나오는 말이 '공동체'입니다. 같이 사는 이웃의 이름을 모르고, 때로는 얼굴조차 모르고 지내는 시대입니다. 관계가 단절되어서 마을이 가져야 할 공동체 정서가 크게 부족합니다. 이를 안타까워하는 사람들이 마을교육의 중심에 뛰어들었습니다. 마을교육공동체를 위해 애쓰시는 분들의 생생한 경험이 녹아 있어 책을 넘길 때마다 여러 번 고개를 끄덕였습니다. 마을교육에 적극적으로 나선 사람들은 마을 사람입니다. 그들은 아이들에게 마을의 소중함을 몸으로 익힐 수 있도록 도와줬습니다. 학교 밖에서 배울 것들이 얼마나 많은지, 세상에 얼마나 많은 선생님이 있는지, 우리 아이들과 학생들에게 마을과 사람의 존재를 또렷하게 새겨 주었습니다. 세종시는 새롭게 만들어진 도시이기 때문에 마을교육활동가의 역할이 더욱 중요했습니다. 그들은 역량을 키우기 위해 공부했고, 함께하기 위해 모임을 만들었고, 협력과 연대의 힘을 키우기 위해 조직을 만들었습니다. 스스로 발전하면서 마을교육은 세종의 아이들을 품었습니다.

이 책을 펼치면 마을교육이 세종교육에 어떻게 기여했는지 느낄 수 있고, 마을교육이 꾸준히 이뤄져야 하는 이유를 알 수 있습니다. 여섯 분의 필자에게 감사드립니다. 마을교육에 참여한 활동가와 교사, 그리고 시민 여러분 고맙습니다. 모두가 함께 세종교육의 주춧돌을 놓았습니다. 『마을교육, 다 함께 가치』 책 발간을 뜨거운 마음으로 축하합니다.

응원의 글

2019년부터 세종행복교육지원센터가 마중물이 되어, 교육을 매개로 마을에 공동체적 가치가 확산되었습니다. 지역 시민들이 교육의 관찰자와 참여자가 돼 온 마을이 아이를 함께 키우는 교육 생태계를 조성하기 위하여, 시청과 교육청이 마을교육을 함께 추진하는 과정에서 마을교육활동가들의 노력은 더없이 귀중한 자산이었습니다. 행복교육지원센터와 함께 마을교육활동가들의 이야기를 담아낸 노력에 존경의 말씀을 드립니다. 성장했고 앞으로도 더 성장할 세종의 마을교육을 진심으로 응원하고 여러분과 함께할 것을 약속드립니다.

세종특별자치시교육청 행정국장, 이주희

세종의 교육은 마을과 함께 깊어지고 넓어졌습니다. 교육이 마을을 어떻게 만나야 하는지조차 알지 못할 때 실패와 실수의 반복을 함께 성찰하고 성장해 주신 마을교육활동가들 덕분에 우리는 교육과정 안에서 마을의 공간과 사람을 이야기하게 되었습니다. 복잡하고 빠르며, 불분명함으로 가득한 미래 사회는 다양한 시민들의 폭넓은 지혜와 더 깊은 참여를 요구하고 있습니다. 그리고 세종은 지난 10년의 마을교육활동가들의 경험과 경륜의 힘으로 방향과 목적지를 잘 찾아가리라 믿습니다. 지난 10년 함께 걸어온 마을교육활동가들께 깊은 감사를 드리며 다시 10년을 함께 걸어갈 더 많은 마을교육활동가들을 존경하고 응원합니다.

온빛초등학교 교감, 강정화

낯선 사람들로, 새롭게 만들어지고 있는 세종이라는 도시 성격이 어떻게 형성될지는 아직도 현재 진행 중입니다. 낯섦은 호기심과 도전도 있지만 두려움과 불안함도 동반하니까요. 긴 시간 동안 마을과 마을 곳곳을 누비며, 누구나 가르치고 배우는 세종교육 생태계를 위해 차근차근 실천해 오신 마을교육활동가들께 감사와 존경의 인사를 드립니다. 아파트에서 만날 때 서로의 이름을 불러주고 눈인사하는 세종의 풍경은 학교에서의 가르침만으로는 이루기 어려웠을 겁니다. 사람과 사람의 만남이 모든 변화의 시작이라는 고故 신영복 선생님 말씀처럼 마을교육활동가들이 학생과 어른을 이어 주고, 마을과 마을을 만나게 해 주는 역할을 했기에 공동체와 신뢰의 관계가 깃든 세종으로 차츰차츰 변모하고 있지 않을까요? 수고 많으셨습니다. 앞으로도 큰 활약 기대합니다.

세종특별자치시교육청 교육정책연구소장, 현영임

2017년 달빛숲마을학교에서 세종마을교육공동체를 처음으로 만났습니다. 첫 만남은 생소하였으나 낯설지는 않았습니다. 세종의 학부모들은 마을학교, 마을방과후, 동네방네 프로젝트 등 한 번쯤 자녀를 이러한 교육활동에 참여시켜 본 적이 있을 것입니다. 마을·교육·공동체는 정해진 매뉴얼이 있는 것도 아니고 명확한 범위도 없다 보니 마을교육공동체 활동을 말과 글로 표현하는 일은 무척 어렵습니다. 이러한 활동은 기록되어야 하며 글을 통해 마을교육공동체의 가치를 이해하고 함께할 사람을 찾을 수 있을 것입니다. 지치지 않고 함께 걸어온 마을교육활동가들께 감사드리며 열정과 노고에 박수를 보냅니다. 이 책의 발간을 계기로 더 많은 사람이 마을교육활동에 교감하고 성찰하여 세종마을교육공동체가 더욱 성장하기를 기대합니다.

세종특별자치시교육청 마을교육지원관, 이주혜

날마다 자라는 아이들을 바라보며 깨닫습니다. 아이들에게 좋은 환경을 만들어 주려고 어른들이 얼마나 열심히 노력하는지를요. 그리고 또 생각합니다. 학교의 테두리를 벗어난 외롭고, 마음 아픈 아이들에게는 어떤 환경을 만들어 주고 있는지 말입니다. 또 떠오르는 얼굴들이 있습니다. 이 나라가 낯선 가족을 가진 아이들에게는 어떤 환경을 만들어 주고 있는지 말입니다. 지금의 어른들은 학교라는 테두리와 마을 어른들의 관심을 함께 받으며 자라 왔습니다. 지난 시절보다 더 좋은 환경을 만들려고 노력하고 있다면 잊지 말아야 하겠습니다. 형형색색의 아이들에게 좋은 환경이란 어떤 것일까요. 학교와 마을을 포함해 우리가 모두 손잡고 관심 어린 눈으로 바라보아야만 아이마다 다른 상황에 적절한 교육환경을 만들 수 있습니다. 그러한 관점에서 세종의 교육환경을 만들어 가는 모든 분께 박수를 보냅니다. 무엇보다도 이 책의 출간을 준비한 손길에 다정한 미소를 보내 드립니다.

전의마을교육지원센터장, 천영옥

마을교육공동체 여러분이 보여 주신 헌신은 단순히 한 아이의 성장을 넘어서, 마을과 도시 전체를 풍요롭게 만드는 소중한 기초가 되었습니다. 여러분의 활동은 아이들에게는 배움과 삶의 터전을, 어른들에게는 따뜻한 공동체의 가치를 일깨워 주었습니다. 이 책이 이러한 귀중한 노력을 기록하여 후대에도 이어질 중요한 가치를 담게 되리라 확신합니다. 여러분의 사례 하나하나가 누군가에게는 새로운 시작이자, 도전의 동기가 될 것입니다. 이 책이 마을교육공동체의 의미를 많은 분께 알리고, 나아가 더 많은 분의 동참을 이끄는 계기가 되기를 진심으로 응원합니다.

로컬큐레이션 대표, 최영화

차례

프롤로그

'학교교육'과 '마을교육'이라는 말을 듣고서 많은 사람들이 학교와 교육은 서로 어울리는 말이라고 생각하지만, 마을과 교육에 대해서는 갸우뚱하는 사람도 꽤 있다. 그렇다면 마을에서는 교육이 일어나지 않을까? 조금만 돌이켜 보면 어린 시절, 국어·수학 같은 교과는 아니지만 마을에서도 자치기, 고무줄놀이하며 신체조절 능력을 기르고 아까시나무 잎을 가지고 놀며 셈하기를 익혔다. 언니, 오빠들 사이에서 질서를 배우고 어른들을 만나며 예의를 배웠다. 자연스러웠던 이러한 과정은 모두 마을이 지닌 교육의 순기능이다. 요즘은 예전과는 달라진 환경에서 마을이 지닌 교육의 순기능이 줄어들었고, 이를 다시 회복하기 위해서는 마을 구성원의 노력이 필요하다.

마을교육을 위해 애쓰는 분들을 우리는 '마을교육활동가'라고 부른다. 온 마을이 함께 아이를 돌보는 정성스러운 마음으로 10여 년이 넘게 긴 시간을 봉사해 온 활동가도 계신다. 거기에 비하면 마을교육공동체에 대해서 알아 가고 있는 초행자인 내가 이 글을 쓰는 것은 조심스럽다. 그래서 글을 쓰기까지 적지 않은 고민을 했다. 이제 나와 같은, 또 다른 초행자가 조금은 더 깊은 이해로 조금은 더 가볍게 발걸음을 뗄 수 있으리라 여기며 기록의 힘을 빌려 이 글을 쓴다. 마을교육공동체 활동을 위해 함께 애쓴 분들의 노력이 그냥 사장되지 않기를 바라며, 작은 글로 우리의 애씀과 추억이 시간의 한 페이지에 남을 수 있었으면 한다.

마을교육공동체의 과거와 현재, 미래를 폭넓게 다룬 이론서도 많은데, 필자들은 이 책을 통해 마을교육공동체의 시작을 찾기 위해 역사를 파고드는 작업을 하고자 하는 것은 아니다. 그보다는 마을교육공동체 활동에 참여하면서 알게 된 것을 이야기하고, 소회를 밝히는 데 가까울 수 있을 것이다.

이 책에는 여섯 사람이 모여서 여섯 가지 색깔을 띤 마을교육에 관한 이야기를 풀어놓았다. 그동안 마을교육공동체에 관한 책이 많이 나왔지만, 세종의 이야기를 담은 책은 처음이다. 이 책을 시작으로 제2, 제3의 세종마을교육공동체 이야기가 이어지기를 바란다.

2024년 12월
다 함께 마음 모아

마을교육,
기록을 시작하다

세종행복교육지원센터에서 마을교육공동체 업무를 맡고 있다.
삶의 터전인 마을을 무대로 성장하는 아이들의 모습 뒤에는
마을 곳곳에서 만나는 마을교육활동가들의 열정과 노력이 있었다.
마을과 학교가 더 촘촘히 연계되고 아이들의 배움과 삶이 일치하는
행복한 세종을 바라며 이 책의 시작을 연다.

_김미연, 세종특별자치시교육청 장학사

마을교육이 뭔가요?

세종행복교육지원센터와 마을교육 이야기

세종행복교육시원센터에서 새롭게 마을교육공동체 업무를 맡게 되었다. 마을교육? 공동체? 마을에 모여서 교육을 하는 걸까? 마을에서 모인 사람들이 어떤 교육을 하지? 새로운 업무를 맡은 설렘보다는 빨리 업무를 파악하기 위해 고군분투했다.

마을교육공동체의 역사나 시작을 알아보기 위해 우선 많은 책을 읽었다. 이해되는 내용, 이해되지 않는 내용 가리지 않고 되도록 많이 읽었다. 그렇게 마을교육공동체 안에서 일한 지 한 해, 두 해가 흐르고, 이제는 익숙한 말, "한 아이를 키우려면 온 마을이 필요하다"라는 아프리카 속담의 의미가 새삼 온전히 다가옴을 느낀다.

마을교육을 하면서 우리는 왜 교육청과 시청, 학교와 지역사회의 이음을 생각하게 될까? 마을의 아이들은 자라서 마을의 어른이 된다. 학생은 성장하여 시민이 된다. 이러한 성장의 과정은 분절된 것이 아니라 하나의 흐름으로 연결되고 이어져야 한다. 교육청과 시청을 나누고 학생과 성인을 나누는 사고로는 마을교육을 제대로 실현할 수 없다. 그러한 점에서 마을교육은 시민 전체를 대상으로 전 생애에 걸친 평생교육의 관점에서 이해되어야 한다. 그리고 이를 위한 지원 체제로 관官 차원의 '이음'의 역할이 기대된다.

세종행복교육지원센터는 시청과 교육청이 협력하여 만든 중간지원 조직으로, 세종지역 아동·청소년에게 필요한 체험학습 및 방과후 활동 등 다양한 교육 지원 사업의 개발과 운영을 지원하기 위해 설립되었다.

2018년 세종시청과 교육청의 협약으로 세종행복교육지원센터 준비위원회가 구성되었고, 2018년 11월 「세종행복교육지원센터 설립 및 운영에 관한 조례」가 공포되었다. 2019년 1월에는 센터를 설립하고 3월부터 사회적경제공동체센터 2층에 사무실을 열었다. 2023년 1월부터 현재의 세종시청 교육지원과로 이전, 운영되고 있다. 센터장은 시청 교육지원과장이 겸임하고, 팀장(시청 사무관 1명), 시청 주사 1명, 교육청 장학사 1명, 교육청 주사 2명으로 교육청과 시청 공무원이 통합하여 근무하고 있다.

주요 사업으로 복합커뮤니티센터(이하 '복컴') 마을방과후, 마을-학교 결합형 방과후(학교로 찾아가는 마을방과후), 마을로 초대하는 학교 교육과정(마을배움터), 마을교육공동체 운영, 민·관·학 거버넌스 운영, 행복교육체험터 발굴사업을 추진하고 있다.

시청과 교육청, 두 기관이 지역의 아동·청소년에게 필요한 교육활동을 지원하는 데 뜻을 모으고 협력해 가는 것은 상당히 고무적인 일이다. 세종행복교육지원센터 누리집에는 마을교육 프로그램을 통합하여 소개하고 있는데, 시청에서 운영하는 복컴 마을방과후, 행복교육체험터와 함께 교육청에서 운영하는 마을학교, 온마을늘봄터(작은도서관 마을방과후), 동네방네 프로젝트, 마을교사 등도 함께 소개되어 협조체제를 구축하고 있다.

마을에서 이루어지는 여러 사업이 기관별로 나뉘어 진행되고 있지만, 그 안에서 움직이는 사람들은 서로 통하고, 마을교육활동가의 활동은 시청과 교육청을 넘나든다. 복컴 마을방과후 강사로 활동하는가 하면 마을교사로 활동하기도 하고, 동네방네 프로젝트에서 청소년을 이끌어 주는 길잡이 교사로 활동하기도 한다. 마을의 아이들에게 다양한 경험을 선사하는 마을교육활동가의 활동을 통해서 센터의 의미를 다시금 찾아볼 수 있다.

반면, 관리직에 센터장(겸임)으로 시청 서기관, 팀장으로 시청 사무관이 보해지고, 특히 사무실이 시청 교육지원과 내에 팀으로 위치하면서 시청 조직으로 인식되어 중간지원조직의 의미가 약해지고 있다. 또한 기관 간의 행정문화 차이, 교육사업의 비중과 입장 차이 등에서 오는 어려움은 업무의 유기적 통합과 마을 현장에 기반한 지역밀착형 사업의 효율적 운영에 약점으로 작용하기도 한다. 이제 변화된 상황을 반영하고 공동의 숙고를 통해 행복교육지원센터 2.0을 구축해 가야 할 때가 되었다.

행정복합도시(이하 '행복도시') 세종시의 마을

'마을'이란 단어를 들으면 무엇이 연상되는가? 장수 TV 드라마 〈전원일기〉를 기억한다. 집집마다 대문이 활짝 열려 있고 마을 사람들이 구분 없이 이 집 저 집 방문하고 마치 하나의 대가족 같은 모습이 떠오른다. 혹은 누런 소가 울고 가마솥 아궁이에 불을 지피는 더 오래전 시골의 전경을 상상하며 마을을 떠올리고 있지는 않은가? 이제 트랙터로 밭을 갈고, 전기밥솥으로 밥을 해 먹은 지도 오래다.

그럼 우리는 어떠한 모습을 마을이라고 부를 수 있을까? 마을은 보이는 것이 아니라 그 안에 흐르는 무언가로 이루어진다. 예전에는 집에 도착하면 책가방을 놓고 집 앞 골목길에서 친구들과 어울려 놀았다. 술래잡기, 고무줄놀이, 구슬치기, 딱지치기 등 아이들의 놀이는 날이 저물도록 계속되었다. 아이들은 즐겁게 놀면서 자연스럽게 신체 능력이 향상되고 집중력과 협응력이 좋아졌다. 놀이에서 자신의 목적을 달성하기 위해 전략을 세우는 방법까지도 기를 수 있었다.

요즘에는 '집-학교-학원'을 오가고 집은 그저 잠을 자고 밥을 먹는 장소라고 느끼는 학생이 많다고 한다. 학교에서 안내 책자를 따라 딱지 접는 법을 배우고 줄넘기를 가르치는 학원도 따로 있다. 방과후 태권도장을 가서 친구를 사귀고 뛰어논다.

왜 학원을 가느냐는 물음에 친구들이 모두 학원을 가서 놀 친구가 없다는 답이 돌아온다. 맞벌이 부모는 집 밖에서 노는 것이 안전하지 못하다는 생각에 학원을 선택하기도 한다. 이런 상황이니 마을은 텅 비었다. 놀 아이들이 없고 안심하고 놀 수 있게 도움을 줄 어른이 없다. 놀다가 부딪히는 어려움을 형, 누나에게 배우고 주변 어른들에게 배워서 스스로 해결하는 경험을 쌓지 못한다. 스스로 해 본 경험, 자기주도 능력이 부족해 심지어 공부하는 방법까지도 학원에 배우러 간다니 얼마나 아이러니한가. 다시금 따뜻한 정감을 느낄 수 있는 마을을 꿈꾸기 위해서는 무엇보다 안전한 장소와 돌보아 줄 어른이 있어야 한다. 그래서 아이들이 하나둘 돌아온다면, 그래도 조금은 '마을'의 모습이 갖추어지지 않을까?

세종시가 출범한 지 12년이 지났다. 그동안 아파트가 지어지고, 입주를 위해 주거의 이동이 일어나고, 입주하고 또 이동하고 진득하게 관계를 맺는 데 어려움이 있었다. 마을이 만들어지는 초기에는 아이를 키우면서 함께한 엄마들의 모임이 다양한 형태로 발전했다. 초원의 동물들이 새끼를 돌보기 위해 무리를 짓는 것과 같이 혼자는 약하지만 모이면 강하고 함께하면 더 수월해지기 때문이다. 육아모임이 발전해 마을을 살리기 위해 나서고 그 힘은 자연스럽게 아이들이 다니는 학교로 이어졌다. 아이들을 매개로 학교와 마을이 연결된다. 이러한 변화의 모습은 이미 우리 주변에서 일어나고 있고, 더 살기 좋은 마을로 나아가고 있다.

세종시 아파트 외벽에는 브랜드명 없이 '○○마을'과 같이 '마을'이란 말이 붙어 있다. 공동체 문화 형성을 유도하기 위한 정책이라고 한다. 행복도시 내 마을 명칭은 한자어가 아닌 순우리말로 그 지역에서 전래해 온 옛 지명을 사용한다는 최초 제정 원칙에 따라, 명칭제정자문위원회에서 심의하고 주민 의견 수렴을 거쳐 정해진다.

세종시 생활권별 마을 명칭

생활권	행정구역	마을 이름	생활권	행정구역	마을 이름	생활권	행정구역	마을 이름
1-1	고운동	가락마을	3-1	대평동	해들마을	5-1	합강동	꽃나루마을
1-2	아름동	범지기마을	3-2	보람동	호려울마을	5-2	다솜동	글미마을
1-3	종촌동	가재마을	3-3	소담동	새샘마을	5-3	용호동	미리재마을
1-4	도담동	도램마을	4-1	반곡동	수루배마을	6-1	누리동	꽃재마을
2-1	다정동	가온마을	4-2	집현동	새나루마을	6-2	한별동	둔지미마을
2-2	새롬동	새뜸마을	S-1	세종동	모롱지마을	6-3	산울동	산울마을
2-3	한솔동	첫마을	S-2	가람동	머래마을	6-4	해밀동	해밀마을
2-4	나성동	나릿재마을						

이러한 정책이 시민들에게는 마을이라는 옛 향수를 상기시켜서 오히려 다행이라는 생각도 든다. 아파트에 살더라도 이웃들과 인사하고 집 앞 거리에서도 마주치는 사람들과 정다운 눈웃음을 나눌 수 있는 공동체가 살아 숨 쉬는 진정한 마을이 되길 바란다.

마을교육공동체, 마을배움터에 대해서 알려 주세요

마을교육공동체 업무는 마을을 위해 기꺼이 봉사하려는 마음을 가지고 있으나 아직 그 방법을 몰라 함께하지 못한 개인, 기관 또는 단체에게 함께할 방법을 안내하고 한자리에 모으는 마을교육공동체 발굴·구성으로 시작된다. 이곳저곳 마을교육공동체를 세우는 과정에서 공통으로 많이 받는 질문은 바로 "그래서 마을교육공동체가 뭔가요?"이었다.

이미 마을에서 활동하는 마을교육활동가라면 굳이 설명하지 않아도 그 의미를 이해하고 동참하지만, 그렇지 않은 사람들에게는 마을교육공동체의 개념이 무척 두루뭉술하고 모호하게 다가온다. 비단 마을 주민뿐만 아니라 보고 체계에서 만나는 행정가에게도 마찬가지다. 그래서 '마을교육공동체'의 의미와 개념을 구체적으로 설명해 낼 수 있어야 했다. '마을교육공동체는 이런 것이고 어떤 일을 한다!'라고 명확하게, 활자로 정리된 글과 함께 설명해 주기를 바란다. 기관 또는 단체의 대표 자격으로 만나서 설명을 듣고, 그 구성원들에게 전달하고 협의를 거쳐야 하는 점 때문에 더 그럴 수도 있었겠다.

세종시교육청에서 제시하는 마을교육공동체의 개념은 표와 같다.

개념	마을과 학교가 아이들을 함께 키우고 마을이 아이들의 배움터가 되도록 학교와 마을, 교육청과 지방자치단체 그리고 학부모와 시민사회가 협력하고 연대하는 교육 생태계	
의미	학생에게	• 배움과 삶의 공간이 일치되는 곳 • 민주시민으로 경험을 쌓아 가는 곳
	학부모에게	• 내 아이가 스스로 안전하게 성장하는 곳 • 교육 소비자에서 교육 주체로 책임과 권리를 갖는 것
	교사에게	• 다양한 교육자원의 지원으로 수업이 풍성해지는 것 • 살아 있는 교육과정의 설계를 가능하게 하는 것
	마을에게	• 아이들이 머무르며 생기와 활력이 넘치는 것 • 세대가 소통하여 안전하고 행복한 공간이 되는 것
	세종시에게	• 우수한 교육환경으로 도시 성장의 원동력이 되는 것 • 시민들의 참여로 도시의 지속발전을 가능하게 하는 것

다른 시도 교육청과 지자체 등에서 규정하는 마을교육공동체의 의미도 조금씩 차이는 있으나, 그 속에 흐르는 큰 맥락은 다 통함을 알 수 있다.

- 전라남도교육청: 학교와 마을이 아동·청소년을 함께 키우고 가르칠 수 있도록 학교와 마을, 교육청과 전라남도 및 시·군 그리고 학부모와 사회단체가 협력하고 연대하는 공동체
- 인천광역시교육청: 주민자치와 교육자치의 결합으로 마을이 아이들의 배움터가 되고, 마을에서 아이들이 자라도록 교육청과 지방자치단체 그리고 학부모와 시민사회가 협력하고 연대하는 교육 생태계
- 경기도 시흥시청: 학교, 교육청, 지방자치단체, 지역사회 주민과 단체가 네트워크를 형성하여 청소년들을 함께 교육하는 협력적 교육공동체

마을교육활동가가 아닌 시민들은 '마을과 교육, 공동체' 낱낱의 뜻 조합으로 막연하게 다가오는 의미를 마치 가위로 색종이를 오려내듯 또렷하게 밝혀 주기를 기대한다.

"마을교육공동체란?" 물음에 나 역시 "지역사회의 교육 기능 회복을 위해 민·관·학이 연계하여 구축한 지역 교육협력 협의체입니다"라고 첫마디를 열지만, 이조차도 모호함이 100% 해소되지 못하기에 조금 더 쉽게 이해될 수 있도록 여러 번 다듬고 또 설명한다.

이렇게 간결하고 명료하게 요약하여 정리했지만, 마을교육공동체의 기원과 취지를 돌이켜 볼 때 마을 주민들이 아이들을 돌보는 과정에서 마을교육 지원이 필요함을 '자연스럽게 인식'하고 마을 주민들이 지역

사회의 교육 기능 회복을 위해 '자율적으로' 구축한 지역 교육협력 협의체로 발전해 가는 것이라 덧붙인다.

세종시는 1읍 2면 24동으로 구성된 도농도시이다. 읍면 지역과 동 지역은 지역 상황과 여건, 특히 교육 인프라에서도 차이가 있다. 마을교육공동체를 발굴하고 운영하기 위한 지원에 대한 준비 상황도 다르다. 읍면 지역은 주로 주민자치회를 비롯해 마을 주민과의 교류가 지속적으로 이루어지고 있으며, 마을교육공동체 구성의 큰 축을 담당하는 사람들이 있다.

반면 동 지역은 여러 주체가 따로 자리를 잡고 있기에 각 주체가 사용 가능한 공간은 있지만 사람들이 한자리에 모여 함께 이야기를 나눌 기회가 거의 없다. 동 지역은 교육 인프라가 풍부한 가운데 사람들이 연대하고 마을-학교 연계가 더욱 필요한 실정이다. 그래서 우리 센터에서는 동 지역의 마을교육공동체를 특별히 '마을배움터'라고 명명했다. 마을배움터는 마을의 인적·물적 자원을 활용하여 온 마을이 함께 아이들을 성장시키는 마을-학교 연계 도시형 마을교육공동체 운영 모델이다.

현재 읍면 지역 마을교육공동체는 전의면, 연서면, 부강면, 소정면 등에서 운영되고 있으며, 동 지역 마을교육공동체인 마을배움터는 고운동을 거점으로 한 온빛마을배움터, 새롬동에 위치한 새롬마을배움터가 있다. 세종시교육청에서는 2024년부터 전의마을교육지원센터와 해밀마을교육지원센터를 설립하여 운영하고 있으며, 2025년 2기관, 2026년 2기관, 2027~2028년 2기관씩 구축하여 8개소까지 확대해 갈 예정이다.

마을교육공동체 이야기

꿈틀꿈틀 부강마을교육공동체의 시작

부강면은 면 지역 중 유일하게 초등학교, 중학교, 고등학교가 모두 있는 지역으로 마을과 학교 연계에 관심이 컸고, 주민자치회가 초기부터 운영되어 주민자치회와 연계한 마을교육공동체 구성과 운영의 토대가 마련되어 있었다. 부강초등학교와 부강중학교, 학부모회, 주민자치회, 지역아동센터, 복도리협동조합, 청소년활동진흥센터, 교육청, 시청 등 민·관·학이 모여 마을교육공동체를 구성하기 위한 다모임을 운영했다. 『로컬이 미래다』라는 도서를 선정하여 서로의 생각을 나누고, 마을에서 아이들의 삶이 꽃필 수 있도록 각자의 역할을 살폈다.

회의 장소인 부강면 청소년문화관은 2020년 11월, 농촌 중심지 활성화 사업으로 설립되었는데, 지역의 복도리협동조합에 위탁하여 운영 중이다. 마을의 아이들이 자유롭게 드나들 수 있는 작은도서관, 공부방, 회의실, 다목적 강당으로 구성되었으며, 1층에는 카페도 운영하고 있어 편안한 분위기를 자아내는 공간이다. 마음을 나눌 사람들이 있고 사람들이 모일 수 있는 공간이 있다. 부강의 마을교육공동체는 그렇게 천천히 첫발을 내디뎠다.

마을과 함께 아이들과 함께, 생태수업

1917년 부강공립보통학교라는 이름으로 개교한 부강초등학교에는 100년이 넘는 역사만큼이나 깊이 우거진 학교숲이 있다. 이 숲은 자연스럽게 조성된 생태자원으로 큰 아름드리나무가 즐비하다. 이곳은 울창한 숲길을 걸으며 자연을 만지고 느끼는 오감 학습장으로도 제격이다. 부강초 학교숲만의 이런 강점을 살려, 아이들에게 자연을 만나는 시간을 안겨 줄 수 있으면 좋겠다는 아이디어로 마을교육활동가들과 회의를 했다. 부강초등학교 선생님들도 흔쾌히 함께 해 주어서 차근차근 수업을 위한 계획을 세울 수 있었다. 전체적인 수업은 학교 교육과정과 연계하여 학교 주변의 생태를 관찰하고, 초목의 이름을 배우고, 특징을 정리해 보는 활동으로 방향을 잡았다.

아이들과 만나는 수업 시간을 알차게 구성하려면 교육과정의 운영자이자 학급 아이들의 수준과 특성을 잘 파악하고 있는 담임선생님과의 협력이 필수적이다. 선생님들과 함께 성취기준과 학습 내용을 살펴 마을교육활동가들이 필요한 부분을 찾고 협의 과정을 거쳤다. 수업 시기는 2학기가 시작하는 8월 31일과 9월 4일, 총 6차시 학습 내용 중 도입과 정리는 담임선생님이 주제를 열고 마무리하고, 생태 분야의 마을교육활동가들과 4차시 부분을 협력하도록 구성했다.

마을교육활동가들은 마을 자원을 교육과정 안으로 가져와 수업을 더욱 풍성하고 폭넓고 깊이 있게 만들어 준다. 함께 수업을 준비하는 과정에서 마을교육활동가들이 보여 준 준비와 노력은 참으로 감사했다. 선생님들과 수업 설계에 대한 소통을 더욱 원활히 하고자 프로그램 활동 계획안은 선생님들이 사용하는 교수학습안 양식을 따랐다. 언어가 다른 외국인과의 의사소통을 위해서는 상대방의 언어를 알아야 하듯,

마을교육활동가들은 평소 교사들이 수업을 읽는 교수학습안을 공부하고, 생소한 용어와 양식일 텐데도 하나씩 배워 가며 활동 계획안을 완성했다. 이를 위해 실제 학교현장의 정유미 선생님(소담초 교사지원부장)으로부터 교수학습안의 이해와 작성에 대한 컨설팅 연수에 참여하고, 수차례에 걸쳐 수정과 검토를 반복했다.

교수학습안의 이해와 작성 연수

학교숲 현장 답사

시기마다 변하는 생태수업 현장의 특성상 봄의 학교숲과 한여름의 학교숲 모습은 달라서 미리 답사하여 모든 내용을 정할 수는 없었다. 5월에는 현장을 답사해 학생들의 이동 동선과 학습 장소를 정하고, 수업 전 답사를 통해 다시 한번 현장을 확인했다. 수업 한 달 전까지 주요 내용에 대해 담임선생님들과 소통한 후, 8월에 최종 검토를 거쳐 마침내 수업을 진행했다.

실제 수업 첫날에는 미리 도착하여 학생들과 함께 이동할 동선과 게임 진행에 필요한 나뭇잎을 수집하는 등 마을교육활동가들의 노력은 끝이 없었다. 생태수업은 마을교육활동가 두 분이 한 학급의 아이들과 함께 학교 곳곳을 거닐며 나누는 이야기로 시작되었다. 오래 살기 때문에 소원을 들어주는 느티나무, 세종대왕이 좋아한 앵두, 개량종과 재래종 잎이 한 나무에 살고 있는 공작단풍나무 등 쉽고 재미있게 풀어주는 이야기를 들으며 점점 수업 속으로 빠져들었다. 나무들을 만져 보고 나무 이름의 유래, 잎과 잎맥의 모양과 특징 등에 대한 설명을 들으며 오감 교육이 이루어졌다. 루페를 사용하는 방법, 나뭇잎을 채집하는 방법도 배웠다. 채집한 나뭇잎을 모아서 도감도 만들고, 친구들과 식물에서의 물과 양분의 이동을 협동놀이로 체험해 보았다.

두 번째 수업 시간이 되자, 아이들이 먼저 마을교육활동가를 알아보고 인사하며 반가워했다. 지난 시간 관찰했던 나뭇잎 중 하나를 보여주면 똑같은 나뭇잎을 찾아오는 활동을 시작으로, 채집해 온 나뭇잎을 자신들의 기준에 따라 분류해 보았다. 똑같은 나뭇잎으로 카드를 만들고 메모리 게임을 하니 나뭇잎의 모양과 특징을 더 잘 기억했다. 마지막으로 메모리 게임에 사용했던 카드를 조각내어 퍼즐 맞추기 게임을 했다. 두 팀으로 나눈 후, 서로 퍼즐 문제를 내는 식이다. 보자기 위에서 나뭇잎이 지나가도록 카드를 한 번씩 자른 후, 보자기째로 교환하여 빨리 맞추는 모둠활동이었다. 계속 카드를 한 번씩 추가로 잘라 가면서 조각 수를 늘려 난이도가 점점 높아졌다. 시원한 여름 그늘에 돗자리를 펴고 앉아서 즐거운 활동을 마치고 나니, 우리 아이들은 적어도 학교 주변의 나무에 대해서 누구보다 자신 있게 대답할 수 있는 정도가 되었다. 아이들의 자신감 있는 목소리를 들으니 실제 아이들의 관심이

생태수업 현장

나뭇잎 카드 놀이

얼마나 커졌는지 와닿았다. 아이들과 함께한 생태수업을 마치면서 미래 주역인 아이들이 자연에 대해 아는 만큼 보이고, 보이는 만큼 더 아낄 수 있으리란 기대도 커졌다.

수업을 마친 후, 담임선생님들과 마을교육활동가들이 서로 소감을 나누고 차후 더 나은 프로그램으로 거듭나기 위한 피드백을 공유했다. 특히 담임선생님들도 나무 하나하나에 대한 흥미로운 이야기에 아이들의 집중도가 높아졌고, 채집한 잎들을 다양한 방법으로 여러 차례 분류해 보게 함으로써 더 자세히 관찰하고 특징을 익히게 된 것을 우수한 점으로 꼽아 주었다. 준비된 마을교육활동가와의 협력수업은 모두를 성장시켰다.

부강중학교 생태수업은 또 다른 모습이었다. 부강중에는 '부강뜨레'라는 예쁜 이름의 학교 텃밭이 있다. 학생들과 함께 텃밭을 운영하기 위해 교육청 마을교사 사업에서 '우리동네샘(우동샘)'을 지원받아 4월부터 10월까지 협력수업을 진행했다. 우동샘은 우리 마을에서 농업에 종사하는 분이셨다. 우동샘의 도움을 받아 고구마, 감자, 고추 등 다양한 작물을 심었고, 각 작물이 자라는 과정에서 손이 필요할 때마다 찾아와서 기르는 법을 알려 주셨다. 덕분에 한 해 동안 작물을 가꾸면서 시기별로 어떤 작업을 해야 하는지도 알고, 수확과 결실의 기쁨까지 누릴 수 있었다.

학교 선생님의 입장에서 보면, 새로 부임하게 된 학교는 선생님이 나고 자란 곳도, 살고 있는 곳도 아니다. 당연히 그 마을에 대해 아는 바가 거의 없고 여기저기 찾아보고 애써 구한 다음에야 마을의 분위기를 조금씩 이해할 수 있다. 그래서 해당 학교에서 근속 기간이 길어질수록 마을에 대한 이해가 더 높아진다. 마을에서 지내는 시간이 쌓여야 알게 되는 부분도 있다. 그런 점에서 볼 때 마을을 가장 잘 아는 사람은 마을교육활동가라고 할 수 있다. 이미 마을에 대한 깊이 있는 이해로 준비되어 있는 마을교육활동가와 함께 수업을 준비해 간다면 수업 준비의 수고를 덜면서도 수업은 더 깊어진다. 이러한 혜택은 당연히 우리 아이들에게 즐거운 수업활동으로 돌아간다. 마을교육활동가와의 수업을 아직 경험해 보지 않은, 망설이는 학교 또는 선생님이 있다면 적극 권하고 싶다.

마을을 거닐며 다 함께 플로깅 & 부강문화제

  부강마을교육공동체 분들과 매월 정기회의를 하면서 각 기관의 상황을 공유하고 서로 도울 일이 있는지, 어떻게 함께할 수 있을지를 상의하고 협력하고 있다. 지속가능한 부강마을교육공동체를 만들어 가기 위해 여러 지역에서 성장하고 있는 사례들을 탐구하기도 했다. 아산 지역에서 열심히 마을교육활동을 하는 분을 모시고 연수 시간을 마련했다. 무분별한 쓰레기가 생산되고 있는 현실과 지구 환경의 위험성을 시작으로, 학생들과 함께 하나씩 해결책을 모색하고 실천한 경험이 담긴 내용이었다. 환경을 주제로 한 꾸준한 활동을 통해 성장하는 모습을 보고 부강마을에도 접목해 볼 수 있겠다는 기대가 생겼다. 특히 아이들과 함께 참여한 환경 캠페인, 올바른 분리배출 방법 알기, 1일 분리수거 배출량 기록, 쓰레기 없는 행사 진행, 바닷가 플로깅 등 여러 경험 사례를 공유해 주어 마을교육공동체의 성장 과정을 잘 알 수 있었다.

  이후 정기회의에서는 환경을 살리는 작은 실천을 고민해 보고, 그 가운데 우리가 함께 할 수 있는 일로 플로깅*을 해 보기로 했다. 먼저 함께 활동할 수 있는 날짜와 시간을 정했다. 각 기관의 행사와 학교의 학사일정 등을 고려하여 11월로 시기를 정하고, 같은 달 열리는 부강문화제와 연계하여 진행하기로 했다. 그동안 부강문화제에서는 주민자치회 운영 프로그램만 발표했는데, 이번에는 학생들이 참여하여 관람도 하고 공연도 할 수 있도록 했다. 다음으로 플로깅 이동 동선을 정했는데, 부강초 후문과 부강중 정문이 있는 골목길에서 출발하여 부강문화제가 열리는 부강면 문화복지회관까지 도착하기로 했다.

연수를 듣고 플로깅이 무엇인지 알고 취지에 공감한 터라 일사천리로 기관별 역할도 정해졌다. 거대한 쓰레기 산을 막기 위한 실천 방법과, 지구 환경 보호 등 '왜 플로깅을 하는가'에 대해서는 선생님들이 학교에서 환경 동아리 활동 또는 교과와 연계하여 학생들을 지도한 다음, 참여하기로 했다. 중학생보다 일찍 하교하는 초등학생들은 방과후 프로그램을 하거나 지역아동센터에서 활동하다가 시간에 맞추어 바로 참여하기로 했다. 학부모회에서는 학생들이 이동할 때 안전 확보를 위해 봉사해 주기로 했다.

행사 당일, 시작점을 알리는 배너는 플로깅 행사 때마다 재사용이 가능하도록 일시와 장소를 공란으로 두고, 매 회차 적어서 교체할 수 있도록 했다. 약속된 시작 지점에 모여 기념촬영 후, 선생님과 마을 어른들의 지도에 따라 학생들이 차례로 이동했다. 마을을 한 바퀴 돌면서 우리 마을을 위해 내 손으로 쓰레기를 줍고 깨끗하게 가꾼다는 보람은 학생들에게 긍정적인 자아를 인식하게 하고, 애향심도 높이는 일석이조의 효과를 가져왔다.

도착지인 부강면 문화복지회관에서 쓰레기봉투를 정리하고 착석하

---

* 플로깅은 이삭을 줍는다는 뜻의 스웨덴어(plocka upp)와 천천히 달리기라는 영어(jogging)의 합성어이다. 조깅을 하며 쓰레기를 줍는 행동을 가리키는 말로, 요즘은 줍깅으로 번역하여 쓰이기도 한다.

니 부강문화제가 시작되었다. 올해는 부강초 밴드와 지역아동센터 밴드, 사물놀이 공연으로 참여했다. 무대에 올라 긴장하여 음 이탈이 나기도 했지만 부강마을 어르신들은 그 모습까지도 사랑스럽게 바라보며 박수를 아끼지 않으셨다. 공연하는 학생들은 긴장하면서도 또 씩씩하고 멋있게 공연을 소화해 냈다. 부강마을교육공동체와 협력하여 마을 연계 행사를 잘 마쳤다는 점에서 뿌듯함을 느끼고, 마을을 배움의 장으로 확장할 수 있다는 사실을 재확인하는 뜻깊은 시간이었다.

부강마을교육공동체 플로깅

부강문화제 학생 참여 공연

다시 한번 도약을 위한 날갯짓, 부강하슈 제과제빵 프로그램

부강청소년문화관에 자리 잡은 복도리 카페는 마을 주민들이 차와 음료를 즐기며 휴식하는 편안한 공간이다. 함께 위치한 시설의 자립 운영을 위한 복도리제빵소에서는 '부강하슈'라는 빵을 생산하고 판매하는데, 마을 주민들로 구성된 복도리협동조합에서 운영하고 있다. 벌써 운영된 지 5년째인 제빵소인 만큼 마을 분들은 제과제빵에서 최고 솜씨를 자랑하는 베테랑이시다. 실제로 주민자치 제빵 프로그램과 학습동아리를 열고 계신다. 월요일마다 맛있고 다양한 종류의 빵을 굽고 금방 나온 빵을 나누며 담소를 나누는 카페 풍경이 포근하다.

부강청소년문화관 1층에 위치한 복도리 카페 운영 모습

부강마을교육공동체의 프로그램을 구상하면서, 마을 주민들이 새롭게 도전하는 것도 좋지만 이미 잘하고 있는 일이라면 더 적극적으로 자신감 있게 할 수 있겠다는 생각이 들었다. 그래서 제과제빵에 관한 마을의 인적 자원을 활용한 프로그램을 기획했다. 제과제빵은 학생들에게 매우 인기 있는 프로그램이다. 그런데 프로그램 체험비용이 재료비를 포함해 꽤 높은 편이라 학교에서 자주 운영하기 어려운 프로그램이기도 하다. 정기회의를 통해 복도리협동조합의 마을 어른들이 수업을 재능기부로 진행하고, 부강초등학교와 부강중학교 전교생이 모두 참여하는 것으로 방향이 정해졌다.

수업은 난이도에 따라 1~2학년은 머핀, 3~4학년은 크럼블, 5~6학년과 중학생들은 스콘 만들기로 진행되었다. 수업 시간에 빵이 완성되어야 하므로 발효과정이 없는 빵 종류로 선정했고, 짤주머니에 반죽을 넣어 짜는 머핀은 저학년에서 하고, 성형이 필요한 과정은 고학년으로 배정했다. 두 모둠으로 나누어 한 모둠은 제과제빵 실습을 하고, 다른 모둠은 작은도서관으로 이동했다.

작은도서관 학습공간에서는 담임선생님이 제과제빵에 대한 교육을 실시할 수도 있고, 빵이 구워지는 시간 동안 학생들이 좋아하는 보드게임을 하거나 책을 읽을 수도 있다. 친구들과 함께 포장 상자를 예쁘게 꾸민 학생들도 눈에 띄었다.

부강하슈 제과제빵 실습

부강하슈 제빵 프로그램을 마치고 남은 것들

부강하슈 제빵 프로그램을 마치고 마을교육활동가, 학교 선생님, 학생들이 고루 참여한 평가회가 이어졌다.

참여한 선생님들은 학생들이 좋아하는 제빵 활동을 학교 정규 교육과정 시간 내에 우리 마을에서 직접 참여할 수 있었던 점이 좋았고, 마을 어른들이 직접 알려 주셔서 더 뜻깊은 시간이 되었다고 이야기했다. 학생들은 직접 재료를 계량하고 빵을 만드는 경험이 신기하고 즐거웠고 친구들과 다 함께 할 수 있어서 좋았다고 했다. 그리고 우리 마을에 이런 좋은 곳이 있는지 알게 되었다며 앞으로 더 잘 이용하겠다고 했다. 재능기부로 프로그램을 이끌어 준 마을교육활동가들은 우리 마을 아이들을 위해 봉사한다는 자부심으로 행복해졌다면서, 부강지역 학생 모두가 부강청소년문화관을 방문하게 되어 청소년을 위한 이 공간을 알리는 기회가 되어서 기쁘다고 하셨다. 또한 이번 활동을 통해 부강 마을교육활동가들의 제빵 노하우도 축적되고, 이를 계기로 새로운 레시피 개발에도 박차를 가하게 되었다고 한다. 지역 주민(학부모)들을 대상으로 별도로 운영하는 제빵 프로그램 홍보 효과도 기대되었다. 실제로 한 학부모는 자녀들이 만든 빵을 맛보고 성인들도 배울 수 있는지 문의를 하셨다.

일회성 활동으로 멈추지 않고 나아갈 수 있는 동력도 얻었다. 학교 선생님들은 교수학습안을 작성하고 참여한 후 개선점을 반영하여 교수학습안을 다시 수정, 검토해 주었다. 이렇게 해서 부강마을교육공동체에는 초등학교와 중학교 9년 동안의 '단계별 제빵 체험 프로그램'이 완성되었다.* 이를 계속해서 운영하고 개선·발전시키려는 노력이 지속되기를 바란다. 마을-학교 연계 활동으로 학교에는 마을과 함께한 경험이, 마을에는 학교와 함께한 경험이 우리 모두에게 남았다. 서로에게 필요를 남기고 언제든 함께할 수 있는 동반자 관계를 인식하게 되었다.

부강마을교육공동체와 함께 3년을 걸어오면서 마을의 아동·청소년을 보살피고자 하는 마을 주민들의 애정을 충분히 느낄 수 있었다. 더 지속적이고 발전하는 마을교육공동체를 위해 단기적으로는 부강마을에 특화된 프로그램과 함께 마을에 활기를 불어넣고, 장기적으로는 적절한 마을 주민의 세대교체도 필요하다. 마을과 연계한 활동에 앞장서는 마을 주민 대부분이 50~60대이고 10년 가까이 봉사해 온 터라 힘에 부칠 때가 종종 있다. 마을에서 자란 청소년들이 다시 마을에 정착해 살아가면서 이러한 점이 서서히 해소될 수 있을 것이다. 그러기 위해

----

* 글 뒷부분에 붙임. 〈부록〉.

서는 마을이 살아나고 마을에서 살아갈 수 있는 청년 사업, 일거리가 있어서 새로운 활력이 순환해야 한다. 그러한 점에서 마을교육공동체의 작은 씨앗의 소중함을 다시금 생각하게 된다. 마을교육공동체를 가꾸어 간다는 것은 이러한 선순환의 물꼬를 트는 일이다.

부강마을을 교육현장으로

세종시 동쪽 가장자리에 자리한 부강면에 처음 갔을 때, 하나의 큰 독립된 마을처럼 보였다. 부강이라는 이름에서도 그 강인한 기운이 느껴졌다. 부강면은 충청북도 청원군 부용면에 속하는 8개 리가 세종시 출범과 함께 편입되어 지금의 부강면이 되었다.

부강면 앞으로는 금강이 흐른다. 예로부터 강은 주변 논과 밭을 비옥하게 하고, 강을 따라 물자가 이동하고 모이면서 풍요로운 중심지를 형성하게 했다. 현재 부강면의 옛 나루터 자리에는 물자 운송의 기능은 쇠퇴하고 경치 좋은 강을 배경으로 식당들이 자리 잡고 있다. 조치원역이 발달하면서 중심지 역할은 약화되었지만, 여전히 경부선, 경부고속도로, 경부고속철도 등이 지나고 부강역, 부강공단, 복합물류터미널 등이 자리한 교통과 물류의 중심지이다.

부강면에는 국가유산과 문화재 등 마을의 교육자원도 풍부하다. 2년 전쯤, 행복교육지원센터에서 기획하고 삼버들협동조합에서 안내한 부강마을여행에 참여하여 마을 전체를 둘러볼 수 있었다. 들르는 장소마다 이야기가 있고, 긴 세월에도 잘 간직된 모습을 보고 세종시의 숨어 있는 보석마을을 발견한 기분이었다. 마을 주민들의 설명이 더해져 자연스럽게 역사의 흐름과 현재를 연결 지을 수 있었다. 특별한 박물관이 아니라, 우리가 일상을 살아가는 마을을 둘러보며 역사 속에서 현재를 살아가고 있음을 깨닫는다는 것은 정말 멋진 일이다. 함께 참여했던 선생님도 교육적 의미를 발견하여 부강초 학생들과 함께 부강마을 여행을 다녀오고, 부강마을의 또 다른 명소를 발견했다는 이야기를 들려주었다.

부강마을에서 함께 둘러보면 좋을 보석 같은 교육자원을 간략히 소개한다.

국가민속문화재 제138호 홍판서댁

홍판서댁은 1886년(고종 3년)에 지은 중부지방의 전형적인 ㅁ자형의 양반 주택이다. 이는 안채 대청에 있는 상량문에서 확인할 수 있다. 조선 24대 임금 현종의 계비 효정왕비의 조카 홍순형 판서가 소유했던 한옥이었는데, 마지막으로 이 건물을 소유하고 거주한 유계화 어르신의 이름을 따 유계화 가옥이라 부르기도 했다. 홍판서댁은 1984년 1월 14일 국가민속문화재 제138호로 지정됐고, 2014년 12월12일 세종 유계화 가옥으로 명칭을 바꿨으며 2017년 2월 28일 세종 부강리 고택, 2018년 11월 5일 현재 이름인 세종 홍판서댁에 이르렀다.

용과 호가 적힌 사주문을 들어서면 ㄷ자형 사랑채가 남향으로 자리 잡고 있고 안마당 안쪽에 ㄷ자형 안채가 마주 보고 있다. 전체적으로 정남향의 ㅁ자형으로 구성되어 있으며 사랑채보다 안채를 높게 축조하였다. 집 안마당에는 살림의 편의성을 위해 우물을 설치하고 곁에 향나무를 심은 특징이 있다.

국가등록문화재 제784호 부강성당

1962년 현 성당 건물과 1957년부터 사용되었던 한옥 성당이 함께 공존하여 1950년대 이후 건축사적 변천 과정을 확인할 수 있다. 현 성당은 북미식 교회건축 양식으로 지붕을 기와로 올려서 동서양의 조화를 이룬 것이 특징이다. 한옥 성당은 처음엔 별당으로 사용한 주택이었으나 지금의 본당이 세워지기 전까지 성당으로 이용했다. 본당을 세우고 나서는 수녀원과 화합실, 한옥 카페로 활용하고 있다. 부강성당은 한국전쟁 이후 굶주린 사람들을 위한 선교활동과 구제사업에 대한 기록들을 잘 간직하고 있어 지역사, 종교사적 측면에서도 보존 가치를 인정받고 있다. 아늑하고 따뜻한 분위기와 평화로운 풍경으로 KBS, SBS 드라마 촬영지로도 사용되었다.

부강초등학교 강당

일제강점기인 1926년 무렵 부강초등학교 강당으로 지어진 건물이다. 강당은 정면 6칸 측면 2칸 규모의 목조 기와집으로 지붕은 팔작지붕이고 처마 밑에는 현판과 중수기가 걸려 있다. 중수기에는 건축할 당시의 역사와 건축 연도 건립 동기 등이 남아 있다. 2004년부터 강당 옆에 체육관이 생기면서 현재는 사용하지 않고 근대 건축물 구조와 형태가 그대로 보존되어 조선 후기의 건축 양식을 보여 준다.

호국영웅 김종오 대장 흉상

한국전쟁 당시 가장 치열했던 백마고지 전투에서 군부대를 진두지휘한 장군이 바로 김종오 대장이다. 부강면의 옛 지명인 충북 청원군 부용면 외천리 출생으로 백마고지 전투를 승리로 이끄는 등 수많은 공을 세우며 무려 여덟 차례나 무공훈장을 받았다. 이 흉상은 김종오 대장의 80주년 생일을 기념하여 모교에 건립된 국가보훈처 지정 현충시설이다.

부강마을교육공동체의 길

부강마을교육공동체는 2022년 참여학습모임을 시작한 이래로 3년째 접어들고 있다. 함께하는 마을교육공동체 구성원들은 저마다의 자리에서 물심양면으로 지원하고 있다.

부강마을교육공동체가 함께 걸어온 길, 마을-학교 연계

2022			2023									2024			
참여학습모임	부강면 국토공원화 사업 화분 꾸미기	마을교사 우동샘 연계 텃밭가꾸기	마을계획단	마을교육활동가 생태협력수업	행복교육체험터 연계 마을여행	학교연계 청소년 창의융합교실	행복교육체험터 연계 수목원체험	부강마을 체험터 염색체험	마을–학교 연계 플로깅	부강문화제 학생 참여	마을교사 우동샘 연계 텃밭가꾸기	제과제빵 실습 프로그램	행복교육체험터 연계 수목원체험	마을–학교 연계 플로깅

2023년, 부강면 도시재생현장지원센터에서는 청소년 창의융합교실을 열어 부강초에 18차시 AI 로봇 교육과 드론 활용 교육, 부강중에 36차시 디지털드로잉, 디렉터즈컷 교육, 지역아동센터 2곳에 각 24차시씩 3D펜 활용 교육을 지원했다. 특히 부강중 학생들의 자유학기제 수업과 동아리 수업 등과 함께 진행하여 진로에 대한 고민이 많은 시기의 학생들에게 큰 도움이 되었다. 이 밖에도 활동마다 다 풀어놓진 못했지만 한 해 동안 마을과 학교가 연계하여 부강에서 자라나는 학생들의 성장을 지원하고자 노력했다. 2024년의 고민은 부강마을만의 대표적인 브랜드를 더 발전시켜 마을교육공동체의 지속가능한 발전을 탐색하는 것이었다. 부강만의 브랜드를 가진 멋진 프로그램으로 성장하기 위해 마을 주민들, 선생님들, 학생들까지 모두 힘을 합친 경험이었다. 3년간의 시행착오를 통해 부딪히고 개선하여 앞으로도 마을 주민들이 협력하여 더 발전된 마을교육공동체를 운영해 가기를 기대한다.

마을배움터 이야기

도약하는 온빛마을배움터

고운동에 위치한 온빛초등학교는 2015년 개교와 함께 시작부터 혁신학교로 출발했다. 혁신학교는 일반 학교에 비해 교육과정 운영에서 자율성을 지닌다. 특히, 따뜻한 감성과 밝은 지성의 민주학교라는 교육 비전처럼 온빛초등학교는 교육공동체 간의 부단한 소통과 의견수렴 과정을 거치면서 민주적인 교육환경을 조성해 왔다. 그리고 학생자치 활성화, 학부모지원사업 확대, 교원의 전문적 학습공동체 내실화 등을 실천하며 지금까지도 계속해서 교육공동체의 힘을 키워 가고 있다.

2021년 8월 26일, 이러한 노력의 연장선상에서 온빛초등학교를 중심으로 범지기마을3단지, 범지기마을9단지, 가락마을20단지 마을이 모여 협약을 맺고 본격적으로 마을배움터를 꾸리기 시작했다. 온빛마을배움터는 학교에서 배운 내용을 아이들이 살아가는 삶의 공간인 마을에서 풀어내고, 학생들의 배움이 삶과 이어질 수 있도록 함께 고민하는 학교와 마을이 연대하는 교육공동체이다. 2012년 출범한 세종시에는 새로 아파트가 많이 지어졌고 풋살장, 농구장, 체육관 같은 주민운동시설과 광장 등 우수한 공용시설을 갖추고 있다. 학교는 마을과 연대하면서 이러한 마을의 시설을 학교 교육 공간으로 활용하고 아이들은 자신이 실제 생활하는 삶의 터전에서 배우고 익히며 마을에 대한 이해가 더욱 깊어질 수 있다.

2020년은 코로나19 감염병의 유행으로 전 국민이 어려운 시기를 겪었다. 2021년 11월부터 전면등교가 시작되면서 학교도 다시 활기를 띠기 시작했다. 일상 회복이 단계적으로 시작되면서 여전히 마스크를 쓰고 발열검사를 하지만 그동안 부족했던 신체활동과 학생 간 교류의 시간도 가능해졌다. 온빛마을배움터에서도 마을과 함께 하는 첫 시범 프로그램으로 마을의 우수한 시설을 활용한 소규모 가을운동회를 열 수 있었다.

고운뜰공원 밧줄놀이   범지기마을9단지 날아라 제기

가락마을20단지 놀이터와 공터에서는 1~2학년 학생들이 동물꽃이 피었습니다, S자 비석치기, 다트놀이를 진행했고, 배드민턴장에서는 주사위 이어달리기를 했다. 고운뜰공원에서는 3~4학년 학생들이 해먹, 해적다리, 밧줄암벽 등 밧줄을 이용한 다양한 놀이를 체험하고 신체 균형 감각을 길렀다. 범지기마을9단지와 어서각 주변에서는 5학년 학생들이 문화관광해설사님에게 어서각에 얽힌 역사 이야기를 들으며 어서각을 탐방하고, 고리 따기, 나무탑 쌓기, 십자놀이, 날아라 제기 등을 진행했다. 범지기마을3단지 체육관에서는 6학년 학생들이 배드민턴 대항전을 열어 즐겁게 시간을 보냈다. 마을 곳곳에 울려 퍼지는 아이들의 웃음소

리가 얼마나 그리웠을까, 그 시간을 넘어 행복한 마을배움터의 모습을 보여 주었다.

2022년에는 공동체성 회복이라는 주제로 온빛초등학교 학생들과 마을 주민들이 직접 참여하여 행사를 어떻게 구성해 갈지에 대해 의논하는 시간을 마련했다. 학생들이 마을과 연계해 하고 싶은 활동들을 제안했고, 마을 어른들은 이를 실행하기 위해 함께 고민했다. 학생들은 마을에서 친구들, 가족들과 모두 함께 참여할 기회가 있었으면 좋겠다는 의견을 냈고, 많은 사람의 참여가 예상되어 학교 운동장보다 넓은 공간을 찾기 위해 머리를 맞대었다. 그리하여 온빛초등학교를 출발지로 하고 육교를 건너 제천변을 따라 걸어서 남세종종합청소년센터에 도착하는 오리엔티어링 형식으로 방향을 잡았다.

'기부, 나눔, 함께'라는 가치를 담은 온빛마을배움터 나눔 축제는 기부산책과 부스체험으로 진행되었다. 기부산책은 마을을 가로지르는 제천을 친구 또는 가족과 함께 걷고 마을을 탐색하면서 친목을 다지고 완주하면 완주한 사람 수만큼 기부로 이어지는 프로그램이다. 도착지인 남세종종합청소년센터에는 12개의 다양한 체험부스가 세워지고 악기연주, 댄스, 노래 등 버스킹 공연도 이어졌다. 아동·청소년 관련 사업을 진행하고 있는 시청 산하의 남세종종합청소년센터가 온빛마을배움

기부산책

체험부스 전경

터와 추가 협약을 맺었고, 학생회, 학부모회, 아버지회, 마을 외에 시청자미디어센터와 홍익대생활과학교실에서도 부스 운영을 맡아 주어서 더 알차게 진행되었다.

2023년은 지난 경험이 축적되어 축제 기획은 조금 더 빠르게 이루어졌다. 지속가능발전목표(SDGs)를 실천하는 2023년 온빛마을배움터 교육마을축제는 미션산책과 체험부스, 버스킹 공연으로 지난 활동을 보완하고 개선하여 발전시켰다. 마을과 생태를 주제로 한 미션산책은 마을을 거닐며 쓰레기를 줍고 산책 코스에 주어지는 여섯 가지 미션을 수행했다. 미션은 QR코드로 제시되는 문제를 해결하는 형식으로 종이 쓰레기를 줄이고 마을 탐색 중 새로운 기관으로 시립도서관도 미션 장소로 추가했다. 시립도서관에서는 두 돌 기념 축하 엽서 쓰기 미션을 하여 마을에 있는 공공기관에 대한 이해를 높였다. 미션을 완료하면 도착 지점에서 음료 쿠폰을 지급하여 동기부여를 하고 더위를 식히도록 했다.

도착지인 남세종종합청소년센터에서는 체험부스와 버스킹 공연이 이루어졌는데, 한층 더 멋있어진 댄스 공연과 온빛유치원 5세반 장구 공연은 큰 인기였다. 또 남세종종합청소년센터에서는 연근마켓(플리마켓)이 열려 파전, 솜사탕과 같은 먹거리를 제공하고 지속가능발전목표 실천을 더 극대화할 수 있었다.

온빛초등학교 학생회 체험부스

온빛유치원 장구 공연

2024년의 온빛마을배움터는 더 큰 도약을 꿈꾼다. 그동안 행복교육지원센터에서 주관하던 정기협의회와 행사 공동 기획 추진을 마을 중심으로 이어 가는 중요한 시기이다. 2024년 5월, 현재 온빛마을배움터 협의체는 온빛초등학교와 온빛유치원, 범지기마을3단지, 범지기마을9단지, 가락마을20단지, 범지기마을 또랑또랑작은도서관, 남세종종합청소년센터, 세종청소년활동진흥센터가 참여하고 있다. 올해도 역시 학교와 마을을 연계한 행사를 준비하고 있다. 각 기관과 단체, 개인들이 가진 자원과 잠재력을 모아 마을의 생태를 탐사하고 마을 속으로 더 가까이 가기 위해 곳곳에 부스를 배치할 예정이다.

이렇게 학교와 마을이 연대하여 행사를 준비하고 성공하는 경험이 쌓이고, 이러한 경험을 바탕으로 비로소 공동체성 회복과 마을의 교육력 제고에 한 걸음 더 가까이 갈 수 있을 것이다. 마을배움터의 행사를 단순히 행사로만 보면 안 되는 이유이기도 하다. 아이들의 삶이 실현되는 터전인 마을을 배울 기회를 마을 어른들이 열어 주는 마을이야말로 아이들의 배움과 삶이 일치하는 곳이다.

새롬마을배움터 이야기

새로움이라는 단어는 언제나 설렘과 함께 긴장을 가져온다. 2생활권 중심에 있는 새롬동에서 마을배움터를 일구기 위해 처음으로 찾은 곳은 새롬종합복지센터이다. 새롬종합복지센터에는 다양한 기관들이 입주해 있는데, 청소년 대상 사업을 하는 새롬청소년센터가 있어 더 눈에 익은 곳이었다. 사전 약속을 잡고 새롬종합복지센터 입주기관 대표회의 초반에 잠깐의 시간을 얻었다. 대상은 새롬동장을 비롯한 입주기관 대표들이었다. 세종행복교육지원센터에 대해 간단히 소개하고 나서, 마을배움터가 무엇인지와 그 필요성에 대해 말씀드렸다. 대부분 긍정적으로 이야기를 들어주셨고, 각자 해당 기관의 성격과 하는 일 등을 고려하여 검토한 후 답을 주기로 했다. 그 후로도 각 기관의 담당자들과 종종 약속을 잡고 궁금한 부분들을 듣고 설명하고 함께할 방향을 의논하는 시간이 필요했다. 약 2주 후, 새롬마을배움터를 함께 일구어 갈 기관에서 연락해 와서 협약일을 잡았다.

2023년 4월, 세종시가족센터, 세종여성새로일하기센터, 세종시장애인복지관, 새롬청소년센터, 세종여성플라자, 세종시자원봉사센터, 꿈이 움트는 다올, 어울더울놀이터 등 8기관과 업무협약을 맺고 추후 7월에 숲누리 단체를 추가하여 총 9기관과 협약을 맺었다. 대표님들과 협약서에 서명하고 현판 전달, 기념촬영 순으로 협약식을 마쳤다. 새롬동에서 마을 자원을 활용한 도시형 마을교육공동체 운영 모델인 마을배움터를 구축하기 위한 초석을 다진 날이었다.

다음으로 새롬동 소재 학교를 대상으로 새롬마을배움터에 대한 안내가 필요했다. 새롬마을배움터에 대한 안내 자료를 작성하여 초등학교, 중학교, 고등학교를 방문하여 교무부장 선생님, 교감 선생님, 교장 선생님 등 관계자분들을 만났다. 마을배움터의 활동은 구성원들과 협

새롬마을배움터 협약식

의를 통해 만들어 가는 과정이다 보니 당시 구체적인 활동에 대한 계획을 설명하기 어려웠고 예시는 너무나 모호한 면이 있었다. 앞서 시작된 온빛마을배움터의 사례는 학교를 중심으로 구성되어 새롭게 시작하려는 학교에서는 큰 부담으로 느껴질 수 있었다. 더욱이 2023년은 이미 학사일정이 진행되고 있어 그 가운데를 뚫고 완벽히 이해되지 않은 미지의 무언가를 위해 흔쾌히 동참을 말하기도 어려우리라 예상되었다. 첫술에 배부르랴는 말처럼 첫해는 학교에 새롬마을배움터의 존재를 알린 정도에서 시간을 더 가져 보기로 했다.

마을에서 모인 9개 기관·단체와 머리를 맞대고 마을의 아이들을 위해서 어떤 것을 할 수 있을까를 고민하기 시작했다. 새롬동에는 많은 학원가가 형성되어 있다. 그만큼 새롬동은 학생들의 교육에 대한 관심과 수요가 높았다. 그래서 아이들의 미래, 꿈, 진로를 위해 마을의 어른들이 길을 열어 주면 좋겠다는 의견이 모였다. 방향이 정해지니 목표와 대상도 순차적으로 차근차근 가닥을 잡아 나갔다. 마을의 아이들이 진로에 대한 생각을 구체화할 수 있도록 진로탐색을 도와주는 내용으로 구성하고 대상은 초등 고학년부터 고등학생까지 희망자는 모두 참여가 가능하도록 넓게 설정하고 중심 대상은 중학생으로 잡았다.

먼저 학생들의 진로와 관련하여 거론되었던 것은 키자니아와 잡월드 같은 곳이 우리 마을에도 있으면 좋겠다는 의견이었다. 새롬마을 잡월드를 만들면 어떨까? 구체적인 협의가 시작되자 하나둘씩 의견을 내고 열의가 솟아났다. 단순히 요리사 옷을 입고 요리해 보는 1일 체험이 아니라 요리사라는 직업에 대해 더 깊이 있게 알고 궁금증을 해소할 수 있는 시간을 만들어 보자는 의견이 모였다. 직업에 관해 정말 궁금하지만 책에도 나와 있지 않은 것, 직접 일하는 해당 직업인만이 알 수 있는 것, 아주 사소한 것이라도 질문하고 답을 들을 수 있는 시간을 마련해 보기로 했다. 직업 분야를 나누고 분야별 각 강의실에서 자신이 알고 싶은 직업에 대해 직업인들과 대화를 나눌 수 있는 토크콘서트를 준비하기로 했다. 행사명은 회의를 통해 직업을 뜻하는 '잡(Job)'과 이야기를 나누는 의미로 '수다'를 붙여 새롬마을 진로이야기콘서트 '잡(Job)수다'로 정했다.

본격적으로 학생들이 관심 있고 만나고 싶은 직업인들에 대한 설문조사를 실시했다. 설문조사 QR코드가 담긴 게시물을 각 학교로 배포하여 학생들의 의견을 모았다. 학생들의 의견을 분류하여 직업 분야를 나누고 우리 마을에 있는 직업인을 모집했다. 작은 팸플릿을 만들어 각 아파트 관리사무소에 보내고 게시 협조를 요청했다. 그러나 선뜻 나서는 분이 거의 없었다. 처음 진행하는 행사이다 보니 생소함에 선뜻 나서지 못한 분도 있었을 것이다. 추후 확인해 보니 아파트마다 게시를 한 곳도 있고, 그냥 넘어간 곳도 있었다. 또 마을의 어른들이 마을의 아이들을 위한 행사를 준비한다는 취지에 맞게 재능기부로 진행한 점도 지원율이 더 낮았던 원인으로 꼽혔다. 지원자를 찾기 어려워 이번에는 마을의 기관과 단체들이 직접 나서서 모집했다. 다양한 분야에서 활동하는 인맥을 동원하고 홍보하여 지원을 받기도 했다. 어렵게 직업인 섭외를 마치고 광고홍보, 생활안전, 사회안전, 경영관리, 정보통신, 음식요리, 사회복지, 건강미용 등 8분야에 12명의 직업인이 참여하게 되었다.

다음으로 행사 홍보를 위해 하루를 꼬박 다니며 행사 포스터를 붙였다. 게시 협조 요청 공문만으로 안내가 되리라 기대하고 가만히 있을 수가 없었다. 새롬동 내 각 아파트 단지는 관리사무소에 게시 협조 공문을 보낸 후 직접 포스터를 가져가서 도장을 찍은 후 붙였다. 성당, 싱싱장터 등 마을에서 사람들이 모이는 곳이면 어디든 찾아갔다. 그렇게 참여 신청을 받고 학생들을 만나기 위해 강의실 준비, 현수막, 배너, 직업인 오리엔테이션 등을 준비했다.

행사 당일, 새롬종합복지센터는 안팎으로 사람들이 북적거렸다. 건물 밖에서는 새롬청소년센터의 행사가 함께 진행되어 밴드, 춤 등의 공연도 이어지고 체험부스도 운영되어 더욱 활기를 띠었다. 외부 행사에 참여하던 아이들도 건물 안으로 들어와 새롬마을 '잡수다'에 참여할 수 있도록 흐름을 구성했다.

새롬마을 잡수다는 진로이야기콘서트에 앞서 학부모 특강과 학생 특강을 따로 마련했다. 학부모들에게는 자녀의 진로에 대한 고민을 나누고 적절한 진로 코칭을 도와줄 방법에 대해 강연했다. 참여한 학부모들은 시간이 너무 빠르게 지나갔다며 유익한 특강에 만족감을 나타내며 시간을 더 늘렸으면 좋겠다는 의견을 들려주었다. 학생들에게는 진로 고민이 왜 필요한지 자신에게 적절한 진로를 찾아가는 방법 등을 안내했다. 이어서 자신들이 선택한 직업인과의 진로이야기콘서트에 참여하게 되어서 그런지 학생들이 진로선택의 중요성과 필요성을 느끼고 더욱 진지하게 참여했다.

새롬마을배움터 구성원들이 진행자 역할을 맡고, 강의실마다 학생 4~7명이 1~3명의 직업인과 질의응답을 이어 갔다. 사회안전 분야에는 퇴역한 군인과 현역 군인이 함께 나란히 앉아서 심도 있는 대화를 이끌어 주었다. 군인이 되고 싶다는 여중생은 체력 테스트는 어떤 것을 하는지, 개인적인 궁금증을 적극적으로 질문하고 답을 들으며 연신 웃음을 지었다. 강의실을 나서며 내년에도 또 참여하고 싶다며 매우 만족스러워했다. 생활안전 분야에는 세종여성플라자에서 여성 경찰관을 섭외해 주었는데, 양성평등에 대한 인식도 개선하고 일석이조의 효과를 누렸다. 누가 봐도 경찰과 군인의 제복 입은 모습은 정말 멋있었다. 뿜어져 나오는 카리스마와 당찬 이미지는 시선을 모으기에 충분했다. 건강미용 분야에 헤어디자이너로 참가한 직업인은 더욱 특별했다. 세종시교육청에서 운영하는 마을교육공동체 사업인 청소년자치배움터 동네방네 프로젝트에 참여했던 학생이 당당히 직업인으로 성장하여 다시 후배들을 위해 나선 것이다. 동네방네 프로젝트는 청소년들이 마을을 기반으로 자신의 진로를 탐색하고 스스로 배움을 기획하고 운영하는 프로젝트이다. 자신이 마을 어른들의 도움을 받아 헤어디자이너의 꿈을 이루었다며 당연히 봉사해야 하지 않겠냐며 미소 짓는 모습을 보며, 이것이야말로 진정한 우리 행사의 취지가 아닐까 하는 생각이 들었다.

행사를 마치고 뒷정리를 하며 참여한 학생과 학부모님의 반응을 떠올리며 참 뿌듯했다. 새롬마을배움터 구성원들은 소감을 나누며 각자 속한 기관의 성격과 행사의 병행 가능성을 확인하고 더 알차게 구성하고자 하는 포부도 다질 수 있었다. 2023년에는 새롬마을 잡수다가 시범 프로그램으로 시작되었지만 이러한 노력이 밑거름이 되어 안정적인 프로그램으로 자리 잡았으면 한다.

학부모 진로 특강, 자녀 진로 코칭

분야별 진로이야기콘서트

마을이 내미는 손

2023년 한 해 동안 새롬마을배움터를 구성하고 새롬마을 '잡(Job)수다'를 성공적으로 마친 경험으로 구성원들은 2024년에도 일찍부터 마을 아이들을 위한 진로 행사를 준비했다. 바로 학교와 연계한 마을 결합형 프로그램이 그것이었다. 지난해에는 이미 학사일정이 진행 중인 상황이라서 학교와 만나면서 주저되는 일이 있었기에, 이번에는 1학기가 시작되기 전 2월부터 학교 홍보를 시작했다. 이번에는 새롬마을배움터의 구체적인 사례와 함께여서 더욱 적극적으로 다가갈 수 있었다. 새롬마을배움터의 구성과 운영 목적, 2023년 운영 사례 등을 정리하여 공문을 통해 모집했다.

학교와 마을, 센터 등 민·관·학의 역할을 명시하여 막연함에서 오는 심리적 부담감을 줄일 수 있게 했다. 지난해 운영 방법을 보완하고 마을의 자원을 활용하여 교육 수요자의 요구를 마을에서 충족하는 프로그램이 될 수 있도록 준비했다. 학교의 의견을 적극적으로 반영하고 학교 교육과정의 진로축제와도 연계하여 안내했다.

	마을(민)	센터(관)	학교(학)
주요 역할	프로그램 공동 기획 프로그램 자원 확보 (강사, 장소) 프로그램 운영 포스터 게시	프로그램 공동 기획 강사비, 재료비 지원 현수막, 배너, 포스터 제작 만족도 조사 제작	프로그램 공동 기획 학생, 학부모 홍보 안내 학생 참여 지도 만족도 조사 참여

새롬동에는 초등학교 3곳, 중학교 2곳, 고등학교 1곳이 있다. 그중 새롬중학교가 참여 의사를 밝혔고, 이는 새롬마을 잡(Job)수다의 주 대상이 중학생인 점과도 잘 맞았다. 새롬마을배움터 정기회의에 새롬중학

교 선생님이 함께 참여해 일정과 방식을 의논했다. 학교 교육과정 일정과도 조율하여 2024년 행사는 10월에 실시하기로 하고, 4월까지 학생들을 대상으로 설문조사를 했다. 학생들은 만나고 싶은 직업인으로 운동선수, 감독, PD, 아나운서, 의료인, 헤어디자이너, 경찰, 군인, 변호사, 작가, 바리스타, 상담사, 유튜버 등을 들었다. 설문조사 결과를 바탕으로 5월부터 8월까지 직업인을 섭외했다. 1순위는 새롬동의 어른들, 2순위는 세종시의 어른들로 범위를 넓히며 새롬마을배움터 협의체 기관의 인력풀도 활용했다. 운동, 방송, 보건의료, 미용, 생활안전, 법률, 인문, 식음료, 사회복지, 정보통신 등 10개 분야로 정리하여 분야별 1~2명의 멘토 강사를 섭외했다. 9월 한 달 동안 학교에서는 학생들이 희망대로 멘토와 만날 수 있도록 배정하고, 마을에서는 멘토 강사를 대상으로 오리엔테이션을 진행했다. 대규모 학생의 이동이 예상되는 만큼 안전을 위해 미리 이동 동선을 확인하고 점검했다.

행사 당일, 1회차 약 150명의 학생이 새롬종합복지센터 1층 로비에 모였다. 진행을 맡은 협의체 위원들은 안내판을 들고 해당 분야를 선택한 학생들을 강의실로 안내했다. 현수막 아래에서 기념촬영을 한 학생들은 쏙쏙 강의실로 입장했다. 강의실마다 펼쳐지는 직업 이야기와 질의응답 등 내용은 다르지만 학생들이 진지하게 참여하는 태도는 같았다. 학생들은 방송 분야 PD, 아나운서에게 방송 사고가 일어났던 경우가 있었는지 질문하고, 변호사에게는 의뢰인이 잘못한 것이 너무 확실하게 드러날 때는 어떻게 변호하는지, 농구감독에게는 코치, 감독을 하려면 꼭 선수를 해야 성공할 수 있는지, 운동하려고 했을 때 부모님이 공부하라고 하시진 않았는지 등 평소 궁금한 것들을 서슴없이 물으면서 편안한 분위기에서 이야기를 나누었다.

처음에는 사전 질문 중심으로 이야기를 나누면서 더해지는 궁금증을 하나씩 풀어가다 보니 한 시간이 훌쩍 지나갔다. 1회차 참가 학생들은 안내에 따라 퇴실하고 2회차 학생들이 입장했다. 2회차는 진행자와 멘토 강사들도 적응이 더 잘되어서 더 유연하게 대처하는 모습을 보였다.

행사를 마치고 참석자들의 소감을 들어 보았더니, 학생들은 궁금한 것을 자유롭게 질문할 수 있어 좋았고, 생생한 직업현장 경험을 듣고 직업에 대해 세세하게 알 수 있었다고 했다. 선생님들은 진로 강사가 아닌 마을의 직업인을 만날 수 있는 기획이 좋았고, 우리 마을의 실제 현직 멘토라는 점에서 학생들의 동기가 유발되었다고 했다. 또 학생들이 궁금했던 점을 직접 질문하고 알아 가는 과정이 매우 의미 있었다고 했다. 멘토로 참여한 직업인들은 어린 학생들이 진로에 관심을 기울이고 다양한 질문을 하는 것이 놀라웠고, 우리 직업에 대해 어떤 생각을 하는지 알 수 있어서 재미있는 시간이었다고 했다. 그 외에도 진로 멘토 영역이 세분화되어 학생들이 희망 진로에 가까운 선택을 할 수 있어서 만족도가 높았고, 멘토를 만나는 시간이 더 길었으면 하는 바람도 있었다.

〈법률 분야〉 변호사, 노무사

〈방송 분야〉 PD, 아나운서

새롬마을배움터는 운영 1년 차에 마을 중심의 시범 프로그램을 주말에 실시했고, 2년 차에는 학교와 연계한 마을 결합형 프로그램을 주중

교육과정 내 행사로 추진하였다. 프로그램 운영 방법을 보완하고 다양한 형태로 운영을 유연하게 시도하면서 마을의 인적·물적 자원을 활용한 축제를 통해 마을에서 필요한 교육적 요구를 충족해 가고 있다. 특히 진로이야기콘서트 형식의 프로그램은 안정적으로 자리 잡으면서 청소년기관 사업과도 연계하여 더 많은 학생을 만날 수 있도록 계획하고, 우리 지역에서 성장한 대학생들이 만든 봉사동아리와 연계하여 대학별 컨설팅과 진로진학 상담을 지원하는 등 새롬마을배움터는 벌써 다음을 꿈꾸고 있다.

마을의 어른들이 마을의 아이들을 지원하고 그 마을의 아이들이 성장하여 다시 마을을 지원하는 선순환 체계를 구성해 가고, 나날이 새롭게 발전하는 새롬마을배움터가 되길 바란다.

마을교육공동체 마중물을 내다

마을교육공동체 역량 강화 연수

세종특별자치시 전의면과 연서면에는 주민들 스스로 일구어 가는 마을교육공동체가 있다. 교육청과 센터에서 2020년부터 함께 시작된 기록이 있으니 아마도 훨씬 전부터 마을교육공동체를 꾸리기 위한 움직임이 있었을 것이다. 이 마을교육공동체는 마을 주민들과 힘을 합쳐 잘 운영되기로 손꼽히는 곳이다. 잘되는 곳은 잘되는 곳만의 비밀이 있다. 항상 돌아보고 부족한 부분이 보이면 꾸준히 더하고 닦아 가는 일을 한다는 것이다.

행복교육지원센터에서는 마을교육공동체 역량 강화 연수를 마련하여 부족한 부분을 채우고 한발 더 나아가기 위한 지원을 했다. 우리의 생긴 모습이 서로 다르듯이 마을도 저마다 모습이 다르고 성장해 온 과정도 다르다. 같은 모습의 마을은 하나도 없기에 마을이 마주하고 있는 상황도 다르고 필요한 요구도 다를 수밖에 없다. 그래서 각 마을의 요청을 받아 마을에서 필요로 하는 수요자 맞춤형 연수를 구성했다.

전의마을교육공동체는 전의사회적협동조합을 중심으로 전의마을학교를 운영하고 있으며, 전의초등학교, 전의중학교, 전의청년회 등이 함께 참여하고 있다. 전의마을교육공동체는 마을교사 양성과정 연수를 통해 전의마을의 마을교사를 키우고 다양한 영역의 마을교사 인력풀을 바탕으로 전의초등학교, 전의중학교와 촘촘히 연계하여 학교 교육과정을 지원하고 있다.

2021년과 2022년 연수에서는 아동·청소년 이해 및 의사소통 기법, 학교 교육과정 이해 및 실제, 세종마을교육공동체 이해 등으로 구성하여 마을교육공동체와 학교 연계, 아동·청소년을 이해하는 데 초점을 맞추었다. 2023년에는 마을과 학교 연계 프로그램에 대한 역량 강화, 학교 교육과정의 위계 및 학생 발달 단계별 내용 요소 반영 등에 대한 구체적인 요청이 있었다. 이를 바탕으로 마을교육공동체의 가치와 역할, 마을교사의 역할, 아이 발달 단계에 맞는 로컬 요리, 수준별 발달 특성에 따른 도자기 공예, 학생 눈높이에 맞는 생태 탐구, 마을학교 교육과정의 만남 등으로 구성했다.

2023년 전의마을교육공동체 역량 강화 연수

연서마을교육공동체는 목공사복 단체를 중심으로 도화향마을학교를 운영하고 있으며, 연서초등학교, 쌍류초등학교, 연봉초등학교, 세종도원초등학교, 연서중학교, 한국DIY가구공방협회, 쌍류포도정원, 지역사회보장협의체, 주민자치회 교육분과, 섭이네농장, 방앗간코리아 등이 참여하고 있다. 특히 주민자치회 교육분과장뿐만 아니라 그 구성원들이 함께해서 스스로 마을을 이끌어 가는 동력이 더욱 큰 곳이다. 연서마을교육공동체에서는 건립 중인 고복저수지 방문자센터와 연계한 아동·청소년 프로그램을 구성하고자 하는 요청이 있었다. 자연을 관찰하고 환경을 보호하는 주제로 구성하고 지역성을 반영할 수 있도록 고민하며 강사진과 여러 차례 조율했다. 그리하여 생태 환경교육 및 오감체험, 지역 맞춤 프로그램 개발, 자원순환 업사이클링 실천 등으로 연수를 구성했다.

세부 내용으로는 고복저수지 주변의 수목에 대해 여름과 가을로 나누어 자세히 관찰하고 특징을 알아보았다. 환경과 관련한 내용으로는 자원순환을 중심으로 하트도어벨 만들기, 양말목 사각방석 만들기, 폐의류 원단을 활용한 애착인형 만들기, 폐유리 조각을 작품으로 만들기 등을 함께 배웠다. 또한 반딧불이가 나타나는 지역의 특징을 담은 보드게임을 만들어 보기도 했다. 고복저수지 방문자센터가 문을 열고 난 후에는 마을교육공동체 회의를 현장에서 실시하며 마을 분들과 함께 연수에서 배웠던 애착인형도 만들어 보았다.

2023년 연서마을교육공동체 역량 강화 연수

각 마을을 중심으로 한 맞춤형 연수 진행 이외에 마을교육공동체에 대한 심층 이해와 미래세대를 위한 교육의 변화, 아동심리 이해 등으로 일반 시민을 대상으로도 프로그램을 구성했다. 왜 마을에서 교육활동을 하는지, 우리는 왜 모이는지에 대해 아직도 궁금한 일반 시민을 대상으로 마을교육공동체를 소개하고 관심을 기울여 함께할 수 있는 방향을 안내해 주고자 했다.

임경환 순천 전前 풀뿌리교육자치협력센터장을 통해 이웃과 마을, 마을살이에 대한 이해를 넓히고, 김종원 작가를 초청하여 우리가 마을에서 만나는 아이들에게 어떻게 따뜻한 대화를 나누고 따뜻한 관계를 형성해 갈 수 있는지에 대한 특강을 들었다. 특히 김종원 작가의 강연은 유튜브로 동시 송출하여 더 폭넓은 시민들을 만날 수 있도록 했는데, 시민대학 집현전과 연계하여 진행했다.

2023년 시민 대상 마을교육공동체 역량 강화 연수

마을교육공동체 역량 강화를 진행하면서 이러한 연수가 마을교육공동체를 모르던 시민들도 즐겁고 가벼운 마음으로 함께할 수 있는 길을 열어 주는 친절한 안내가 되었으면 한다. 또한 마을교육활동가들에게는 동료들과 서로의 활동을 공유하는 기회가 되고 부족한 부분을 채움과 동시에 앞으로 나아가는 데 필요한 새로운 동력을 얻어 가는 재충전의 시간이 되었으면 한다. 각자의 출발점은 다르지만 연수를 들으며 마을교육공동체와 좀 더 가까워지고 깊어질 수 있도록 응원을 드리고 싶다.

현장밀착형 교육전문가 자문단

마을교육공동체와 관련해서는 다양한 주체들이 있고 협의체에는 이를 이끌어 주는 대표들이 있다. 이분들의 고민과 어려움을 지원해 주기 위해서 교육전문가 자문단을 운영했다. 자문단은 현장에서 부딪히는 문제 해결과 마을교육공동체 성장 지원에 도움을 줄 수 있는 세종 관내 현장 활동가 중심의 전문가로 구성하는데, 센터와 유관 기관에서 검증된 우수 활동가를 추천받아 10명 내외로 구성한다. 매년 사업의 내용과 전년도 활동 결과를 참고하여 3월에 새롭게 구성하고, 자문 요청이 있을 때 도움을 줄 수 있는 인력풀을 갖추고 있다. 2024년에는 학교현장과 연계한 프로그램 자문 요청 시 현장 교사 자문단이 부족하다는 의견을 반영하여 현장 교사의 비율을 높인 점이 특징이다.

마을교육공동체 운영자의 경우, 지속적인 마을교육공동체 운영을 위해 필요 사항을 점검하고 보다 다양한 마을교육 프로그램에 대한 자문 요청이 있었다. 자문단은 마을에 대한 주민들의 관심이 끊이질 않도록 마을교육공동체의 운영과 활동을 더 활발히 홍보해 보도록 했다. 또한 시청과 교육청에서 이루어지는 정책과 사업을 들여다보고 우리 마을에서 접목할 수 있는 부분을 찾도록 했다. 세부적으로는 고교학점제를 활용한 강좌 개설, 중학교 자유학기제 위탁 운영, 꿈길체험처 등록, 유관 기관 진행 사업과 함께 가기 등 다양한 프로그램 운영 방법을 함께 모색했다.

행복교육체험터 운영자의 경우, 체험터 프로그램 개선에 대한 자문 요청이 많았다. 기존 프로그램은 무엇이 부족한지 어떻게 개선할지 모른 채 계속 진행되고 있는 경우가 많아서 어려움을 겪고 있었다. 자문단은 기존 체험터 프로그램을 살펴보고 보완해야 할 점과 학교 교육과정과 연계하여 프로그램을 구성하는 방법 등을 자문했다. 가급적 실제 학생 체험활동이 이루어지는 시간에 방문하여 실시간으로 보완할 점을 찾고 고쳐 나갈 수 있도록 했다.

체험터 운영자 대상 교육 자문

특히 행복교육체험터의 학교 교육과정 연계 운영 지원을 위해서는 따로 센터 실무분과를 구성하여 프로그램 개선 노력을 기울였다. 학교 교사와 비슷한 분야의 체험터 2곳 운영자를 1 대 2 형태의 멘토-멘티로 매칭하고, 교사는 체험터 프로그램에 대해서 자문하고 체험터 운영자들은 상호 교류를 통해서 발전할 수 있도록 했다. 격월로 이루어지는 정기회의를 통해 학교 교육과정과 연계할 수 있는 교과를 찾고, 현장 교사의 도움을 받아 성취기준, 학습 단계 등을 포함한 체험터 프로그램안을 작성했다.

멘토 교사와 수시로 소통하면서 프로그램을 검토하고 체험터에서 프로그램을 상시 적용하면서 수정·보완을 거친 후 최종 완성했다. 이렇게 완성된 행복교육체험터 프로그램은 센터 누리집의 체험터목록-학교연계활동에 탑재했다. 비슷한 분야의 행복교육체험터에서 이 결과물을 참고하여 또 새로운 프로그램들이 만들어질 수 있는 밑거름이 되고 공유를 통해 양질의 프로그램이 확산되기를 바란다.[*]

행복교육체험터 학교 연계 개발 프로그램*

행복교육체험터명	개발 프로그램
감성가득체험장	과일의 조상_무화과, 나에게 바나나, 가을을 따자_사과대추와 골드키위, 세종 속 제주도로 출발! 만감류체험
만든바구니 라탄공방	나만의 친환경바구니 만들기
세종커피직업전문학교	에스프레소 추출하기
스윗버블 스튜디오	취향 저격, MBTI 향수 실험실
쌍류포도정원	새콤달콤 포도여행
한국DIY가구공방협회	우리 학교 작은 북카페, 우리가 만들어요

직접 가서 보고 배우는 선진지 탐방

경기도 시흥시 시흥행복교육지원센터

세종마을교육공동체 활성화를 위하여 다른 지역 마을교육공동체의 우수한 점을 배우고 견문을 넓히기 위한 선진지 탐방에 나섰다.

2023년 4월, 세종행복교육지원센터 센터장과 팀원들은 경기도 시흥시에 있는 시흥행복교육지원센터를 방문했다. 이곳은 세종행복교육지원센터가 처음 설립될 때 벤치마킹한 대상으로 역시 시청과 교육청이 협력하여 만든 기관이다. 센터명도 똑같아서 기대가 더욱 컸다. 현재 시흥에서도 시청이 가진 마을의 교육자원과 교육청이 가진 교육과정에 대한 전문성을 잘 연결해서 마을교육공동체를 활성화하기 위해 지속적인 노력을 기울이고 있었다.

시청 내 부서 간의 협업, 시청과 교육청의 공동 기획 등으로 마을교

---

* 글 뒷부분에 붙임. 〈부록〉.

육자치 기반을 조성하고 지역 연계 교육과정, 주민자치 연계 교육과정 등 학교와 마을의 교육협력을 통해서 교육 생태계를 강화해 갔다. 특히, 지역 특색을 반영한 시흥교육과정으로 마을 연계 창의적 교육과정, 시흥창의체험학교, 학교 교육과정으로 만드는 마을축제 등 시청 19부서 27개팀이 협력하고 71개 사업 지역과 교육과정을 연결한 것이 인상적이었다.

여기에 더해서 원클릭시스템 플랫폼은 교육경비사업, 강사지원사업 신청을 간소화하여 사용자 입장에서도 매우 편리하게 활용할 수 있도록 구축되어 있었다. 원클릭 하나로 신청만 하면 필요로 하는 지원을 센터에서 매칭하고 지원해 주는 모습을 보니, 마을과 학교를 연계해 주는 하나의 소통 창구로서 허브센터의 역할을 톡톡히 해내는 것을 알 수 있었다.

시흥의 사례를 보며 우리 세종에서도 주민자치회를 중심으로 교육활동에 뜻있는 분들과 함께 마을교육자치 기반을 다지기 위한 다양한 시도가 필요하다는 생각이 들었다. 이를 위해 주민자치회 교육분과 운영 활성화, 마을교육공동체 및 마을교육에 대한 공동 함의를 돕기 위한 역량 강화와 마을 성장을 위한 맞춤형 지원도 요청되었다.

시청 각 부서의 아동·청소년 관련 교육자원 및 프로그램을 교육전문가 자문단 컨설팅을 통해 교육과정 분야에 매칭시켜 우수 프로그램과 체험터를 육성하려는 노력과 함께 이를 학교현장에서 활용하기 편리하도록 접근 용이성을 높이려는 플랫폼 개선 등 지속적인 노력이 필요했다.

인천광역시 교육문화공간 '마을엔'

2023년 6월에는 세종에서 활동하시는 마을교육활동가들과 함께 인천의 마을교육공동체 교육문화공간 마을엔으로 선진지 탐방을 다녀왔다. 2021년에 개관한 마을엔은 마을교육자치 실현을 위해 교육청과 학교, 지자체가 협력해 만든 시설이다.

마을교육지원센터 주무관의 안내로, 학교협동조합에서 운영하는 마을카페, 마을부엌, 마을교육지원센터, 무한상상실, 동아리실, 댄스연습실, 소공연장 등 마을엔의 시설을 둘러보았다. 청소년의 다양한 활동을 지원할 수 있는 쾌적한 공간이 한곳에 두루 갖추어져 있었다. 특히 건물이 선학중학교 내에 위치하고 학교와 직접 연결되어 있어 학생들의 드나듦도 무척 자유로운 모습이었다. 선학중학교에서는 수업 시간에도 해당 시설들을 이용하고 수업이 끝난 후에는 마을 주민도 함께 이용한다고 했다.

다음으로 인천시교육청 마을교육지원단 김태정 전문관의 특강을 들었다. 실제 마을교육활동에 전념하시던 분이 전문관으로 오시게 되어 마을교육활동가들 사이에서도 유명한 인사였다. 교육 거버넌스는 어떻게 운영하는지, 시청과 교육청의 예산 공동 분담, 공동 예산 사업 중 역할 분담, 역량 강화 지원, 교육청-지자체-마을교육활동가가 참여하는 공동사무처 마련 등 실제 운영에 도움이 되는 내용으로 특히, 정기적인 소통의 자리를 마련하고 업무 전담자가 필요한 점 등이 공감이 되었다. 실제 마을교육활동가들과 함께하니 마을학교와 사회적협동조합의 운영 방법과 프로그램 구성 등 세부적인 내용에 대해서도 질의응답이 이어졌다.

세종시에도 청소년문화관 등 지자체에서 건립한 공간이 여럿 있는데, 이러한 공간을 학교와 연계하여 수업에서도 활용할 수 있도록 하고 청소년이 더욱 가깝게 자주 이용할 수 있도록 프로그램을 구성할 필요가 있겠다. 또한 앞으로 학교 공간 혁신 사업과 청소년 공간 건립 사업 등이 있다면 물리적인 거리도 학교와 가까운 또는 복합 공간으로 마련해 보는 것도 좋겠다.

마을교육활동가들이 적극적으로 질문하고 답하고 시설을 꼼꼼히 살펴보는 모습을 바라보며 마을교육활동가들이 주체적으로 공동체 활동에 참여할 수 있도록 돕는 분위기 조성과 기회 마련의 중요성을 되새겼다. 그리고 '마을교육을 왜 하고 있는가'에 대한 고민을 스스로에게도 지속적으로 해 볼 수 있도록 소통의 장을 열어야겠다고 생각했다.

충남 아산시 송악마을공간 '해유'

2024년 9월 26일, 일주일 전까지만 해도 폭염으로 무척 더웠는데, 며칠 만에 가을 날씨로 바뀌어 아산으로 향하는 발걸음을 더욱 가볍게 해 주었다. 이번에 찾아가는 곳은 아산시 송악면에 자리 잡은 송악마을공간 해유이다. 포털 검색창에 한 번만 찾아봐도 다양한 신문 기삿거리가 줄을 잇는 꽤 알려진 곳이기도 하다. 이 마을 사람들은 '송악동네사람들'이라는 사회적협동조합을 만들어 다양한 마을교육 프로그램을 전개하고 있는데, 세종에서 형성되어 성장하고 있는 마을교육공동체와 규모 면에서 비슷한 점이 있어 배울 점도 많을 듯했다. 또 문화재로 관리되는 외암민속마을이 곁에 있는데 홍판서댁, 비암사 등 문화재가 있는 세종의 마을과도 연결 지어 볼 수 있어 기대되었다.

버스가 도착하자 좁지도 넓지도 않은 적당한 마을길이 이어졌다. 마을길 양쪽으로 야트막한 담장에는 그림과 타일 등으로 장식된 곳이 있어 정감 있고 아기자기한 느낌을 주었다. 주변에 예술가분들이 사시면서 꾸민 것이라고 했다. 조금 걸으니 탁 트인 앞마당에 도착했다. '송악마을공간 해유'라는 건물의 이름이 한눈에 들어왔다.

사회적협동조합 송악동네사람들의 홍승미 상임이사님이 일행을 맞이해 주고, 이어서 바로 마을교육공동체 운영 사례 특강이 시작되었다. 인구 감소, 고령화, 지역 소멸 위기 앞에 변화하기 시작한 마을 사람들의 노력과 결실이 고스란히 들어 있었다. 솔향글누리도서관 설립, 온마을교육공동체 사업, 마을교육과정, 학부모지원단, 송악아빠모임 등 마을의 작은 학교를 살리기 위한 노력과 지역아동센터, 주민자치센터, 마을예술공방, 학교, 사회적협동조합 등 배움-돌봄-성장-기여가 순환하는 교육네트워크 구성, 송악마을공간에서 이루어지는 마을평생학습 등 함께 노력하는 마을의 모습이 정말 아름다웠다. 송악마을을 보면서 마을교육네트워크를 지속하고 참여하는 것이 당연한 문화로 자리 잡는 것이 중요하다는 생각을 했다. 여기에 서로를 연결하고 교류하는 마을공유공간의 중요성도 확인할 수 있었다. 또 무엇을 하든 재미있게 하려고 하고 마을 사람들이 즐겁게 참여하는 모습이 인상적이었다.

송악마을공간 해유 탐방

송악마을교육공동체 사례 특강

다음으로 마을교육공동체 공방을 탐방하고 체험도 했다. 마을공유경제사업의 일환으로 마을자치동아리가 마을사업단으로 발전했다고 한다. 커피꽃동아리가 카페 놀다가게로, 제로 동아리가 제로웨이스트샵 놀다가게로, 자수·수의동아리가 해유공방으로 자연스럽게 발전하고 새로운 교육 프로그램을 계속해서 발굴하고 적용하는 과정을 지속해 가고 있었다. 눈쩜질팩을 만들며 마을 분들과 두런두런 이야기도 나누면서 완성해 가는 과정이 여유롭고 즐거웠다. 평소 커피를 즐기지 않고 커피 맛을 잘 알지 못하는 1인이지만, 카페 놀다가게의 커피 맛은 연신 '음~ 맛있다' 하며 감탄할 만큼 감미로웠다.

송악마을공간 해유 안에서 마을 주민들의 연대와 순환경제가 잘 운영되는 모습을 보며 세종에도 잘 적용되면 좋겠다는 생각이 들었다. 마을 주민이 마을교사가 되고 삶의 터전에 마련된 작은 가게의 구성원이 되어 지속가능한 공동체를 만들어 내는 구조가 좋았다. 또 마을교육에서 주로 아이들을 그 대상으로 보는 경우가 많았는데 송악마을에서는 아이들의 공간과 노년층을 위한 공간이 함께 있고 공동의 배움터로 나아가는 모습이 인상적이었다.

송악마을공간 해유의 작은 운동장을 중심으로 해유와 고은밥상, 초록잎담뿍, 쉬어가게, 놀다가게 등이 옹기종기 모여 구성되어 마을 사람들처럼 가게들도 화합하는 듯했다. 굴다리를 통하면 바로 문화재로 관리되는 외암마을과 연결되고 아이들이 다니는 학교도 가까이에 있어 활용할 수 있는 교육자원이 다양하고 접근성도 매우 좋았다. 마을과 학교의 경계를 지우고, 마을도 학교가 되고 학교도 마을이 되는 어울림이 잘 실현되고 있는 송악마을교육공동체였다.

마을이 학교가 되는 미래교육을 찾아서

우리 아이들의 건강하고 행복한 성장을 위해서는 마을과 학교의 공존과 연대가 필요하다. '마을 대 학교' 구도가 아니라 협력해야 한다. 국제미래교육위원회 보고서 『함께 그려 보는 우리의 미래: 교육을 위한 새로운 사회계약』에서는 "삶의 모든 공간이 배움터이며, 학교 밖 다양한 교육자원의 결합을 통한 학습자가 평생학습을 할 수 있는 변혁적 역량을 키우기 위해서는 지역교육력이 필요하다"유네스코한국위원회, 2021라고 말하고 있다.

마을이 학교가 되는 미래교육으로 나아가며, 여기서 학교는 단지 교실 속 칠판에 글씨를 쓰고 교사의 지도에 따라 지식을 습득하는 전통적이고 좁은 의미가 아니라 학생들에게 배움이 일어나는 모든 곳을 지칭한다.

듀이는 『학교와 사회』에서 "아이들의 입장에서 볼 때 학교의 가장 큰 낭비는 학교 밖에서 얻은 경험을 학교 안에서 완전하고 자유로운 방식으로 활용할 수 없다는 것이다. 한편 학교에서 배운 것 역시 일상생활에서 적용할 수가 없다. 그래서 학교가 고립되는 것이고, 결국 생활에서도 고립되는 것이다"John Dewey, 1899라고 했다.

아이들이 학교에서 배운 내용이 삶에서 어떻게 발현되는지 살피고 고민하는 시간은 배움과 삶이 연결될 수 있도록 해야 한다는 생각으로 항상 마을과 맞닿아 있었다. 어쩌면 과거에는 아이들이 학교에서 배우는 것으로 충분했을 수도 있다. 상당 부분이 학교에서 배우는 지식으로 해결할 수도 있었으니 말이다. 하지만 지금처럼 급격하게 변화하는 시기에는 선뜻 동의하기가 어렵다.

언젠가 '마을 어른이 모두 마을교사가 되어야 하는가? 교사만큼 잘 가르쳐야 하는가?'라는 질문을 받은 적이 있다. 마을이 학교가 된다는 것은 마을에서도 학생들의 배움이 일어난다는 것이다. 그 배움을 돕는 역할이면 충분하다. 예를 들어 학교에서 바느질을 배우고 실습한 후, 마을에서도 바느질 연습을 도와줄 어른이 있고 이를 발판으로 자신의 구멍 난 양말을 꿰매거나 작은 주머니를 만들어 볼 수 있다면 학생의 배움은 점점 삶으로 다가가는 것이다.

마을교육공동체에서 소통하고 협력하며 경험해 본 사람들에게는 그 속에서 느끼는 따뜻함과 소중한 '함께의 가치'가 있다. 연대, 정情, 따스함의 정서 같은 무형의 자산이다. 마을교육공동체 활동은 함께 행복하게 성장하며 살아가는 과정이자 우리 아이들에게 '함께의 가치'를 전달해 주는 것이다. 현재와 미래를 이어 주는 끈으로, 가르쳐서 알게 하는 것이 아니라 삶 속에 자연스럽게 스며서 알게 되는 것이다.

마을교육공동체가 되려면 어떤 것이 필요할까? '밥 한번 먹자'는 약속은 절대 지켜지지 않는 약속이다. 바쁜 일상이지만 자신이 기꺼이 시간을 만들어 내어야 한다. 그러기 위해서는 마음이 동動해야 한다. 스스로의 의지도 있어야 하고 동기부여도 중요하다. 실제 어려운 일이기도 하지만 마음이 통하는 사람이 있으면 한결 쉬워진다. 여기에 사람들이 모일 수 있는 공간이 필요하다. 마음이 동하는 사람들이 각자의 소중한 시간을 내서 모일 수 있는 공간이 마련된다면 마을교육공동체는 자연스럽게 만들어지고 또 잘 운영될 것이다.

이미 형성되어 있는 세종의 자원으로도 잘할 수 있지 않을까? 세종시에는 청소년문화관과 청소년센터가 있다. 복합커뮤니티센터와 아파트 단지마다 주민들을 위한 공간도 있다. 이를 활용하는 것은 또 다른 부분이긴 하지만 공간이 있다는 것이 참 다행스럽다. 일전에, 광주에 있는 청소년삶디자인센터를 방문하면서 세종시의 공간도 수요자에게 따뜻한 공간이면 좋겠다는 생각이 들었다. 네모로 둘러싸인 콘크리트 벽이 구성하는 공간이 아닌, 아이들의 생각이 곳곳에 묻어나는 말랑말랑한 공간, 한 번쯤 해 보고 싶었던 것을 해 볼 수 있는 공간, 도전하고 실패도 해 보고 성공도 해 보고 어떤 것이든 수용해 주는 공간으로 구성되면 좋겠다는 상상도 해 봤다.

지자체에서는 새롭게 청소년문화관을 건립하거나 보수해야 할 때는 청소년에게 가까운 물리적 거리를 고려하여 장소를 설정하고, 청소년이 꿈꿀 수 있는 공간으로 디자인하는 등 변화가 요청된다. 학교는 교육과 정 재구성과 마을 연계를 통해 수업이 더 풍성해지는 방법을 찾아 학생들의 꿈을 지원하고, 마을에서는 학교에서의 배움이 삶으로 확산하도록 마을 어른들이 학생들을 도와준다면 세종마을교육공동체의 이야기는 계속될 수 있을 것이다.

학교와 마을, 마을과 학교 그 분명한 경계를 지우고 그라이데이션으로 서로에게 물들어 가는 세종마을교육공동체를 보면서 그 가능성을 믿고 기꺼이 나아갈 것이다. 마을교육공동체의 참여와 지속적인 발전은 스스로의 자발성이 제일 중요하다. 그래서 어려운 것이고 그래서 또 재미있는 것이기도 하다. 마을 구성원들에 의해서 발전해 갈 수 있도록 마을의 교육력이 성장하고 자생력이 길러지도록 응원한다.

마을교육공동체에 느끼는 심리적 거리는 개인의 경험치에 따라 다를 수 있다. A가 겪은 마을은 '따뜻한 마을이었고 하나의 큰 가족이었다'고 기억되었을 수 있고, B가 겪은 마을에 대한 기억은 차갑고 시릴 뿐 추억이 없을 수도 있다. 그래서 저마다 마을교육공동체로 나서는 시간과 출발이 다를 수 있지만, '지금·여기·함께' 모여 우리의 아이들에게 더 좋은 것을 전해 주려는 공통의 마음을 모으고 있다. 그리고 아이들에게 평생 자양분이 될 어린 시절의 기억과 경험을 줄 수 있다. 그 따뜻하고 소중한 마음 하나로 '나도 한번 함께해 볼까?'라는 생각이 떠오르는 분들이 더욱 많아지길 바란다.

학부모와
마을교육공동체

남들은 교육을 이유로 떠난다는 마을에서
십 년째 아이들 교육을 위해 머무는 두 아이의 엄마다.
품앗이교육공동체를 시작으로 다양한 마을공동체를 경험했으며,
마을교육활동가이자 마을강사로 매일 많은 아이를 만나고 있다.
생각하는 사람, 참여하는 시민으로서
함께 살며, 사랑하며, 배우는 마을교육공동체를 꿈꾼다.

_박아남, 학부모/마을강사

마을에서 함께 돌보며 배우다

교육 때문에 떠나는 마을, 교육을 위해 머물다

2014년 가을, 대전에서 몇 년 동안 살던 우리 가족은 새로운 삶의 터전을 찾고 있었다. 대전, 청주, 천안, 세종 등 정말 많은 곳에 집을 보러 다니다가 세종시 조치원읍에 정주하게 된 가장 큰 이유는 당시 다섯 살과 두 살인 아이들 때문이었다. 나는 공교육의 가치와 효용성을 높게 두는 학부모로 아이들이 자연 속에서 자유롭게 놀면서 배우길 바랐다. 그래서 국공립 유아교육기관(어린이집, 유치원) 비율이 전국적으로 가장 높아 공공 보육의 양적 성장을 이룬 세종시로 이사를 결심하였다. 지금도 그렇지만 세종은 전국에서 인구 대비 가장 높은 출산율을 기록한 젊은 도시였다.

당시 세종 신도심은 한창 개발 중으로 새 아파트들은 학교를 품고 있거나 학교까지 도보 이동이 편리하고 안전하게 지어져 있었다. 분명 매력적인 점들이 많았지만, 나는 집 앞 가까운 학교보다는 다소 거리가 있더라도 유년 시절을 시골 풍경 속에서 마음껏 뛰어놀 수 있게 해 주고 싶었다. 그래서 세종의 면 지역에 소재한 농촌의 생태 중심, 놀이 교육 위주의 혁신초등학교를 찾아보았다. 입학이 가능한 공동 학구이자 어느 정도 인프라를 갖춘 구도심, 조치원읍에 보금자리를 마련하였다.

'자녀 교육'을 이유로 세종시를 선택한 나와 달리 교육환경과 교육정책에 불만을 드러내며 학군 좋고 학원가가 잘 형성된 다른 도시를 찾아 떠나는 학부모가 많다는 걸 알게 되기까지는 그리 오래 걸리지 않았다. 세종시 내에서도 새 아파트와 공원, 문화, 교육 시설이 더 잘 갖춰진 곳에서 아이들을 키우고 싶다며 구도심을 떠나 신도심으로 이사 가는 학부모가 점점 많아졌다. 신도심 안에서도 학원가가 많은 곳을 찾아다니는 추세였다.

어릴 때야 자연 속 작은 학교가 좋을지 모르나 조치원읍에서 학령기를 보내는 건 자녀 교육을 포기한 셈이라고 힐난하는 이도 있었다. 조치원을 떠나는 누군가의 눈에는 읍 지역에 남아 버스 통학까지 감수하며 굳이 면 지역 초등학교에 보내는 내가 이상한 엄마로 보였을지도 모른다. 이웃과의 작별 인사가 잦아지고 아이의 친구들이 떠난다는 소식을 들을 때마다 마음의 동요 대신 나의 교육관을 차분히 되새겨 보았다. 교육관은 결국 삶의 가치관과 맞닿아 있으므로 나와 같지 않다고 해서 함부로 저울질할 수는 없다. 자녀 교육에 옳고 그름은 없으며 부모라는 이름으로 다른 '학'부모를 평가할 수도 없고 그래서는 안 된다고 생각한다. 각자 다름을 인정하되 서로에게 휘둘리지 않아야 한다.

그래도 이왕이면 나와 비슷한 교육관을 지닌, 나아가 삶의 가치관이 서로 닮은 이웃을 만나면 좋을 것이다. 함께 아이들을 돌보며 배움을 나눈다면 아이들뿐 아니라 부모도 더불어 성장할 수 있으리라. 이런 생각과 바람이 마을교육활동가가 된 계기이자 지금까지도 마을교육공동체에 헌신하고 있는 까닭이자 원동력이다. 아직도 때때로 낯섦이 느껴지는 곳이지만, 조치원을 떠나는 이들을 보며 우리 마을이 아이들과 함께 살고 싶은 곳이 되면 좋겠다는 나의 바람. 이것이 마을교육뿐 아니라 지역 현안과 마을 문제에 관심을 기울이고 행동하는 주민이자 주체적인 세종시민으로 성장할 수 있게 해 준 초석이 되었다. 상전벽해처럼 변화가 빠른 세종에서 마을교육공동체를 시작했을 때의 초심만은 변하지 않기를 되뇐다.

마을교육공동체의 밀알, 품앗이

'학부모'가 되기 이전에 우리는 먼저 '부모'가 된다. 자녀들도 '학생'이기 전에 '아이'다. 교육을 논하기 이전에 아이들의 존재 자체를 사랑해 주고 부모와 함께하는 시간 속에서 삶의 지혜와 행복감을 선사하는 것. 어쩌면 그것이 부모의 역할이 아닐까.

나는 유년 시절에 사랑받았던 기억과 다채로운 경험이 훗날 가장 큰 자산과 버팀목이 되어 줄 거라는 믿음으로 첫째 아이는 다섯 살, 둘째 아이는 여섯 살 때까지 어린이집에 보내지 않고 가정 보육을 하였다. 짧고도 긴 양육자로서의 시간을 육아 스트레스에 잠식당하지 않고 건강하고 즐겁게 보낼 수 있으려면 공감과 응원, 그리고 실제적인 도움이 필요하다. 하지만 나는 소위 '독박 육아'에 시달리고 있었다. 타향살이 중이라 도움을 청할 일가친척, 친구 하나 없었다. 당연히 몸은 힘들었지만 그래도 마음은 괜찮았던 게 워낙에 아이를 귀애하는 천성 때문이었다.

대전에서 큰아이를 가정 보육할 때 동네에 아는 이가 한 명도 없었다. 대형마트 문화센터 영유아 프로그램 시간에 잠깐 눈인사하는 엄마들이 전부였다. 육아 고민을 나눌 수 있는 사람은 멀리에 사는 친구들과 어머니, 친언니뿐이어서 이따금 전화 통화로 외로움과 어려움을 나누곤 했다. 그런데 이 또한 통화 횟수가 점차 줄어들 수밖에 없었다. 공짜로 어린이집에 보낼 수 있음에도 굳이 가정 보육을 고집하는 내가 별나고 어리석다며 계속 나무랐기 때문이다.

남들처럼 어린이집에 아이를 맡기고 일자리를 구해서 가정 살림에 보태라는 말, 종일반이 내키지 않으면 반일제로라도 어린이집에 맡기고 여유 있게 취미 생활을 하거나 쉬면서 일상을 보내라는 말, 우리가 아이를 사랑하지 않아 어린이집에 보내는 게 아니라는 말 등…. 따지고 보면 틀린 말은 아니었지만 나와 맞는 말은 아니었다. 염려와 정이 담긴 의도와는 상관없이 결국은 서로를 생채기 낼 뿐이었다.

그때 외롭고 서럽다고 느끼지 않았다면 거짓말이리라. 아주 작은 공감과 응원이 내게도 필요했었다. 공감과 응원을 주고받을 수 있는 진정한 현실 육아 동지들을 만나고 싶다는 바람은 낯선 세종으로 오고 나니 더욱 간절해졌다. 그때 운명처럼 시작하게 된 게 '품앗이 교육'이다.

'품앗이 교육'이란 옛 선조들이 이웃들과 노동력을 서로 나누던 전통적인 공동체 정신을 이어서 같은 지역 이웃 간에 육아 정보를 나누고 서로의 아이들을 돌보며 교육적 경험과 놀이 문화를 함께 경험하면서 자녀 양육의 부담을 덜고 아이들의 사회성 발달을 돕는 그룹 활동을 말한다.

조치원으로 이사 와 가입하게 된 지역 맘카페에서 '품앗이 교육'이라는 카테고리를 발견하였고, '모두 가족 품앗이'란 사업명으로 이를 지원해 주는 가족센터(이전 명칭은 건강가정지원센터, 건강가정다문화가족지원센터)가 전국에 있다는 것도 알게 되었다. 그때의 놀라움과 반가움은 이루 말할 수가 없다. 아직도 품앗이 교육공동체에 대해 알게 되었던 그 순간의 가슴 두근거림을 기억한다. '홀로'에서 '함께'로 변하는 순간이었다.

2015년 4월 조치원 지역 맘카페를 통해 만난 둘째 아이 또래의 엄마들과 품앗이 교육공동체를 시작하게 되었다. 세종시 건강가족다문화가족지원센터에 '모두 가족 품앗이' 회원으로 등록도 했다. 단순 친목 모임이 아니라 공동육아이자 엄마표 교육 모임이었기 때문에 순번을 정해 어떤 놀이 활동을 할 건지 의논했다.

하루는 두부 놀이를 했다. 거실에 커다란 김장 비닐을 깔고 손으로 두부를 으깨고, 여러 가지 찍기 도구로 눌러 보고, 먹어 보기도 했다. 날씨가 좋은 어느 날에는 아파트 단지 안 배드민턴 코트에 여러 가지 색깔의 풍선을 매달아 놓고 색깔 인지와 더불어 신체 놀이를 했다. 조그만 빨래판과 세숫대야를 준비해서 빨래 놀이도 했다. 아이들이 조물조물 빨래한 손수건을 눈높이에 맞게 매단 긴 줄에다 차례로 널도록 했는데 그때의 밝은 햇살과 맑은 웃음이 지금도 생각난다. 동네를 벗어나 야외 활동도 자주 했었다. 인근 공원으로만 나가도 육아 스트레스가 사라지는 기분이었다. 육아에 필요한 정보도 나누고 동네 이야기, 소소한 일상을 공유하며 따로이면서도 함께 아이들을 키웠다.

구성원 가운데 어린이집에 다니게 되는 친구들이 점차 늘어나면서 나는 2016년 3월에 새로운 품앗이 교육공동체를 만들었다. 보육 기관에 다니지 않는 2013년생 유아를 둔 다섯 가정이 모였다. 그때 지역 맘카페에 아주 긴 글을 올렸는데, 내가 품앗이를 하는 이유와 나의 육아관 및 교육관, 우리 아이들의 성격 및 성향, 어떤 사람들을 만나고 싶고 앞으로 함께 꾸려 갈 교육공동체의 운영 방향에 대해 매우 상세하게 기술했다. 서로에게 긍정적인 자극제로서 더 좋은 엄마로 성장하는 계기가 되길 바라며 아이를 위한, 아이에게 좋은, 아이를 행복하게 하는 교육공동체를 신중하게 심사숙고하여 만들고 싶었기 때문이다.

이 마음과 바람을 이해하고 공감해 주는 이웃들을 만나 '나누미들' 품앗이가 탄생하였다. '나누미들'은 좋은 추억, 값진 경험, 많은 배움을 나누길 바란다는 의미에서 이름 지어졌다. 그 이름처럼 정말 많은 추억을 함께 나누었는데, 특히 2016년 4월 20일의 품앗이 활동은 잊지 못

할 특별한 시간이 되었다.

　그날 스위스 유니세프 본부 및 한·일 관계자 4명이 세종시를 방문해 아동친화도시* 사례를 조사했다. 세종시의 아동친화도시 인증을 위해 아동을 위한 각종 안전·문화 시설을 꼼꼼히 살펴보던 중 공동육아나눔터를 기반으로 한 가족 품앗이 사례로 우리 '나누미들' 활동을 참관하고 인터뷰도 진행했다. 이날 보도 기사와 사진을 인용한다.

> 　유니세프 본부 바네사 컨설턴트는 "세종은 아동친화도시로서 무궁한 발전 가능성을 갖고 있다"라며 "공동육아나눔터의 '가족 품앗이' 행사는 주민과 시가 함께 보육 문제를 해결하는 한국 고유의 프로그램으로 큰 감명을 받았다"라고 말했다.

공동육아나눔터 품앗이 활동과 가족 품앗이를 참관하는 유니세프 관계자들

　세종시는 2017년 9월 유니세프 아동친화도시로 인증받게 된다. 아동이 살기 좋은 도시, 아이 키우기 좋은 도시라는 세종시의 명성. 그 영광

----

* 아동친화도시(Child Friendly Cities)는 지역사회가 유엔 아동권리협약을 준수함으로써 불평등과 차별을 없애고 모든 아동의 권리를 온전히 보장받는 도시를 말한다. 유니세프 아동친화도시 사업을 통해 지자체는 아동의 생활환경을 개선하고 단계적으로 아동이 살기 좋은 환경을 조성한다. 아동친화도시 인증으로 아동들이 가장 큰 수혜자가 되고, 지역 주민들의 삶의 질이 향상되는 셈이다.

스러운 시작점에 품앗이 교육공동체가 있었고, 유니세프 관계자들에게 좋은 인상을 남겼다는 뿌듯함은 2024년 지금까지도 바래지 않은 기억이자 마음이다.

훗날 나는 세종시를 비롯해 공주시, 서산시에서 가족 품앗이 활동 사례 및 품앗이 교육공동체 운영을 위한 길라잡이로서 많은 강의를 하게 되었다. 아동친화도시 인증 사례 경험을 이야기하면 자주 듣는 질문이 있다. 그토록 중요한 자리에서 서너 살 된 아이들을 데리고 과연 어떤 활동을 보여 주었는가이다.

사실 '보여 주기' 위한 활동은 아니었다. 우리는 어린이집에 다니지 않는 아이들을 종일 가정 보육 중이었기에 이 품앗이 교육공동체가 우리 아이들의 어린이집이고 우리 엄마들이 선생님이었다. 교사들이 회의하고 교육 계획을 세우듯 우리도 월말에 회의하면서 다음 달 활동 계획을 미리 짜 두었다. 공동육아로 즉흥적인 만남도 종종 하면서, 품앗이 교육에 걸맞게 서로 최선을 다해 수업 준비를 하였다. 누구네 엄마에서 품앗이 선생님이 되는 그 순간들이 부담이 아닌 자부심이 될 수 있도록 머리를 맞대고 서로를 배려했다. "품앗이 교육 때 무엇을 할까?"는 "오늘 저녁은 무엇을 먹을까?"처럼 주부이자 엄마이며 품앗이 선생님인 우리의 계속되는 고민이었다. 실제로 품앗이 교육공동체 활동을 하는 모든 이들의 영원한 고민이기도 하다. 품앗이 길라잡이 강의 때에도 그런 어려움을 토로하는 엄마들을 자주 만난다. 그래서 아동친화도시 인증 사례 때 무슨 활동을 했는지가 더욱 궁금한 모양이다.

그런 질문을 받을 때마다 내가 제시하는 건 '생각 그물'이다. 중심 개념에서부터 떠오른 아이디어를 시각적으로 표시해 나가는 활동으로 품앗이 강의 막바지 무렵에 꼭 '생각 그물 만들기(mind-mapping)'를 함께 한다. 품앗이 활동에 대한 생각 그물을 그리고서 차례로 발표하며 서로의 아이디어를 나누는 것이다.

이때 가장 중심이 되는 주제로 제안하는 것이 '계절'이다. 사계절의 흐름은 어떤 품앗이 교육활동을 언제 하면 좋을지를 자연스럽게 구상할 수 있게 해 준다.

유니세프 관계자들을 만났던 4월, 당연히 계절은 '봄'이었고, 이달의 주제는 '봄꽃'이었다. 4월의 조치원은 흐드러진 봄꽃으로 아주 아름답다. 특히 조천변 벚꽃길이 유명한데, 월초에 품앗이 모임으로 봄 소풍 겸 벚꽃 나들이로 조천에 갔었다. 벚나무 아래 돗자리를 펴고 김밥과 과일 등 각자 준비해 온 도시락을 펼쳐서 나누어 먹었다. 흩날리는 벚꽃잎을 모아 미리 준비해 간 손 코팅지에 아이들이 조그마한 손으로 벚꽃잎을 하나씩 붙여 어여쁜 벚꽃 액자도 만들었다. 혼자 아이를 데리고 나들이를 갔다면 엄두도 안 났을 텐데, 벚꽃길을 배경으로 아이와 나란히 선 전신사진도 서로서로 열심히 찍어 주었다. 품앗이 친구들과 손을 잡고 벚꽃 비를 맞으며 산책하는 아이들의 뒷모습을 바라보며 엄마들도 해맑게 웃었다.

즐거웠던 벚꽃 소풍을 기억하며 4월 20일, 도담동 공동육아나눔터에 모여 유니세프 실무진과 시청 관계자들 앞에서 크게 두 가지 활동을 진행했다.

먼저 만개한 하얀 벚꽃을 닮은 팝콘으로 '팝콘 벚꽃 나무'를 만들었다. 고소한 냄새에 팝콘을 쥔 아이들의 손이 연신 입으로 향했지만 누구도 나무라지 않았다. 냄새 맡고 맛보고 손으로 쥐고 집중한 눈으로 붙이는 그 모든 과정이 아이들의 오감을 자극하는 훌륭한 교육이었다.

이어서 벽면에 커다란 나무 여러 그루를 그려 붙여 둔 후, 아이들 손에 작은 페트병을 하나씩 쥐어 주었다. 접시에 담긴 분홍 물감을 페트병에 콕콕 찍어 종이 벽면을 조천변의 벚꽃길로 재현해 보는 미술 놀이로 연계했다.

그날 우리를 만난 외국인들의 눈에도 팝콘처럼, 분홍빛 비처럼 피어난 벚꽃이 아름답게 보이지 않았을까? 봄에 이어 계절별로 나누미들 품앗이에서 했던 활동 몇 가지를 소개해 본다.

여름은 무더운 만큼 아이들과 시원한 실내에 머물기를 더 바랐을 텐데, 신기하게도 야외 활동이 더 기억에 남는다. 세종 호수공원에서의 모래놀이, 고복자연공원 야외 수영장에서의 물놀이. 청주 어린이박물관으로 나들이 갔을 때도 한여름이었다.

6월 말에 조치원 소방서 체험을 했는데, 견학 후 곧장 연기대첩비 공원으로 갔다. 미리 준비해 간 소화기 모양 물총으로 목마른 나무들에게 꼬마 소방관이 된 네 살 아이들이 물을 주었다. 불조심 교육과 더불어 물총놀이까지 신나게 했다.

가을에는 종이컵으로 코스모스꽃을 만들고, 색한지에 아이들 손바닥을 올려 두고 본을 떠 오려 붙인 커다란 단풍나무도 만들었다. 날씨가 좋은 만큼 나들이도 자주 떠났는데 가까운 곳으로는 덕성서원 산책, 멀리는 대전 유성 국화 축제까지 함께 갔다. 국화로 꾸며 놓은 캐릭터들을 보고 아이들이 좋아했던 게 생각난다. 가족 단위로 공주 밤 농장에 알밤 줍기도 하러 갔다.

겨울에는 눈사람, 크리스마스트리를 만들었다. 특히 손바닥에 초록 물감을 찍어 만든 거대한 크리스마스트리가 생각난다. 차가운 물감이 손바닥을 적실 때 아이들이 지르는 탄성, 조그만 손가락이 뾰족한 잎으로 표현될 때의 쾌감. 완성 후 반짝반짝 전구까지 달아 소리 높이 캐럴을 불렀다.

새해맞이로 한복을 입고 모여 설날과 세배에 대한 것을 아이들에게 알려 주었다. 가래떡 썰기 놀이도 하고 떡국까지 끓여 함께 먹었다. 품앗이 교육공동체에 대해 강의할 때 잘 차려진 떡국 상을 보이며 꼭 하는 질문이 있다.

"과연 이 많은 떡국은 누가 언제 끓였을까요?"

기본적으로 품앗이 교육공동체는 각 가정이 차례차례 돌아가며 활동 계획을 세우고 준비와 진행을 하는데, 교사 역할을 맡아 이끄는 한 가정의 엄마 또는 아빠가 척척 다 해내기는 힘든 법이다. 서로 일을 거들고 품을 지고 갚는 품앗이에서 누군가 수고하는 동안 또 다른 누군가는 뒷짐 지고 바라만 보는 건 바람직하지 않다.

이날의 품앗이 선생님을 맡은 엄마가 설날과 세배 이야기를 들려주는 동안 다른 엄마들이 함께 떡국 끓일 준비를 해야 한다. 보조 교사처럼 아이들에게 나눠 줄 가래떡과 플라스틱 칼, 그릇을 준비하는 사람. 부엌에서 떡국 육수를 끓이는 사람. 달걀 지단을 부치는 사람. 품앗이 구성원 모두 역할을 맡아 오늘의 활동이 원활하게, 수월하게 진행될 수 있도록 도와야 한다.

"다 같이요."

"모두 함께요."

망설임 없이 이렇게 답할 수 있는 이들이 품앗이 교육공동체를 잘 이끌어 갈 수 있는 리더라고 본다. 떡국 이야기에 이어 국수 물감 놀이 활동 사진을 보여 준다.

"교사 역할을 맡은 엄마가 국수를 보여 주며 건면 상태와 삶았을 때의 상태를 이야기하고 있어요. 아이들과 국수의 딱딱함을 느끼며 건면 부러뜨리기 놀이를 진행하는 동안 다른 엄마들은 뭘 해야 하나요? 옆에서 본인 아이 사진을 찍으며 가만히 있을까요?"

그럼 이제 강의의 흐름을 파악한 이들이 자신만만하게 답한다.

"국수를 삶아요."

"맞아요, 누군가는 국수를 삶아 찬물에 헹구어야 해요. 다른 엄마는 삶은 국수를 타이밍 맞춰 아이들에게 나눠 주는 일을 하고요. 물론 전체적인 사진과 영상을 찍어 주는 사람도 있어야겠지요."

삶은 국수를 맛보는 아이들 모습을 흐뭇하게 바라보던 사람들이 다음 사진에서 일순 눈이 동그래진다. 아이들이 말랑말랑 삶은 국수를 물감으로 비비고 있었기 때문이다. 애초에 목적이 다양한 색깔로 비빈 국수를 그림으로 표현해 보는 활동이었다.

온 거실을 점령한 국수. 여기저기 떨어져 있는 잘게 부서진 국수 조각. 모든 색을 다 섞어서 시커멓게 변한 국수 뭉텅이들을 밟고 선 아이들. 손발은 물론 옷에도 잔뜩 묻은 물감과 국수 가닥들. 그 사진들을 놀란 눈으로 보고 있는 신규 품앗이 회원들의 표정을 바라볼 때마다 나는 천진난만한 장난꾸러기처럼 절로 웃게 된다. 밀가루 놀이, 전분 놀이 활동 사진으로 넘어가면 강의를 듣던 사람들의 눈이 더 커지고 나의 입꼬리도 더욱 올라간다.

"저런 활동은 어디에서 해요?"

"공동육아나눔터에서 할 수 없나요?"

하얀 눈밭을 구르는 강아지 같은 아이들의 모습에서 발산되는 희열에 감탄하고 공감하는 이들도 많지만, 난감한 얼굴로 활동 장소를 묻는 이들 역시 있다. 당연히 공동육아나눔터에서는 물감 놀이, 가루 놀이를 할 수 없다, 각 가정에서 돌아가며 해야 한다고 답하면, 고개를 젓거나 옆에 앉은 사람의 눈치를 본다. 자기 집을 오픈하는 것에 거부감이 있거나, 더러워지는 게 싫거나, 준비하고 정리하는 게 귀찮거나 등 품앗이 활동 때 물감 놀이, 가루 놀이를 하지 않을 이유는 차고 넘친다. 해야 할 이유는 그저 아이들이 좋아하기 때문, 그 하나뿐일 수도 있다.

"우리의 수고스러움이 아이들의 즐거움이 됩니다. 엄마들이 모두 함께 준비하고 정리하면 힘들지 않게 금방 할 수 있어요. 그 맛에 품앗이 공동체를 하는 거지요."

국수 물감 놀이 중인 첫째   전분 놀이 중인 둘째

솔직히 우리 집에서 내 아이만을 위해 엄마표 놀이를 준비하는 건 어렵지 않다. 실제로 나는 첫아이를 혼자 가정 보육하는 만 4년 동안 다양한 엄마표 놀이를 계획해 실천했다. 다양한 영역별로 체계성을 갖춰 아이와 알차게 하루하루를 보냈다.

그랬던 내가 둘째 아이는 공동육아와 품앗이 교육으로 이웃들과 함께 키우고 싶었던 이유는 홀로 했던 엄마표 교육의 장단점을 이미 경험했기 때문이다. 결국 경험해 봐야 안다. 이웃과 함께 하는 품앗이 교육의 장단점 또한 직접 경험해야지 안다.

나는 성격이 아주 솔직한 편으로 실제 대면 강의할 때 공동체 운영의 어려움과 이런저런 갈등 경험에 대해서 가감 없이 이야기하는 편이다. 여러 사람이 모인 무리에서 어떻게 다 내 마음 같은 이들만 있겠는가. 계산적이고 이기적인 이들이 왜 없겠는가.

상처받거나 실망하거나 낙담하는 순간이 올 수도 있지만, 그럼에도 불구하고 행복해할 우리 아이들을 위해 품앗이 교육공동체를 했으면 좋겠다고 꼭 이야기한다.

엄마들이 때때로 느낄 수밖에 없는 육아와 자녀 교육의 부담을 품앗이 명칭 그대로 서로 나눈다면 한결 가벼워지지 않을까?

혼자서도 빛나는 별이지만 모였을 때 더욱 아름다운 은하수가 되어 흐르듯, 나만의 엄마표 놀이 교육활동도 좋지만 여러 엄마가 함께 모여 생각을 모으고 힘을 모은다면 우리 모두의 아이들을 위한 다채롭고 다양한 교육활동이 이루어지리라.

진정한 북스타트, 책두럭

품앗이 교육활동에 점점 더 재미와 보람을 느끼면서, 2016년에 나는 무려 품앗이 교육공동체 세 곳의 리더가 된다. 일주일에 최소 사흘을 이웃들과 모여 함께 놀고 배우며 아이들을 돌보았다.

앞서 소개한 나누미들 품앗이를 계속하던 중에 2016년 5월, 초록우산어린이도서관 북스타트* 1기를 수료했다. 그때 만난 이웃들과 엄마표 그림책놀이 공동체인 '책두럭'을 만들었다.

책과 두럭을 결합한 공동체 이름은 내가 지었다. '두럭'은 다소 생소한 어휘인데, 놀이나 노름을 하기 위해 모인 사람의 무리 또는 여러 집이 한데 모여 이루어진 집단을 뜻한다. 엄마표 책놀이를 위해 모인 집단인 셈이다.

그런 의미에서 북스타트 공동체도 품앗이 교육공동체에 속하는 모임이었다. 운영 방식과 취지도 흡사했다. 기존 나누미들 품앗이에서도 활

---

* 북스타트는 '책과 함께 인생을 시작하자'는 취지로 영유아에게 책 꾸러미를 선물하여 그림책을 매개로 아기가 책과 친해지고 부모와 풍요로운 관계를 형성함으로써 어린이의 올바른 성장을 지역사회가 돕고 책 읽는 분위기를 조성하는 데 목적이 있는 사회적 육아 지원 프로그램이자 사회 문화 운동이다.

동 도입에 그림책을 보여 주는 경우가 많았지만, '책두럭' 모임은 오로지 그림책과 독후 놀이 활동에 집중했다. 그리고 '책두럭'의 모임 장소는 초록우산어린이도서관(현 조치원어린이도서관)에서만 이루어졌다.

'책두럭'이 나의 마을교육공동체 활동에서 차지하는 가장 큰 의미는 형제자매 모두 함께하는 공동체로 확장되게끔 한 것이다. 품앗이 교육공동체 대부분이 그렇듯 나도 처음에는 같은 나이의 자녀를 둔 가정들과 모임을 꾸렸다. 나의 경우에 가정 보육 중인 같은 나이의 유아들이란 조건이 있었던 것처럼, 대다수 품앗이 모임에서는 아이들의 나이와 형제자매 동행 유무를 고려한다. 영아는 몇 개월 차이도 발달상 크기 때문에 개월 수를 한정해 품앗이 구성원을 모집하기도 한다.

'책두럭' 이전에는 의도치 않게 우연히 외동아이를 둔 가정들과 공동체를 형성하게 되었다. 나만 유일하게 남매를 양육 중이어서, 첫째 아이가 유치원에 가 있는 사이 가정 보육 중인 둘째 아이만 데리고 품앗이 활동을 했다.

그런데 북스타트 '책두럭' 구성원 가정은 외동, 자매, 남매, 형제로 정말 다양했다. 북스타트 프로그램 연령 구분 폭이 큰 영향도 있었다. 북스타트(0~18개월), 북스타트 플러스(19~35개월), 북스타트 보물상자(36개월~취학 전)로 나누어 책 꾸러미 배부 및 모둠을 만드는 시스템이었기 때문이다. 가정마다 동갑인 아이들이 있었으나 형제자매를 포함하자 이제 막 앉기 시작한 아기부터 7살 우리 첫째까지 나이대의 폭이 넓어졌다.

"같은 연령으로 구성하는 게 좋나요?"

"형제자매를 데리고 가도 되나요?"

"다 나이가 다른데 교육 내용과 활동은 어떻게 준비해요?"

품앗이 교육 강의 때 내가 많이 받은 질문들인데, 물론 정답은 없다.

동전처럼 다 양면성이 있다. 우리 가족 내에서는 막내지만 품앗이 교육공동체에서는 더 어린 동생들을 만나 형, 누나, 언니, 오빠의 역할 수행 및 여러 관계 속에서 새로운 경험을 할 수 있다. 외동아이는 그 경험의 폭이 더 넓고 깊어질 것이다. 그게 내 아이에게 스트레스로 작용할지, 긍정적인 관계 형성을 통한 사회성 발달을 도모할지는 모를 일이다.

하지만 누군가 내게 같은 나이의 자녀로만 구성된 교육공동체와 다양한 연령대의 형제자매로 이루어진 교육공동체 중 단 하나만 선택할 수 있다고 한다면, 나는 망설임 없이 후자를 택할 것이다.

후자는 교육활동을 준비할 때 품이 더 들기 마련이다. 두 살과 일곱 살에게 똑같은 활동을 제시해서는 안 된다. 비난 나이에만 국한되지 않고 사실 아이마다 관심사와 재능 역시 각양각색이기에 활동 역시 다채롭게 준비하는 게 좋다. 어떤 아이는 내향형으로 정적인 활동을 선호하는 반면, 또 다른 아이는 활달하여 신체 놀이 및 오감을 자극하는 활동을 좋아할 수 있다. 그림 그리기, 춤추기, 노래하기, 관찰하기, 달리기 등 저마다 적극적으로 임하는 활동 영역이 다 다를 수 있으니 되도록 아이들의 성향과 취향을 고려하여 다양한 교육활동을 제시하는 게 바람직하다.

'책두럭'의 책놀이 활동은 크게 미술(그리기, 만들기) 놀이, 신체(게임) 놀이, 요리(식재료 탐색) 놀이, 자연 관찰 놀이, 두 가지 이상 놀이 영역의 결합(융합)으로 이루어졌다.

기억나는 활동들을 소개하자면, 『색깔비가 내리는 나라』라는 그림책을 감상하고 커다란 종이에 밑그림을 나누어 그렸다. 그것을 어린이도서관 마당 벽면에 붙이고 다양한 물감을 푼 분무기로 색깔 비를 내리게 했다.

『달의 맛은 어떨까?』란 그림책의 독후 활동으로는 달을 닮은 뻥튀기 위에 조청과 튀밥을 뿌려 달의 얼굴을 만들고 맛보는 놀이를 했다.

『신문과 함께 춤을 춰요』라는 그림책을 읽었을 때는 잔뜩 모은 신문지로 다양한 놀이를 했다. 여러 겹 펼쳐 놓은 신문지 위에 아이를 태워 마법의 양탄자처럼 끌고 다녔다. 엄마가 신문지 한 장을 팽팽하게 잡아당기면 아이들이 주먹 뻗기와 발차기로 찢게끔 했다. 엄마들의 기합 소리에 맞춰 짧은 팔다리를 허우적거리는 모습이 어찌나 귀엽던지. 신문지 찢기에 열을 올리는 아이들 건너에는 가만히 앉아 신문지를 접거나 오리는 아이들도 있었다. 엄마와 함께 신문지로 멋진 의상을 만들기도 했다. 망토처럼 신문지를 걸친 채 슈퍼맨 흉내를 내는 아이, 신문지 드레스와 왕관을 쓰고 춤을 추는 아이, 신문지를 말아 검을 만든 아이, 커다란 종이비행기를 접어 날리는 아이 등 한 공간에서 따로 또 같이 어울려 신나게 놀았다.

초록우산어린이도서관 북스타트 1기에 형성된 책모둠으로 매주 꾸준

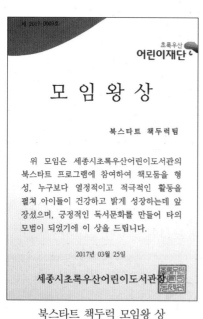

북스타트 책두력 모임왕 상   책두력-신문과 함께 춤을 춰요

히 만나 그림책을 함께 읽고 다양한 독후 놀이 활동을 열심히 했더니, 2017년 3월 초록우산어린이도서관에서 '모임왕' 상도 받았다.

이 상의 진짜 의미는 북스타트 참여자로서 자녀 나이에 맞는 책 꾸러미를 선물 받고 부모 교육을 받는 데 그치지 않고, 자발적으로 지역 공동체를 만들어 사회적 공동육아를 실천했음에 있다고 본다.

일방적, 일회성으로 받기만 하는 수동적 수혜자가 아니라 받은 것을 마을에서 아이들과 함께 나누는 게 북스타트 운동 취지이자 궁극적인 지향점이라고 생각한다. 마을교육공동체의 방향성 역시 이와 같지 않을까 싶다.

학령기, 학부모보다 부모, 두루찬

앞서 이야기했듯이 나의 마을교육공동체 활동 기점은 가정 보육하던 둘째 아이를 위해 시작한 공동육아이자 엄마표 교육 모임인 '품앗이'였다. 그래서 늘 둘째 아이 나이 위주로 품앗이가 꾸려졌다. 여러 가정의 형제들과 다 함께 모이는 혼합 연령의 품앗이를 하게 됐을 때도 첫째 아이는 늘 모임의 맏이였다.

그게 서운했는지 첫째 아이가 초등학교에 입학하고 반년쯤 지났을 무렵, 같은 반 친구들과 품앗이를 하고 싶다고 얘기했다. 품앗이 활동을 너무나도 좋아했던 만큼 또래 친구들과도 같이 하고 싶다는 바람이자 부탁이었다. 정말 예의 바르고 배려심 많고 마음이 여린 아이였기에 나름대로 얼마나 고민하다 이야기했을까 싶어 엄마로서 미안할 지경이었다.

먼저 언급했던 대로 내가 세종시 조치원읍에 정주하게 된 이유는 학교 때문이었다. 농촌 환경의 생태 중심, 놀이 교육 위주의 혁신초등학교에 보내고 싶어서였다. 고심 끝에 선택한 학교는 연서면 소재 '연서초등학교'. 연서초는 공동 학구로 학생 대부분이 조치원 또는 동 지역(신도심)에서 통학한다. 집 가까운 학교 대신 일부러 선택해 오는 곳답게 학생 수는 적었지만 여러 마을에서 온 다양한 학생들과 혁신교육을 실천하는 교사들로 에너지가 넘쳐났다. 입학생 수는 해마다 들쭉날쭉했는데 첫째 아이가 입학했던 2017년에는 두 학급을 꽉 채웠다. 이 학교에서는 교육을 위해 일부러 읍 지역에 남아 굳이 면 지역으로 통학시키는 내가 이상한 엄마, 별난 학부모가 아니었다. 시골 혁신초를 택한 세세한 이유야 다 다르겠지만, 적어도 자녀의 행복을 위한 것임을 알 수 있었다.

첫째 아이의 소망 못지않게 나 또한 교육관이 유사한 학부모와의 유대감을 바랐기에, 같은 학교 같은 학급 네 가족으로 새로운 품앗이 교육공동체, '두루찬'을 결성하였다. '두루찬'이란 이름은 '들처럼 넓고 참된 마음으로 가득한' 아이들로 자라나길 바라는 마음을 담아 동급생 학부모가 지었는데, 청소년 상담을 전공한 그분이 제안한 '문 열고 닫기 활동'이 참 인상적이었다.

회복적 정의에 기반한 서클 타임으로 품앗이를 시작하고 마무리할 때마다 동그랗게 모여 앉아 발이 원 중심에 모이도록 다리를 쭉 폈다. 발언권을 상징하는 막대기나 인형을 들고 시계 방향 또는 반시계 방향으로 한 명씩 차례로 오늘의 감정이나 하루 중 기억에 남는 일, 품앗이 활동에 대한 기대감 또는 마친 후의 소감 등을 이야기했다. 어른들도 예외가 없었고 그 모임에서 유일한 동생이자 막내인 나의 둘째 아이도 빠지지 않고 늘 느낀 점을 들려주었다.

사람마다 성격이 다르고 말주변 역시 차이 나기 마련이어서 누군가는 마이크를 잡은 채 한참을 망설였다. 그 머뭇거림을 질책하거나 비웃지 않고 모두 응원하는 눈빛을 보내며 기다려 주었다. '두루찬' 품앗이 모임의 회차가 더해질 때마다 침묵 속 기다림은 20분에서 10분, 5분으로 줄어들었다. 겨우 말하던 두세 마디가 함께하는 날들에 비례해 어느새 두세 문장으로 늘어났다. 묵묵히 기다려 준 아이들의 인내심과 배려심도 깊어졌다. 다름과 느림을 이해하는, '두루찬'이란 이름 그대로 마음이 넓은 아이들로 자라났다.

훗날 품앗이 교육공동체 관련 사례를 발표할 때, 나는 '문 열고 닫기 활동'을 소개하며 가자의 공동체 내에서 실제로 꼭 해 보길 권한다. 회복적 생활교육을 특강처럼 일회성으로 진행하는 경우가 잦은데, 작은 공동체 내에서 약속처럼 습관과도 같이 꾸준히 이루어져야 효과적이다. 그 실천력이 밑바탕이 되어야지 경청하는 자세, 나의 감정과 생각을 표현하는 용기, 타인들을 이해하고 배려할 수 있는 진짜 사회성이 길러질 수 있다.

'두루찬'은 초등학생 대상의 교육공동체인 만큼 아이들이 유아기에서 벗어나 다양한 도전과 경험을 할 수 있도록 하였다. 특히 기억에 남는 게 버스를 타고 공주 역사 탐방을 다녀왔던 일이다. 2018년 4월에 세종시 관광지와 백제의 고도 공주시 관광지를 연계한 순환형 시티 투어 버스가 운행되기 시작했다. 6월 6일 현충일, 학교가 쉬는 날 '두루찬'에서는 우리만의 역사 교실을 운영했다. 네 가정 모두 자차가 있었지만 일부러 신도심까지 한차례 이동해 다 함께 시티 투어 버스를 이용했다. 버스 노선 및 시간표를 살펴보는 것도 아이들에게는 유의미한 교육이었기 때문이다. 6월 초임에도 날씨가 엄청 무더웠는데 땀을 뻘뻘 흘리며 송산리 고분군, 공산성, 박물관 등을 둘러보았다. 바람 한 점 없는 버스 정류장에서의 기다림마저도 신났던 것 같다.

지금 생각해 봐도 획기적이었다고 자부하는 활동으로, 생일과 연계한 엄마표 성교육을 꼽을 수 있다. 초등 저학년 학생들이 거부감 없이 이해할 수 있도록 임신과 출산에 대한 영상 자료를 준비했고, 내 몸의 소중함에 이어 나라는 존재의 귀중함으로 이어질 수 있게끔 했다(나는 항상 '자존감'이야말로 부모가 자녀에게 줄 수 있는, 길러 주어야만 하는 가장 중요한 마음이라고 생각한다). 영상 시청 후에는 아이들의 생각과 느낀 점, 질문 등을 경청하고 아이들 눈높이에서 차근히 설명해 주었다. 그리고 커다란 투명 반구원 둘레에 태아의 성장 과정을 그려 보도록 했다. 정자와 난자가 만나고 세포 분할 진행까지 세세히 표현해 내는 걸 보며 감탄했다. 반구원 중심에는 색종이로 하트 모양 배꼽을 만들었다.

　"이렇게 엄마의 뱃속에서 탯줄로 연결되어 자라난 너희들이 얼마나 소중하고 특별한 존재인지를 항상 기억하렴. 자기 몸을 소중히 여기자, 사랑해."

두루찬 활동. 공주 역사 탐방(공산성)

두루찬 활동. 태아의 성장 과정

　'두루찬'은 학부모 각자의 재능과 전공, 취미를 살려 돌아가며 활동 주제를 잡았다. 미술을 좋아하는 학부모는 아이들에게 다양한 화가들을 소개하고 자신만의 작품 활동으로 이어지게 했다. 가족이 꽃집을 해서 식물에 대해 잘 아는 학부모는 아이들과 원예 활동을 했다. 요리가 취미인 학부모는 아이들과 꼬마 김밥, 삼각 김밥, 케이크 만들기 등을 했다. 각자 자신이 좋아하고 자신 있는 것들을 하니까 부담과 스트레스가 덜했다.

안타깝게도 학부모 스스로가 교육공동체의 가치, 아이들이 느낄 기쁨과 여러 유익함에 대해 잘 알고 있지만, 시도조차 못 하거나 시작하게 되더라도 유지가 어려운 경우가 참 많다. 자신감이 없거나 귀찮거나 스트레스를 받아서다.

공동체 구성원들이 서로를 응원하고 격려하는 것 못지않게, 아니 그보다 더 중요한 게 바로 '내가 나를 믿고 독려'하는 것이다. 내면을 향한 눈길을 거두지 말고 용기와 의욕이 솟아나도록 자신을 북돋워 주어야 한다.

자녀가 영유아기 때에는 품앗이 교육공동체 활동에 관심을 보이고 참여하던 부모들이 학령기 학부모가 되면 학교와 사교육 뒤로 물러나는 상황 또한 탄식을 부른다.

'품앗이란 공동육아'라는 프레임에 갇혀 영유아기로 스스로 기한을 두는 셈이다. 보육자와 양육자로만 부모의 역할을 한정 짓고 교육자, 격려자, 상담자로 나아가려 하지 않는다.

부모로서 이웃들과 함께 아이를 양육하는 기쁨과 즐거움이 학령기에 접어들게 되면 '학부모'란 이름과 함께 불안감과 시기심, 욕심으로 변해 버린다. 어린이집 또는 유치원이 끝나면 친구들과 함께 놀이터로 향하게 해 주던 엄마들의 손길이 초등학생이 되면 사정없이 학원으로 잡아끈다. 어쩌면 학령기 학부모들에게 더욱 필요하고 학생들에게 간절한 것이 최소 단위의 마을교육공동체, 품앗이 모임이 아닐까 싶다.

영어야 놀자

북스타트 책놀이 모임 '책두럭'에 한창 열성적이던 때 일반 국어 그림책뿐 아니라 영어 그림책에도 관심이 생겼다. 영어그림책놀이를 통해 사교육을 대체할 수 있는 재미있고 즐거운 엄마표 영어교육을 함께 해 보자는 결의로 2016년 11월, '영어야 놀자' 품앗이 교육공동체를 하나 더 시작하였다.

'영어야 놀자'는 2018년 3월까지 활동하다 휴식기를 가진 뒤, 2019년 2월부터 회원 충원과 함께 가족센터 품앗이 단체에 등록하여 2022년도까지 운영되었다.

2017년 세종마을공동체 사업, 2019년 가정의 달 기념식 공연, 제1회 여성친화도시 홍보 UCC 공모전 참여 등 다른 품앗이 공동체보다 적극적이고 도전적으로 활동했다. 그만큼 특별한 추억들도 많이 만들었다.

코로나19로 인해 대면 모임에 제한을 받는 등 어려움이 있었으나 온라인 줌(ZOOM) 회의를 통해 화상으로나마 활동을 지속하고자 노력했다. 당시 코로나19 장기화로 수많은 공동체가 와해되거나 위기에 봉착했다. 새롭게 생겨나는 품앗이 교육공동체 수보다 더 많은 공동체가 사라져 갔다.

서로 얼굴을 맞대고 손을 맞잡을 수 있는 '함께'의 가치가 얼마나 귀한지를 세상 모두 깨닫는 시기였다. 당시 '영어야 놀자' 마을공동체 덕분에 나와 아이들은 이웃과 함께 소통하는 즐거움을 잃지 않을 수 있었다.

2021년 8월에 했었던 피자 만들기가 유독 기억나는데, 역시나 대면 활동이 불가한 상황이었다. 신선함을 위해 주말 오전 일찍 피자 재료를 손질해서 소분한 후 집집마다 문고리 배달을 직접 나갔다. 모두 한마을에 살기에 가능한 일이기도 했다. 시간에 맞춰 온라인 화상으로 만나 반갑게 안부를 물었다. 마스크를 쓰지 않은 얼굴을 볼 수 있음을 불행 중 다행처럼 기쁘게 여겼다. 피자 주제에 맞게 『Pete's a Pizza』 영어 그림책을 PPT로 함께 감상한 뒤, 배달된 재료를 갖고 저마다의 피자를 만들었다. 장소는 각자의 집이었으나 그 과정을 모두 화상으로 공유하며 대화하며 만들다 보니 한자리에 함께 모여 있는 기분이었다. 완성된 피자가 너무너무 맛있다며 신난 아이들의 반응에 재료 준비와 배달, 수업 진행 등으로 쌓인 피로가 싹 풀리는 듯했다.

만약 자녀의 영어 학습만을 공동체의 목적으로 두었다면 '영어야 놀자'는 오래가지 못했을 것이다. 영어 학원, 원어민 과외, 영어 학습지 등 학부모로서 선택지는 많았다. 아이들의 학년이 올라갈수록 사교육에 비해 전문성이 부족해서 더 큰 노력과 수고를 요하는 엄마표 품앗이 교육공동체가 존립하기란 솔직히 힘들다.

나는 너무나 운이 좋게도 영어를 잘하는 학생을 만들고 싶은 학부모가 아닌, 품에 안고 국어 그림책을 함께 보듯 영어 그림책을 엄마의 목소리로 읽어 주고 싶은 부모들을 만났다.

첫째 아이는 무려 유치원 다닐 때부터 초등학교 졸업할 때까지 '영어야 놀자' 공동체 속에서 자랐다. 그렇다고 중학생인 지금 영어를 잘하는 건 아니다. 웃프게도 영어가 좋아하는 과목도 아니나, 때때로 '영어야 놀자' 품앗이 이야기를 먼저 꺼내며 그때 함께 부른 영어 노래를 흥얼거리기도 한다. 지나가다 내가 강의 준비로 여기저기 펼쳐 놓은 영어 그림책에 눈길이 닿으면 "어?! 영어야 놀자 때 봤던 책 아냐?"라며 추억 여행에 빠져들 때도 있다.

그럼 '영어야 놀자' 품앗이 교육공동체를 오래 했었던 의미나 가치가 퇴색되었나? 나는 엄마표 교육에 실패한 건가?

마음을 다하고 노력을 다했다면 부질없는 건 없다. 학부모로서 욕심을 덜어내고 부모로서 진심만 더하면 된다.

그 시절을 회상하면 아이들도 나도 '즐거웠다, 재밌었다, 행복했다, 그립다' 등 긍정적인 표현들이 먼저 떠오른다. 학령기 때 학습이 아닌 놀이로 이웃들과 추억을 쌓으며 영어를 즐겼다면 충분히 만족한다. 더 재미있고 쉽게 품앗이 아이들을 가르치기 위해 엄마 선생님으로 최선을 다했던 나 자신이, 함께했던 이웃들이 자랑스럽다. 결국 그때의 노력과 열정이 지금 내가 영어그림책놀이 강사로 활동할 수 있는 바탕이 되었기에 정말 귀한 날들이었다.

"부모 된 사람들의 가장 큰 어리석음은 자식을 자랑거리로 만들고자 함이다. 부모 된 사람들의 가장 큰 지혜로움은 자신들의 삶이 자식들의 자랑거리가 되게 하는 것이다."

_성철 스님

마을에 배움을 나누다

독서동아리, 글닐기

2016년 3월부터 '엄마와 아이가 함께 하는 세종시 조치원 인문학 독서 모임'이란 수식어를 단 '글닐기' 마을공동체를 만들어 운영했다. 글닐기는 독서의 옛말이다.

자녀가 책을 좋아하는 아이로 자라길 바란다면 부모부터 책을 가까이하며 독서를 생활화해야 한다는 작은 신념과, 육아하느라 바쁘고 지쳐 성인인 나를 위해 좋은 책 한 줄도 읽기 힘든 상황을 엄마들이 함께 극복하고자 하는 의지에서 시작했다.

당시 2013년생 아들을 가정 보육 중이어서 이미 형성된 성인 독서 모임에 들어갈 수는 없었다. 나처럼 종일 아이를 돌보는 와중에 책 몇 줄이라도 읽고 싶어 밤잠 줄이는 분, 책을 좋아하는 사람들과 함께 모여 이야기 나누고 싶은데 아이 때문에 선뜻 움직이기 힘든 분이 우리 지역에도 있으리라 생각했다.

육아와 가사에 지친 어머니들에게 작은 힐링이 되길 바라는 마음에서 아이들과 함께 책 이야기 나눌 수 있는 시공간을 마련하고 싶었다. 물론 아이 없이 참여할 수도 있었다. 아이들과 동반 참석이 가능한 '글닐기' 독서 모임은 월 2회로 이루어졌다.

한 주는 각자 주제에 맞는 책 한 권씩을 소개하는 '북 에디터' 개념의 책 소개 시간을 마련했다. 이때 서로의 취향이 담긴 다양한 책들을 접할 수 있었으며, 그와 관련된 이야기들을 통해 서로의 인문학적 소견과 함께 가볍게 인생 경험들도 나누었다.

격주로 진행된 다음 모임 때는 인문학 서적 가운데 스테디셀러 중심으로 선정한 책 한 권을 모두 읽어 와서 인상 깊은 구절을 낭독하고 서로의 감상을 나누는 시간을 가졌다. 매회 모임 때마다 나누고픈 책 속 문장들과 짧은 감상평을 정리한 발표지를 공유했다.

매달 두 번의 모임을 부지런히 참석하면 최소한 한 달에 두 권의 책은 읽게 되고, 주고받는 발표 자료가 쌓이는 만큼 독서의 저변도 넓어지고 마음의 양식도 차곡차곡 쌓였다. 무엇보다 바쁜 일상에서도 책을 읽는 여유와 기쁨, 그리고 함께 책 이야기를 나눌 수 있는 이웃들과의 소통으로 삶이 훨씬 풍요로워짐을 느꼈다.

이듬해 1월에는 그간 독서 모임 때마다 각자 작성하고 발표했던 글들을 엮어 꽤 두툼한 문집도 발간했다. '글닐기' 회원들에게 한 권씩 선물할 때의 기쁨과 보람은 편집 작업으로 며칠 밤을 새운 고단함도 잊게 했다.

'글닐기' 마을공동체는 몇 년간 동면 상태에 들었다가 2022년에 어른을 위한 그림책과 동화를 함께 읽고 이야기를 나누는 독서동아리로

글닐기 문집(2016)과 글닐기 모임(2022)

깨어났다. 세종시 거주 여성 6인을 회원으로 2022년, 2023년 공립 작은 도서관 독서동아리 지원 사업에 신청하여 조치원어린이도서관(구 초록우산어린이도서관)에서 활동했다.

글밥 부담이 적으나 삶, 사람에 관한 다양한 이야기를 깊이 있게 사유할 수 있는 좋은 그림책을 소개하며 공감과 공유의 시간을 가졌다. 돌아가며 한 장씩 낭독하고 책과 작가에 대한 정보와 감상평을 나누었다. 독후 활동으로 인상 깊었던 글귀를 옮겨 쓰거나 나만의 스타일로 감상평을 적었다. 글만 쓰면 지루하고 난감할 수 있으니 그림 그리기를 곁들여 연계했다. 자연스럽게 나의 마음과 인생사, 직간접적 경험, 온갖 감정들을 말, 글, 그림으로 드러낼 수 있었다.

2022년에 새댁으로 조치원에 막 정착한 한 회원은 '글닐기' 동아리 활동 중에 임신 출산하여 2023년에는 어여쁜 아기와 함께 참여하기도 했다. 모두 새 생명을 축하하며 육아 경험자로서 조언과 애정을 아끼지 않았다.

아기 엄마가 독후 활동을 할 동안 아기를 대신 안아 준 적이 있었다. 유리 너머 반짝이는 나뭇잎과 도서관 마당을 보여 주며 도란도란 말을 건넸다. 그런데 유리문에 비친 아기를 안고 선 내 모습에서 8년 전, '글닐기'를 처음 만들었을 때의 젊은 내가 언뜻 보였다. 타향살이를 시작한 어린 엄마의 막막함과 외로움, 그걸 딛고 이웃들에게 먼저 다가가겠다는 의지와 용기가 어렸던 젊은 날 내가 눈부처로 마주 보였다.

젖먹이와 동행해도 눈치 보이지 않고 예쁨과 배려를 받는 독서동아리. 책을 통해 활자만 눈에 담는 게 아니라 서로의 인생과 마음을 담아 갈 수 있는 공동체. 독서를 통해 마음의 양식을 쌓고, 관계를 통해 마음이란 곳간이 튼튼해지는 모임. 그런 걸 꿈꿨던, 그리고 실현했던 스스로를 잊지 않는다면 '글닐기'는 언제든 다시 움틀 수 있는 마을공동체이다.

마을공동체 사업, 영어야 놀자

'영어야 놀자' 교육공동체가 반년 가까이 자율적으로 운영되던 중, 2017년 3월 〈세종시 마을공동체 사업〉에 '엄마표 영어 책놀이 품앗이 교육'이란 이름으로 제안서를 내게 되었다.

영어를 딱딱한 학습이 아닌 즐거운 놀이로서 친숙하게 익힐 수 있도록 미리 수업 계획서를 작성해 공유하고 다양한 영역의 활동이 이루어지도록 애썼다. 하지만 영어를 전공하지도 않은 엄마들이 양질의 품앗이 수업을 하기 위해서는 전문 강사의 길잡이도 필요하고 좋은 영어 그림책도 필요하다는 회원들의 의견이 있었다.

나아가 몇몇 회원 가족들만 품앗이의 즐거움과 교육적 효과 등 교육 공동체의 장점을 누릴 게 아니라 지역 주민들에게도 널리 알리고, 재능 기부 형식의 영어 책놀이 활동을 통해 지역의 아동 및 부모들과 가까이 소통하면 좋을 것 같다는 바람에서 사업 공모에 참여했다.

사업 내용은 크게 세 가지로 기획 운영했다.

첫째, 엄마들의 교수법 향상과 역량 강화를 이루어 보다 나은 교육 활동이 이루어질 수 있도록 아동 영어교육 전문 강사의 특강을 마련해 엄마표의 한계를 극복하고자 했다. 또한 교육 이수 후 우수한 영어 그림책을 선정하는 안목을 기르고 독후 활동 등을 꾸준히 진행하면서 이웃들에게 재능 나눔을 할 수 있는 능력과 경험치를 충분히 쌓았다.

둘째, 엄마표 영어교육 방법과 재밌었던 '영어야 놀자' 활동을 지역민들과 나누었다. 세종시 건강가정다문화가족지원센터 공동육아나눔터와 초록우산어린이도서관 프로그램실을 활용하고 두 공공기관과 협력하여 지역 아동 및 부모에게 영어그림책놀이 수업 시연 및 품앗이 교육 방법 공유 등의 재능 나눔 활동을 했다. 또한 다문화 가정이 많은 읍면 지역의 특수성을 고려하여 세계 공용어인 영어를 통해 다양한 가족들이 자연스럽게 어울릴 수 있기를 바라며 다문화 가족과 '영어야 놀자' 가족들이 다 함께 모여 즐기는 영어그림책놀이를 진행했다. 활동 후에는 소감을 나누고 품앗이 교육에 대해 간담회를 열었다. 서로의 문화, 언어, 자녀들의 부족한 학습 등에 대해 상호 협력하고 한국 생활에 대한 정보를 나누고 정서적으로 도움을 주고받을 수 있는 교육공동체를 만들어 볼 수 있도록 제안하고 독려했다.

셋째, '영어야 놀자' 활동에서 선정된 양질의 우수한 영어 원서 그림책을 초록우산어린이도서관에 희망 도서로 신청하여 지역 아동 및 주민들과 다른 품앗이 교육공동체들의 영어교육을 위해 활용될 수 있도록 했다.

영어야 놀자. 2017년 세종마을공동체　　　다문화 가족과 케이크 만들기

처음 도전해 본 세종시 마을공동체 육성 지원 사업에 선정되었을 때 정말 너무나도 기뻤다. 그 기쁨을 오롯이 표출하듯 자부담금 10%를 다섯 가정의 어머니들과 나누어 부담하고, 부지런히 영어 공부를 하고, 엄마표로 교구들을 하나씩 손수 만드느라 밤을 지새우고, 지역 주민들에게 품앗이 교육을 소개하고, 어린이 동반의 가족 단위 재능 나눔 강의를 여러 차례 열고, 도서관에 영어 그림책을 기증하는 등 최선을 다

하여 열심히 활동했다.

하지만 직장 경험이 없는 가정주부였던 나에게 당시 그 많고 복잡한 서류 작업은 정말 고역이었다. 강사료에 붙는 세금도 그때 처음 알았기에 여기저기 전화해서 물어보고 영문 모를 서류들을 주섬주섬 챙겨 멀리 있는 세무서까지 가정 보육 중인 둘째 아이를 데리고 다녀야만 했을 때는 '내가 지금 뭐 하고 있는 거지?'란 붕 뜬 기분에 사로잡히기도 했다.

또한 공동체 대표로서 많은 일을 주도적으로 해내야 했기 때문에 점점 사업이 버겁게 느껴졌다. 봉사로 운영되는 만큼 시간과 에너지 소모는 엄청났으나 이를 당연시하거나 가볍게 여기는 사람을 마주할 때의 허탈감은 이루 말할 수 없었다. 이런 감정은 지금도 때때로 느낄 수밖에 없다.

사업 종료 후, 완벽에 가까운 서류와 열성적인 활동에 다음 해에도 또 지원했으면 좋겠다는 담당 공무원의 권유가 있었다. 감사를 표하며 계속 마을공동체 사업을 운영해 주길 바라는 지역 주민들의 바람도 컸었다. 그러나 당시 많이 지쳐 버린 나는 사양할 수밖에 없었고, 공동체 사업에 한동안 눈길을 주지 않았다.

그렇지만 마을교육활동가로서의 고단했던 길을 되짚어 걷다가 누군가 가장 보람되었던 때에 잠깐 멈춰 서라고 한다면, 바로 2017년 마을공동체 사업을 하던 시기일 것이다. 관 주도를 뛰어넘어 자발적인 주민 모임을 통해 마을공동체와 품앗이 교육을 알리고자 최선을 다했기 때문이다.

특히 다문화 가족들과 함께 한 품앗이 활동은 기억이 아닌 마음에 아로새겨졌다. 건강가정다문화가족지원센터의 협조로 베트남, 필리핀 어머님들과 자녀들, 그리고 '영어야 놀자' 구성원들이 조치원공동육아

나눔터에 모여 생일을 주제로 『It's my birthday』영어 그림책을 감상하고 다양한 독후 놀이 활동을 했었다. 영어 그림책 속 단어와 그림을 연결하는 게임을 하고, 생일 축하 노래를 배워 함께 부르고, 즉석 사진을 찍어 입체적인 생일 축하 카드도 만들었다. 생크림과 과일을 듬뿍 올린 케이크까지 만들었다.

서툰 한국말로 아이들을 어르고 달래느라 정신없던 어머니들이 머나먼 고향에 계신 친정 부모님을 그리워하며 생일 카드를 그들의 언어로 정성껏 적어 내려가는 걸 지켜볼 때 가슴이 두근거리고 뭉클해지던 순간이 아지도 생생하게 기억난다.

생크림을 손가락으로 찍어 맛보며 깔깔깔 신나게 웃으며 서툰 한국어로 감사 인사를 전하는 아이들을 보며 그동안 나 역시 다문화 가정에 무심했음을 깨닫고 반성하게 되었다. 더불어 다문화 아이들의 교육 여건과 이주 가정의 어려운 현실에 관심을 가지게 되었다.

이때의 경험이 이듬해 2018년도 '세종시교육청 다문화 맞춤형교육 재능기부 마을교사'에 지원하게 된 계기가 되었다. 국어 중등 2급 정교사 자격증이 있던 나는 2023년도까지 유아, 초등, 중학생 등 나이가 다르고 어머니의 나라가 다양한 다문화 아이들이 있는 유치원과 학교로 찾아가 일대일 맞춤형으로 한국어 교육 및 기초학력 신장을 도왔다.

또한 2019년에는 건강가정다문화가족지원센터(현 가족센터)를 통해 다문화 가정 어머니들을 위한 자녀 양육 및 엄마표 놀이 교육에 대한 강의도 했다. 세종시교육청에서 시민, 학부모 위원으로 여러 활동을 하게 되었을 때, 다문화 학생이 많은 읍면 지역의 특수성을 고려한 교육 정책에 관해 적극적으로 발언하고 의견을 개진한 까닭도 마을공동체에서 만난 다문화 가족들 때문이다. 나의 배움이 가정에서 마을로, 눈여겨보지 않았으나 눈길을 거둘 수 없는 아이들에게로 향하게 된 동기였다.

마을교육활동가가 학부모회장이 되면

조치원읍에서 살게 된 까닭과 '두루찬' 품앗이 교육공동체 이야기에서 밝혔듯이, 나에게 초등학교란 부모의 교육관과 가치관이 반영된 특별한 선택이었다. 물론 극단적인 교육열로 학군을 따지는 학부모 역시 결국 본인 삶의 가치관과 자녀관에 따른 선택을 하는 셈이다.

당시 '나의 특별한 선택'이 된 연서초등학교는 면 지역 작은 학교, 생태학교, 전원학교, 그리고 혁신학교였다. 세종시교육청으로부터 2015년에 혁신학교, 2019년에는 혁신자치학교로 지정되었다. 그런데 첫째 아이가 졸업하던 2023년도 2월에 연서초의 혁신자치학교 운영이 종료되었다.

나는 혁신자치학교 운영 학사 마지막 해인, 2022학년도 연서초 학부모회장을 맡았다. 두 아이 모두 연서초에 보내면서 학부모회 학급 대표 및 학부모회 동아리 활동, 학교 행사 봉사 등 매년 학부모회 일에 적극적으로 참여해 왔으나, 솔직히 학부모회장직을 맡고 싶지는 않았다. 프리랜서지만 일이 많고 바쁜 워킹맘인데다 이미 여러 직함을 갖고 시민, 사회 활동 중이어서 좀처럼 여유가 없었다.

작은 학교인지라 학부모 수가 적은데, 혁신학교답게 학부모의 참여는 더욱 요구되었으므로 솔직히 누구도 선뜻 학부모회를 맡으려 하지 않았다. 세종시 혁신초 학부모회 모임에서 만난 다른 학교 회장님들도 이에 공감했다.

그럼에도 2022학년도 연서초 학부모회를 맡게 된 이유는 혁신학교 운영 마지막 해인 만큼 혁신초를 졸업하는 연서초를 진짜 부모 된 마음으로 잘 배웅해 주고 싶었기 때문이다. 훌쩍 성장한 자녀를 떠나보내기 전에 함께 좋은 추억을 더 많이 만들어 주고 싶듯, 혁신초등학교 학부모회로서 할 수 있고 해야만 되는 일들에 최선을 다하고 싶었다. 훗날 뒤돌아봤을 때 결코 아쉬움이 남지 않도록 어느 마을교육공동체 활동보다 더 성심성의껏 임했다.

학부모회 활동과 마을교육활동은 비슷한 점이 꽤 많다. 많이 닮은 형제자매 같다고나 할까. 학부모회는 학교와 학생을 위해 무수하게 무보수로 자원봉사를 해야 하고, 학부모와 교사의 중간다리 역할 및 의견과 요구가 다른 학부모들의 소통 창구가 되어야 한다. 학교 교육과정을 비롯해 학교교육에 대한 이해와 학교 운영에 대한 기본 지식도 갖추어야 한다. 학교 안에서의 활동에 그치지 않고 교육청, 교육부 앞에서도 학부모로서 교육 현안에 대한 합당한 목소리를 내고 정책 제안까지 할 수 있어야 한다.

몇 가지 대상 관련 용어만 바꾸면 마을교육공동체와 흡사하다. 마을교육공동체는 마을(지역)과 주민을 위해 봉사 활동을 하고, 지역 주민들의 소통 창구이자 어울림의 마당 역할을 해야 한다. 마을교육에 대한 이해와 공동체 운영에 대한 지식도 갖추어야 한다. 마을 안에서의 활동에 그치지 않고 지자체, 정부 앞에서도 마을교육과 지역 문제에 대하여 합당한 목소리를 내고 정책 제안까지 할 수 있어야 한다.

이런 유사성 때문인지 학부모회 경험을 기반으로 마을교육공동체 활동을 하는 경우가 많다. 학생의 성장과 배움을 위한 마을과 학교의 협력 활동에서 교집합 같은 역할을 해 온 학부모 활동가는 지역 주민으로서 그간에 교육활동 경험을 지역사회에 다시 환원하기를 주저하지 않는다.

그 환원 방식은 다양하다. 지역 문제 또는 교육 현안을 중심으로 소규모 공동체를 직접 만들어 교육 시민 네트워크 활동에 참여하거나 여러 교육 관련 기관이나 단체에 위원으로 위촉되기도 한다. 이에 한발 더 나아가 소수이지만 학부모회 임원 경험과 인맥을 디딤돌 삼아 정치인으로서 지방의회에 출마하는 이도 있다. 전공 또는 재능을 살려 학교 방과후수업과 협력수업의 강사, 마을강사로 활동하기도 한다. 마음 맞는 학부모들과 사회적협동조합을 만들거나 마을 기업으로 성장시키는 이들도 있다.

나는 조금 특이하게, 학부모회 활동보다 마을교육활동을 먼저 시작했다. 마을교육공동체 리더 경험이 풍부했으며, 후에 자세히 다루겠지만 지역 현안 중 특히 교육과 아동에 지대한 관심을 보이며 주민들을 모아 공론화하고 유관 기관에 청원하거나 정책 제안하는 일에 앞장섰다.

이런 마을교육활동가가 학부모회장이 되면?

학교는 들썩인다. 코로나19로 인해 자고로 침묵과 자가 격리가 미덕이던 시절, 마스크를 쓰고서 "이제, 다시, 함께"를 외치는 학부모회의 활발한 활동은 학교 개방을 머뭇거리던 관리자 입장에서는 불편한 소란스러움이었을 것이다.

2023년에 세종시교육청에서 발행한 『(혁신학교 학부모회 회장이 들려주는) 학부모회 이야기』에 내가 쓴 2022학년도 연서초 학부모회 활동이 실려 있다. 당시 온전히 담아낼 수 없었던 더 많은 활동 사례와 진솔한 이야기들이 남아 있으나, 지면상 아쉽게도 일부 마을교육과 직접 연관된 학부모회 활동 몇 가지만 소개하려 한다.

학교에서 지원하는 학부모회 예산은 정해져 있기에 학부모 교육을 위한 재료비나 강사비 배정에 한계를 느낄 수밖에 없다. 물론 마을교육활동가로서 지자체의 마을공동체 사업비를 따내기 위해 부단히 애쓰고 알뜰살뜰 운영비를 분배하고 회계 업무에 치이는 것에 비하면 학부모회 예산 운영은 수월하다. 그래도 고정된 예산을 적재적소에 얼마나 잘 활용하는지는 학부모회장의 능력이다. 그런 의미에서 마을공동체 사업 경험이 있는 나는 유능한 편이었다.

학부모를 학교로 불러들이기 위해서는 초대장과도 같은 '학부모 대상 교육문화 프로그램'이 다양하게 많이 운영되면 좋다. 물론 학부모회 동아리 참여로까지 이끈다면 더할 나위 없겠지만, 동아리원이 되어 지속적인 활동을 하기에는 부담스럽거나 직장 때문에 참석하기 어려운 학부모도 있으므로 편안한 마음으로 학교에 들를 수 있도록 특강을 진행하는 것이다.

굳이 시간을 내서 학교까지 오고 싶을 정도로 괜찮은 교육문화 프로그램을 구상하는 일은 마을교육공동체에서 학생 및 성인 대상의 프로그램을 숱하게 기획해 봤던 나에게는 익숙한 설렘이었다. 지금도 나는 교육문화 프로그램을 기획하고 강의안 짜는 일이 참 재미있다.

2022학년도에 세종시 면 지역 소재 초등학교에 상담 교사가 전면 배치된 걸 반기며 '상담 선생님과 함께 마음 나눔 프로그램'을 기획해서 운영하고, 특색 있게 운영 중이던 다양한 학부모 동아리 활동에 새로운 학부모들도 관심을 가지고 참여할 수 있도록 도왔다. '연서 수예 동아리'를 신설해 내가 동아리장이 되어 학부모의 취미 활동 및 대외적인 학부모회 부스 운영 시 공예 활동, 연서초 학생들을 위한 재능 나눔 활동으로 저변을 넓혔다.

하고 싶은 건 많고 예산은 한정돼 있어 아쉬웠던 차에 〈북세종 농촌 중심지 문화 활성화 사업〉을 신청해서 학부모 대상으로 '친환경 화장품 만들기-그린슈머 되기' 프로그램을 진행하기도 했다.

이처럼 학부모의 발걸음이 학교로 향하도록 다양한 프로그램들을 운영했던 이유는 연서교육공동체 일원으로서 학교와 학생, 학부모 사이에 연결 고리를 부담 없는 교육문화 활동에서부터 찾고자 함도 있지만, 학부모들이 일상에서 잠깐이라도 행복과 여유를 즐긴다면 본인 자녀들에게 더 밝은 표정을 보여 줄 수 있지 않을까 기대해서다.

2022학년도 연서초 학부모회 활동 대부분이 학교와 교사의 권유 및 제안이 아닌 나의 '하고 싶다!'는 열망과 고집스러운 요청에서 이루어졌다. 앞서 얘기했지만 혁신자치학교 학부모회라는 명성에 걸맞게 최선을 다하고 '뜨겁게 안녕'하고 싶었기 때문이다. 오죽했으면 교장 선생님이 내 등을 격하게 두드리며 "너무 열심히 해서 다음 학부모회 하기를 부담스러워한다"는 달갑지 않은 인사를 건넸을까? (물론 새로운 학부모회는 잘 구성되었다.)

'연서 가족 가을 소풍'은 오로지 학부모회 주관으로 준비 및 진행된 거라 무척 힘들긴 했으나 연서 가족의 화합과 친목 도모, 친밀감 증대라는 면에서 너무나도 만족도가 높은 행사였기에 가장 기억에 남는다.

학교 가을 운동회(무지개 남매의 날) 때 전체 학부모 개방 참여가 아니어서 아쉽고 서운하다며 불만을 표했던 학부모들이 많았다. 이에 학부모회 주관으로 연서초에 재학 중인 학생을 둔 가족 구성원 모두 모여 인사와 함께 맛난 음식도 함께 나누어 먹고 땀 흘리며 함성도 지를 수 있는 여러 놀이를 즐기고자 가을 소풍을 기획 운영했다. 학부모회 밴드를 통해 행사 취지를 소개하고 많은 가족이 참여할 수 있도록 토요일로 행사일을 두되 날짜는 투표를 통해 다수결로 정했다. 일시가 정해진 후에는 학부모회 다모임*을 열어 행사 세부 내용을 논의했다. 참가 가정 모집 완료와 더불어 단체 채팅방을 만들어 소통했고, 행사가 끝난 뒤에도 온라인을 통해 서로 소감을 나누고 감사를 표했다. 학부모 동아리에서 먹거리를 준비하고, 간식 꾸러미와 가족사진도 선물했다.

----

* '다 모인다'는 뜻으로 학급 대표 학부모와 학부모회 임원들이 모여 회의하는 것을 말한다. 학교의 3주체인 학생, 학부모, 교사가 주체별로 다모임을 열기도 하고 여러 주체가 모여 함께 다모임을 하기도 한다. 3주체가 모두 모여 다모임을 할 경우 연서초에서는 '3주체 연석회의'로 칭하였다.

딱지치기, OX퀴즈, 꿈끼 발표(장기 자랑), 스피드게임, 2인 3각 달음질, 풍선 터트리기 등을 즐기며 연서초 '무지개 남매의 날'의 학부모회 버전답게 일곱 빛깔 무지개처럼 연서 가족들이 한데 어우러져 아름다운 추억을 만들었다.

학교든 마을이든 교육공동체의 가치는 '함께'에 있다고 생각한다. 최대한 많은 이들로 누구나 부담 없이 참여할 수 있어야 한다. 그래서 연서초 학부모회 역사상 처음으로 병설유치원생 부모들도 학부모회 구성원으로 받아들였다. 2022학년도 학부모회장의 권한으로 학교에 요청하여 병설유치원 학부모들을 학부모회 밴드에 정식 초대했고, 학부모 대상 프로그램 및 모든 학부모회 행사에 참여할 수 있도록 하여 자연스럽게 초등학교 학부모들과도 소통할 수 있게끔 했다. 사실 연서초 학생 문화를 대표하는 '무지개 남매'의 구성원이 병설유치원생부터 초등학생까지를 뜻했기에 학부모회 구성원도 유치원생 부모까지 포괄해야 마땅하다고 본다. 특히 작은 규모의 혁신학교라면 더욱.

'함께'의 가치를 실현하기 위해서는 민주적인 소통의 장이 마련되어야 한다. 특히 학교 교육의 3주체인 학생, 학부모, 교사가 둘러앉아 학교 운영 및 교육과정에 대하여 의견을 나누는 '3주체 연석회의'가 활발히 이루어져야 한다. 각 주체가 스스로 논의 주제를 정하고 동등한 위치에서 민주적으로 토의하는 3주체 연석회의는 혁신자치학교의 기틀이자 혁신교육의 꽃이라고 생각한다.

하지만 자칫하면 학교에서 제안하는 주제로 연석회의가 이루어지거나 운영 과정에서도 학부모는 비판적 태도 없이 '따르는' 입장이 되기 쉽다. 특히 민감한 사안에 대한 3주체 공론의 장을 학부모가 주도적으로 '이끄는' 것은 혁신학교의 가치 실현을 위한 용기라고 본다.

2022학년도 연서초 학부모회에서는 한 걸음 더 나아가, 학교가 아닌 학부모회가 3주체 연석회의를 먼저 제안하고 의제를 공론화했다. 학부모회 동아리 봉사 후 청소 여사님께 간식을 전하려 쉼터를 찾았을 때 그곳이 장애인 화장실 공간임을 알았던 순간의 충격을 시발점으로, 학교 공간 부족 문제가 얼마나 심각한지를 알리고 함께 해결하고자 3주체 연석회의를 주최했다. 학부모회장인 내가 직접 학교 공간 부족 문제를 주제로 3주체 연석회의 홍보 포스트와 PPT를 만들고 현장 참여가 어려운 학부모들을 위한 온라인 설문을 제작한 후 정리 발표했다.

학부모회장이 3주체 연석회의 준비부터 사회까지 도맡아 진행하고, 각 주체의 의견을 수렴하고, 해결 방안들을 교육청과 협의하는 등 주도적인 역할을 한 사례는 흔치 않으리라 생각한다.

내가 이렇듯 결심하고 실천하고 끝까지 노력할 수 있었던 건 마을교육활동가로서 쌓인 경험치가 꽤 높았기 때문이다. 마을교육활동가이자 행동하는 시민으로서 산전수전 겪은 내공이 학부모회에서 발현된 셈이다. 이는 연서마을교육공동체 활동에서도 고스란히 드러났다. 연서마을교육공동체는 세종시교육청 도화향마을학교에서 협의체형으로 운영 중인 연서면 소재 학교, 연서면사무소, 연서면 주민자치회가 함께하는 지역사회 연계 교육공동체다.

2022년도에 나 또한 세종시교육청 마을학교를 운영 중이었다. 연서초 학부모회장이자 어린이문화공감 마을학교 대표로서, 단위 학교를 넘어 마을 안에서 더불어 배우고 나누며 함께 교육 성장을 도모하는 마을교육공동체의 가치를 이해하였기에 연서마을교육공동체 운영을 감사히 여겼다.

연서면 어느 학교 학부모회보다 열성적이었다 자부한다. 매달 정기적으로 열리는 연서마을교육공동체 협의회에 연서초 학부모회 임원들의 성실한 참석은 기본이고 연서마을교육공동체 행사에도 적극 참여했다.

2022년 10월 3일(개천절)에 연서면 고복자연생태공원에서 열린 〈도화랑 이화랑 프리마켓〉 행사에도 연서초 학부모회 이름으로 참가하여 두 개의 부스를 종일 운영했다. 무료 프로그램인데다 어느 부스보다 일찍 시작하여 가장 늦게까지 자리를 지켜 방문했던 아이들과 주민들의 만족도가 높았다. 행사 부스 봉사로 허리 펼 틈 없이 고단했으나 참가자 비용 부담 없이 장시간 운영했던 까닭 역시 많은 이들과 함께 나누고 싶은 교육공동체의 가치 실현 때문이었다.

연서마을교육공동체 일원으로 서로를 위하는 마음은 2022학년도 '무지개 남매의 날'이자 연서초 체육대회 행사 때 다시금 느낄 수 있었다. 코로나19 이후 정말 오랜만에 열리는 체육대회라 학부모회에서는 가을 운동회 느낌을 살리고 열심히 뛰고 소리칠 연서 아이들을 위해 먹거리 부스를 운영했었다. 학부모 봉사자들과 여러 가지 먹거리를 준비했는데 〈도화랑 이화랑 프리마켓〉 행사 때 봤던 솜사탕 기계가 생각났다. 구매처를 문의했을 뿐인데 연서면 주민자치회 사무국장이자 도화향마을학교 대표님이 선뜻 기계 대여와 함께 만드는 방법도 알려 주겠다며 체육대회에 참석해 봉사까지 해 주었다. 솜사탕은 아이들에게 정말 인기 만점이었으며, 학교와 마을이 이어져 교육공동체로 동행하는

연서마을교육공동체
〈도화랑 이화랑 프리마켓〉 행사

솜사탕 나눔 봉사 중인 도화향마을학교
대표이자 연서면주민자치회 위원

감사함과 기쁨을 연서 가족 모두 느낄 수 있었다.

학부모회는 내 자녀만을 위해서가 아니라 모든 학생이 즐겁고 행복한 학교생활을 할 수 있도록, 모두에게 따듯하게 닿는 햇살처럼 한결같은 관심과 공평한 애정으로 아이들을 대해야 한다. 그래서 놀이이모* 동아리 활동이나 학부모회 자원봉사 시 본인 자녀 곁에서 최대한 떨어져 다른 아이들을 우선 지도하도록 당부했다. 학교 생활하는 내 아이가 보고 싶고 반가운 마음을 이해 못 하는 건 아니지만, 학부모회 활동 중에는 다른 학생들에게 더 눈길과 손길이 닿아야 한다고 본다.

이는 학부모회뿐 아니라 어떤 교육공동체든 마찬가지다. 공동체를 이루는 직간접적 구성원 모두에게 해당하며, 특히 아이들에게는 어떠한 차별이나 소외가 있어서는 안 된다. 또한 모든 활동에 정성이 담겨야 하며 선물 역시 손길이 담겨야 한다. 쉽고 간편하게 요령껏 운영할 수도 있지만 적어도 교육공동체라면 힘들더라도 진정성이 드러나도록 열심히 해야 하지 않을까.

그래서 '스승의 날'에는 교직원 모두의 이름이 담긴 카네이션을 학부모회에서 만들어 학교 중앙 현관에 전시했다. 방역 도우미 선생님, 버스 기사님, 방과후 강사님, 급식 조리 실무사님 등 연서초에 오시는 모든 분이 자신만의 카네이션을 발견하고 감동과 감사의 인사를 전해 주었다.

어린이날 100주년 맞이 선물로는 학생 이름이 새겨진 연필 세트를 제작했고, 학부모교육 나눔 활동 역시 전 학년을 대상으로 이루어질 수 있도록 학기 중 정규 수업 시간에 실시했다. 수고스럽더라도 해당 학

----
* 세종시 학부모 놀이 자원봉사의 시초라 자부하는 연서초 대표 학부모 동아리로 매주 1회 이상 오전 중간놀이 시간(30분 이상)에 학생들에게 전래놀이를 비롯하여 다양한 놀이를 알려 주며 함께 신나게 노는 동아리이다. 명칭은 '놀이이모'이나 아버지, 삼촌들도 종종 참석한다.

년에 맞게 공예 기법과 소재에 난이도를 두어 연서초 학부모 수예 동아리를 주축으로 마크라메, 양말목 공예, 핑거니팅(손가락 뜨개질) 등 다양한 수공예 프로그램을 진행했다.

마을교육공동체 사업은 약소하게나마 자원봉사 실비라도 지급되나, 정말 그 많은 봉사 활동을 오로지 학생들을 위하는 마음으로 기꺼이 해 준 학부모들에게 당시 학부모회장으로서 줄 수 있었던 건 감사 인사뿐이었다.

학교에 학부모회실도 없었던지라 메뚜기처럼 하루는 카페에서, 하루는 북부학교지원센터 강의실에 모여 아이들을 위한 선물을 만들고 포장했다. 학부모회 다과비로 책정된 예산은 활동 횟수에 비해 너무 적었기에 자원봉사 모임이나 학급 다모임을 외부에서 할 때 본인 찻값을 스스로 계산한 적도 많았다. 서로가 안쓰럽고 고마워서 몰래 찻값을 계산하고 간식을 갖고 와 나눠 먹기도 했다. 그래도 메뚜기 떼처럼 늘 함께니까 날개가 무거운지도 배가 고픈지도 모르고 신나게 즐겼다.

2022년을 함께해 준 연서초 학부모님들께 다시금 감사드린다. 특히 연서초 학부모로 만나 마을에서 같이 교육공동체를 일구고 자원봉사 활동까지 이어져 오고 있는 몇몇 분들에게는 이 지면을 빌려 존경과 고마움을 전하고 싶다.

어린이문화공감 마을학교

세종시교육청에서는 마을학교를 '마을의 시민들이 비영리단체를 조직·운영하여 학교와 마을을 이어 주는 작은 배움터'로 소개한다. 학교에서 마을로 교육 공간을 확장하여 온 마을이 아이를 키우는 교육 생태계를 구축하고자 지역의 인적·문화적 기반을 활용하여 다양한 프로그램을 운영하는 '세종마을학교'가 매년 스무 곳 이상 있다.

나는 2022년, 2023년, 2024년에 걸쳐 '어린이문화공감 마을학교'를 운영 중이다. 2016년도부터 초록우산어린이도서관 운영위원으로 봉사하며 지속된 인연들과 2020년도에 조치원어린이도서관으로 바뀌고 나서 신규 운영위원으로 만난 분들로 구성된 '어린이문화창작소'라는 비영리단체의 대표이기도 하다. 또한 '어린이문화공감 마을학교'의 거점인 조치원어린이도서관에서 운영위원장을 맡고 있다.

문화 시설 및 어린이 공간이 부족한 세종시 북부 지역에서 유일한 어린이도서관인 공립 조치원어린이도서관을 세종마을학교를 통해 지역 주민들에게 널리 알리고 지역 어린이들을 위한 교육문화공간으로 만들고자 세종시교육청 마을학교 공모사업에 지원하게 되었다.

기존 공립 작은도서관이 갖는 운영 및 활용의 한계를 극복하고자 이용자이면서 봉사자인 주민을 마을교육공동체의 주체자로 삼아 다채로운 교육문화 프로그램을 기획하여 자원봉사로 운영하고 있다.

첫해인 〈2022 어린이문화공감 마을학교〉에서는 일 년 단위의 학교 교육과정처럼 지역 어린이들에게 봄, 여름, 가을, 겨울 각 계절을 오롯이 느낄 수 있는 다채로운 문화 활동 프로그램을 운영했다. 봄에는 여행문화 프로그램 '함께 떠나요, 우리 지역 나들이'를 기획해 조치원 아홉거리 탐방, 조치원 시장 나들이, 신안저수지와 홍익대 탐방, 전의면 기차 소풍을 떠났다. 여름방학에는 독서문화 프로그램으로 그림책 감상과 연계하여 꽃과 나무 등의 생태 재료를 활용해 원예 작품을 만드는 '그림책 꽃피다'와 다양한 식재료로 맛있는 요리를 만들어 보는 '그림책 맛수다'를 운영했다. 가을에는 대중교통을 이용하여 연동면, 연기면, 부강면, 전동면의 지역 문화유산과 역사를 알아보고 풍경을 즐길 수 있는 여행문화 프로그램을 진행했다. 겨울에는 음악문화 프로그램으로 칼림바 강좌를 개설했고, 문화축제 프로그램으로 크리스마스 행사와 계묘년 설맞이 행사를 열었다. 특히 문화축제는 가족 단위의 사전 신청 프로그램과 당일 도서관을 찾은 어린이와 주민 누구나 무료로 참여할 수 있는 다양한 현장 프로그램으로 큰 호응을 얻었다.

〈2023 어린이문화공감 마을학교〉는 여름 독서문화 프로그램으로 '그림책 꽃피다', '그림책 맛수다'를, 가을에는 디저트 만들기 프로그램을 운영했다. 겨울에는 음악문화 프로그램으로 유아 숟가락 난타와 초중등생 칼림바를 진행했다. 문화축제 프로그램은 '한가위 맞이 한마당'과 '크리스마스 행사'를 기획해 마을축제로 확장했다. 성인 프로그램으로 크리스마스 오너먼트 만들기, 새해 달력 만들기도 열어 학부모 및 지역 어르신들의 참여를 이끌었다. 특히 크리스마스 축제를 위한 사전 행사로 진행한 오너먼트 만들기는 도서관 트리 장식을 위한 나눔 활동으로 더욱 의미 있었다. 작년 크리스마스 행사와 하나도 겹치지 않는 프로그램과 읍면 지역에서 접하기 어려운 마술 공연을 운영하여 만족도가 높았다.

〈2024 어린이문화공감 마을학교〉도 기존 독서문화, 음악문화, 문화축제라는 큰 틀은 유지한 채 운영 중이며, 조치원 지역뿐 아니라 동 지역(신도심) 어린이들과 시민들 역시 많이 참여하고 있다.

세종시교육청에서 2022, 2023년도에 세종마을학교 대표들에게 명함을 만들어 주었다. 명함 뒷면에는 "세종마을학교는 지방보조금 지원 사업으로 운영진의 자원봉사로 운영됩니다"라고 적혀 있다.

나는 개인 명함을 만들지 않았기에 누군가에게 명함을 건네주어야 할 때 세종마을학교 대표 명함을 준다. 그럼 대부분이 마을학교가 뭔지 물어본다. 자연스럽게 교육청 마을학교 사업을 소개하면서, 자원봉사로 운영된다고 덧붙이면 대다수가 깜짝 놀라며 진짜냐고 되묻는다. 운영진에게 그 어떤 보수나 대가를 주지 않는데 왜 하는지 의아해한다.

마을학교 관련 서류에 파묻히는 기분이 들 때, 행사 준비로 날밤을 고스란히 새울 때, 강사비를 아끼기 위해 재능 나눔 강의를 몇 시간이고 할 때, 마을학교 프로그램을 대수롭지 않게 여기는 수혜자를 어쩌다 마주할 때, 나 역시도 이걸 어째서 이토록 열심히 하고 있는지 의구심과 더불어 허탈감에 빠지곤 한다.

'봉사'의 사전적 정의는 "국가나 사회 또는 남을 위하여 자신을 돌보지 아니하고 힘을 바쳐 애씀"이다. 정말 자신을 돌볼 수가 없다. 남의 아이들을 위해 애쓰지 말고 네 아이나 챙기라는 친정어머니의 잔소리에 멋쩍은 웃음만 지을 뿐이다. 봉사를 취미 활동처럼 마냥 즐겁고 가볍게 할 수 없는 자리가 마을학교를 비롯한 마을교육공동체의 운영자다.

그럼에도 '어린이문화공감 마을학교'가 3년 차를 맞이할 수 있었던 건, 때때로 가라앉는 심장에 다시금 두근두근 박동 소리를 키울 수 있게 해 준 건 결국 '사람'이다. 희생에 가까운 봉사를 함께 하는 사람들 덕분이었다.

작년, 재작년 크리스마스 축제 준비할 때가 생각난다. '어린이문화공감 마을학교'의 가장 큰 행사이고, 이로 인해 조치원어린이도서관에 방문자 수가 연중 가장 많은 날인 만큼 밤을 꼬박 새우며 준비했다. 새벽녘 첫눈을 함께 맞기도 했다.

솔직히 말해 위탁 주듯 강사에게 재료 및 운영을 맡기면 쉽고 편할 일이었다. 그러나 더 많은 수의 아이들에게 아낌없이 더 풍성한 프로그램을 선물해 주기 위해서는 예산 항목에서 강사비를 아껴야만 했다.

그래서 크리스마스, 설맞이, 추석맞이 행사 역시 운영진과 자원봉사자들이 준비하고 진행할 수밖에 없었다. 본인 자녀들은 엄마 없이 먼저 자라고 한 뒤 손이 부르트도록 오리고 자르고 붙이고 옮기고 나르고를 반복했다.

돈을 얹어 준다고 해도 하기 힘든 일을, 굳이 하지 않아도 될 일을 기꺼이 같이 한 이들에게 고맙고 미안하다. 천근만근 몸은 무거웠으나 그들 덕분에 마음은 더할 나위 없이 가벼웠다.

다시 말하지만, 봉사는 애씀이다. 애쓴다는 건 마음과 힘을 다한다는 것이다. 이를 두고 누군가는 미련하다, 어리석다 혀를 차거나 유난이라며 눈을 흘길 수도 있다. 하지만 그 애씀에 감동하여 조금이라도 돕고자 하는 순수한 마음에서 손길을 더해 주고 따뜻한 말을 건네주고 응원의 눈길을 보내 주는 사람들이 더 많음을 잊지 않으려 한다.

'어린이문화공감 마을학교' 명함을 내미는 나의 손에는 함께 봉사해 주는 이들의 보이지 않는 손이 늘 포개어 있다. 자원봉사로 운영된다는 명함 뒷면 문구가 무색하지 않도록 떳떳함과 자부심, 자긍심도 더불어 건넨다.

언제까지 '어린이문화공감 마을학교'를 운영할 수 있을지 모르나 어린이를 위한, 어린이에 의한, 어린이의 교육문화공간으로서 배움과 돌봄이 같이 이루어지는 마을학교로 계속 성장하길 바란다.

어린이뿐만 아니라 지역 주민들도 마을교육공동체의 가치를 깨닫고 배움의 즐거움과 나눔의 기쁨을 느낄 수 있는 온 마을의 배움터로 공고히 자리 잡기를 바란다.

지역중심형* 마을학교 운영을 통해 지역의 공적 교육문화 시설을 잘 활용한 사례로, 조치원어린이도서관의 공공재로서의 가치를 살리고 마을교육공동체에 대한 이해 및 마을과 이웃에 대한 공감문화 확산에 이바지했다고 박수받을 수 있기를 바란다.

위 세 가지 바람을 계속 바라보다 보면 "오랫동안 꿈을 그리는 사람은 마침내 그 꿈을 닮아 간다"라는 앙드레 말로의 명언처럼 이루어지지 않을까 싶다.

2023년 어린이문화공감 마을학교 크리스마스 행사 봉사자들과 함께

----

* 세종시교육청에서는 마을학교를 지역중심형, 학교 연계형, 마을교육협의체형 세 가지로 나눈다.
- 지역중심형 마을학교: 마을의 시민들이 학교 밖에서 스스로 프로그램을 기획, 운영하는 배움터로 생태, 놀이, 지역탐방, 돌봄, 인문학 등 학생에게 다양한 경험을 제공.
- 학교 연계형 마을학교: 학교의 교사와 마을의 비영리 단체가 함께 교육과정을 구성하고 프로그램을 운영하는 마을학교. 학생은 학교 안에서 교육과정에 맞는 수업을 다양한 마을학교의 어른들과 함께 경험함.
- 마을교육협의체형 마을학교: 마을의 학교, 비영리단체, 지방자치단체가 협의회를 구성하고 학교 안팎에서 마을교육과정을 운영, 지원하는 마을학교.

마을, 교육을 위해 행동하다

생각하는 사람, 참여하는 시민

조치원에 소재해 아이들과도 자주 방문하는 〈세종시교육청 평생교육학습관〉 건물 입구에는 커다랗게 '생각하는 사람 참여하는 시민'이라고 적혀 있다. 세종시교육청 외벽에도 쓰여 있는데, 세종교육의 지표이기도 한 이 문구를 나는 정말 좋아한다. 자녀를 이렇게 키워야겠다는 자녀관 먼저 내세우지 말고 부모부터 생각하는 사람, 참여하는 시민이 되어야겠다는 나의 부모관으로 확립할 정도이다.

생각으로만 그치고 참여하지 않는다면 그 어떤 변화도 일어날 수 없다. 됨됨이가 바르고 품격을 갖춘 '사람'으로서 '생각'한 바를 사회의 일원이자 헌법의 모든 권리와 의무를 지닌 자유민인 '시민'답게 적극 '참여'해야 한다.

'적극'이란 단어도 참 좋아하는데, 대상에 대해서 긍정적이고 능동적으로 활동함을 뜻한다. 긍정적이란 그러하거나 옳다고 인정하는 것, 바람직한 것을 의미한다. 능동적이란 다른 것에 이끌리지 아니하고 스스로 일으키거나 움직이는 것을 의미한다.

옳다고 인정되는 바람직한 일을 누군가의 지시나 강압이 아닌 자신의 의지로 행하는 것, 정말 멋지지 아니한가. 나는 세종시민이 된 후 마을과 교육을 위해 생각하고 능동적으로 참여하고자 노력했다. 이제부터는 그 노력에 대한 기록이다.

지역 교육환경 개선을 위한 노력

혁신초 학부모회 이야기에서 학교교육의 3주체에 대해 언급했는데, 이제는 학생, 교사, 학부모에 이어 지역사회까지 포함하여 교육의 4주체라 일컫는다. 배움이 학교 안에만 있는 게 아니라 지역사회와의 관계를 통해 마을로 확장되어 학생들의 전인적 성장을 돕기 때문이다.

「세종마을교육공동체 활성화 지원에 관한 조례」의 마을에 대한 정의는 다음과 같다.

> 마을이란 생활환경을 같이하는 학생, 교직원, 학부모, 주민이 교육·경제·문화 등의 가치를 공유하는 공간적·사회적 범위를 말한다.

이에 학부모는 학생의 보호자이자 주민으로서 지역의 교육·경제·문화 문제에 관심을 가지고, 특히 교육 문제에 관해서는 더욱 적극적으로 나서야 한다.

나는 세종시 정책 중에서도 특히 아동의 권리 및 육아와 교육환경에 대해 큰 관심을 가지고 시민으로서 꾸준히, 적극적으로 참여했다. 2016년도에는 〈세종시 아이 좋아 세종, 맘 편한 행복도시 정책 자문단〉 학부모 대표로 위촉되어 아동친화도시 인증을 위한 활동도 했다. 2017년도에는 조치원읍사무소에 열린 〈시민과의 대화〉에 참가하여 지역 주민이자 학부모, 어머니로서 느낀 불편함과 방안에 대해 소신 발언을 했다.

2018년도에는 〈세종 읍면 지역 놀이 환경 조성을 위한 추진 위원회〉를 발족하여 위원장을 맡았다. 동 지역(신도심)에 비해 낙후된 읍면 지역의 놀이 환경을 모니터링하고, 안전하고 쾌적하고 즐거운 놀이 환경 조성을 촉구하는 주민 서명 운동을 벌였다. 시의회 교육위원회 소속 및 지역구 시의원과 간담회를 열었으며, 11월 2일에는 시민 주도로 〈읍면 지역 놀이 환경 조성을 위한 토론회〉를 당시 북부교육지원청(현재 조치원보건소 자리)에서 개최했다. 발제자였던 나는 읍면 지역의 놀이 환경 및 아동 관련 시설 실태 조사를 발로 뛰어가며 했고, 현장 사진 자료와 주민 설문 내용을 PPT로 만들어 토론회에서 발표했다.

아동들을 위한 놀이 및 교육 환경 개선이 곧 지역 주민들의 삶의 질을 높이고 나아가 인구 소멸 위기에 처한 읍면 지역을 살릴 수 있는 길이라는 믿음에서였다.

〈읍면교육발전협의회〉는 그런 믿음과 바람으로 시작부터 끝까지 열성적으로 함께 했던 세종시교육청 지원의 교육공동체이다. 읍면 지역의 교육력을 강화하고 균등한 세종교육 성장을 지원하기 위해 읍면 지역 학부모, 교사, 시민들로 구성되었다.

나는 2018년도 1기부터 2021년 4기까지 학부모 위원으로 적극 참여했으며, 읍면교육발전협의회 운영 마지막 해였던 2021년도에는 부회장으로 선출되어 활동했다. 교육공동체의 참여와 협력을 바탕으로 읍면 지역 교육력을 강화하기 위해 분과별로 운영되었는데, 분과별 활동의 추진 경과와 건의 사항에 대한 교육청 부서별 검토 내용을 안내하는 등 교육 주체의 의견을 수렴하여 읍면 지역 교육 발전에서 가시적인 성과를 거두었다.

읍면교육발전협의회 제1기 때에는 어린이 놀이시설 재구성, 교사 연구실 확보, 학교 운동장 가로등 및 CCTV 설치 등 총 36건의 지역 교육

관련 현안을 세종시교육청에 제안했다. 특히, 학교안전강화 분과는 읍면 지역의 학교를 직접 방문하며 통학로 안전상태를 점검하고 안전지표를 위한 자료를 수집하는 활동을 했다.

제2기 때에는 읍면교육발전협의회 의견으로 읍면 교육 현안 중 학급당 학생 수 감축, 전 학교의 보건교사 배치 등의 제안 내용을 세종시교육청에서 추진 완료했다. 조치원여자중학교 학생이 참석하여 청소년수련관, 운동시설, 진로체험시설, 도서관의 이용 문제를 학생의 관점에서 직접 이야기했던 것도 인상적이었다. 협의회는 조치원복합커뮤니티센터 설계 계획에 학생 열람실을 반영해 주도록 시청 관계자에게 건의도 했다.

제3기 읍면교육발전협의회는 안전강화, 교육시설, 마을교육, 진로진학 4개의 주제별 분과를 구성, 매월 2회 분과 회의를 개최하여 지역 교육 발전을 위해 다양한 활동에 참가했다. 특히, 교육시설 분과는 전의면 지역의 시립민속박물관 운동장을 생태 놀이터로 활용하기 위한 정책제안서를 세종시교육청, 시의회, 시청에 제출하면서 예산이 반영되는 쾌거를 이루었다. 안전강화 분과는 자체적으로 마련한 안전기준을 가지고 읍면 지역 초·중·고등학교와 사립유치원 통학로 전수조사를 시행하고, 진로진학 분과는 중학생을 위한 맞춤형 진로체험 '꿈고리 진로 콘서트'를 기획 운영했다. 마을교육 분과는 학부모들의 전입 시 안내자료인『작은 마을 큰 학교』책자를 제작했다.

제4기는 주제별이 아닌 지역별로 북부(소정·전의·전동), 서부(연기·연서), 남부(장군·금남), 조치원읍 3분과, 총 6개 분과를 선정해 운영했다. 읍면 지역 내에서도 현장 문제와 대안, 교육적 특색이 각각 달랐으므로 지역 맞춤형 정책 개발에 힘썼다. 그리고 9면 1읍의 읍면 소재 학교 홍보 자료인『작은 마을 큰 학교』를 발간했다.

읍면교육발전협의회는 민民이 지역 교육환경 개선 및 읍면의 특수성을 고려한 교육정책을 제안하고 사업을 발굴하면 관官이 교육공동체의 의견 수렴을 바탕으로 교육정책을 결정하고 사업을 실행했기에 민관협치의 모범 사례로 평가된다.

4년 동안 계속 협의회원으로 참여했던 나에게도 읍면 교육의 현실을 학부모, 교사, 지역 주민들과 허심탄회하게 나누고 읍면 지역 학교와 마을만이 꿈꿀 수 있는 미래를 함께 그려 볼 수 있었던 특별한 날들이었다.

어느덧 3년이란 시간이 흘렀으나 그때의 기억을 소환하는 매개체는 여전히 존재한다. 통학로 안전 조사를 위해 만든 읍면교육발전회 노란 조끼, 금사초등학교를 개축한 세종시립민속관의 이제는 사라진 옛날 나무 그네, 『작은 마을 큰 학교』 원고를 밤새 고쳐 쓸 때 쏟아지던 눈송이. 모두 지역을 위해 애썼던 지난 시간을 아로새긴 기념품과도 같다.

나의 지역 아동을 위한 놀이 공간 조성 의지는 사그라지지 않고 〈2021년 조치원 실외 모두의 놀이터 추진협의회〉 위원이자 간사를 맡음으로써 더욱 활활 타오르게 된다.

'모두의 놀이터'는 2019년 상표 등록된 세종시 브랜드로 모든 주민이 함께 만들고 모든 주민이 함께 이용하는 모두의 놀이 공간이다. 2017년 9월 유니세프 아동친화도시 인증에 힘입어 아동 비율과 출산율이 전국에서 가장 높은 도시인 세종시에 아이들이 마음껏 놀 수 있는 놀이터가 필요하다는 판단에 따라 추진한 세종시정 3기 과제이자 역점 사업이었다. 정형화·획일화된 놀이터 개념을 탈피해 독창적인 놀이 공간을 세종시 권역별로 순차적으로 균형 있게 확충할 계획이었으며 어린이들의 상상력과 요구를 반영키 위해 전남 순천 '기적의 놀이터'를 기획한 편해문 님을 총괄 기획가로 위촉했다.

편해문 님은 2018년도에 내가 '세종 읍면 지역 놀이 환경 조성을 위한 추진 위원회' 위원장일 때 시민 주도로 개최했던 〈읍면 지역 놀이 환경 조성을 위한 토론회〉에 패널로도 참석했다. 당시 편해문 님이 페이스북에 이 토론회에 참석한 소회를 밝혔는데, 그중 일부만 인용한다.

"열띤 토론회였다. 토론자로 참여하며 두 가지를 배웠다. 같은 세종 시인데 읍면 지역이 상대적으로 소외되어 있다는 점. 그러나 아이들의 놀이 환경을 걱정하고 그 대안 마련을 위해 애쓰시는 시민들의 열망은 매우 진지하고 크다는 점. 하나의 문제와 하나의 희망을 본다."

그날로부터 3년이란 시간이 흘렀으나 여전히 부유하는 하나의 문제와 하나의 희망을 나는 응시했다. 2021년 〈모두의 놀이터 주민 공모사업〉 소식을 접하자 '참여하는 시민'으로서의 의지가 불타올랐다.

〈모두의 놀이터 주민 공모사업〉에 대한 PPT 자료를 직접 만들어 코로나19 시기라 온라인으로 주민 설명회를 열었다. 추진협의회 모집 및 설명회 참여를 독려하는 홍보글을 여러 차례 작성해 주민들에게 공유하고, 설명회 및 심사를 위한 발표회 때에는 발표자 역할도 했다. 조치원 놀이터에 관한 주민 설문지를 만들어 온라인, 오프라인 두 가지로 진행했다. 설문 결과를 정리하는 작업도 내 몫이었다. 그리고 '조치원 실외 모두의 놀이터 어린이 서포터즈단' 모집과 활동을 물심양면 도왔다. 우리 마을 아이들이 꿈꾸는 놀이터를 만들 수 있도록 문구점에서 재료를 사서 소분하고 나누는 일까지도 맡았다. 어린이 서포터즈단이 꿈꾸는 놀이터를 두 가지로 디자인하게끔 했는데, 평면적인 그림과 입체적인 조형물로 표현하여 조치원읍사무소 뒤편 공간에 전시도 했다. 정말 눈코 뜰 새 없이 바빴고 의욕적으로 활동했다.

최선을 다했기에 '모두의 놀이터' 주민 공모사업 심사에서 역대 최고 점을 받으며 '세종시 6호 모두의 놀이터'로 선정되었다. 그때의 감격은 이루 말할 수가 없다. '조치원 실외 모두의 놀이터'는 조치원읍 신흥리 어린이공원 내 연면적 1,940㎡로 야외에 2023년 하반기를 목표로 조성될 계획이었다.

하지만 2024년의 끝자락인 지금까지도 조성 기미가 안 보여 시청에 알아보았더니 부지 확보 문제로 흐지부지되고 있었다. 그간의 노력이 물거품처럼 사라지는 기분이었다.

2024년 11월, 세종시가 행정안전부 주관 제3회 정부혁신 최초·최고 사례 공모 '공공어린이 실외놀이터 조성' 분야에서 최고 사례에 선정됐다는 소식을 들었다. 현재 세종시에 조성된 공공형 놀이터는 한솔동·고운동 실외놀이터 2곳, 종촌동·조치원읍·소담동 실내놀이터 3곳 등 모두 5곳이다. 하지만 '6호 조치원 실외 모두의 놀이터'처럼 조성하기로 되어 있으나 실행되지 않는 사례가 있다는 걸 잊어서는 안 된다.

놀이터는 단순히 어린이들만을 위한 공간이 아니다. 놀이 공간을 넘어 마을의 소통과 협력의 장이다. 특히 세종시 '모두의 놀이터'는 조성부터 운영까지 민관협력의 산물이며, 어린이의 놀 권리를 보장하고 지속가능한 놀이 문화를 창출하려는 의지이며, 아동친화도시로서 세종시

세종시 모두의 놀이터 사업 대상지 현황(2021 세종시 제공)

구분	실외놀이터			실내놀이터		
	고운동	한솔동	조치원읍	조치원읍	종촌동	소담동
위치	고운뜰 공원	초롱꽃 어린이공원	신흥리 어린이공원	번암리 뻔뻔한사랑방	종합복지 센터	3生 환승주차장
예산	10억 (국비)	9.4억 (국비 9억)	-	7.2억 (국비 7억)	-	-
일정	'20. 8~'21.9	'21. 6~12	'23	'22. 4~8	'22 하반기	'23 하반기

의 상징물이다. 그렇기에 '세종시 6호 모두의 놀이터(조치원 실외 모두의 놀이터)'를 향한 나의 여정은 아직 끝나지 않았다.

조치원어린이도서관(구 초록우산어린이도서관)은 정말 특별한 공간이다. 세종시 어린이 문화 여건 개선 사업으로서 사회공헌을 위한 성금을 토대로 의미 있게 개관한 북부권 유일의 어린이도서관이다. 그리고 나의 세종시민, 조치원읍민, 마을교육활동가로서의 삶에 주요 배경이기도 하다. 나는 세종시민이자 조치원읍 주민, 그리고 도서관의 우수 이용자로서 초록우산어린이도서관 개관 이듬해부터 운영위원장직을 맡아 조치원어린이도서관으로 바뀐 오늘날까지 계속 봉사하고 있다.

2015년에 세종시와 삼성전기, 초록우산어린이재단의 MOU 체결[*]에 의해 건립된 초록우산어린이도서관은 2019년 12월 31일, 초록우산어린이재단의 도서관 사업 종료 때까지 지역 아동들과 주민들, 세종시민들을 위해 풍요롭고 다채롭게 운영되었다.

굵직굵직한 것들만 상기해 보자면, 북스타트 코리아 지정 도서관으로 매년 상하반기마다 '북스타트' 사업을 진행했으며, 2018년에는 문화체육관광부에서 주관한 '작은도서관 문화가 있는 날' 사업에 공모하여 선정되었고, 도서관 생일잔치(개관일 기념)와 '가을 동화 잔치'로 소소하지만 즐거움 가득한 지역 축제를 매년 열었다. 또 주민 동아리 지원과 '사람책'을 비롯한 다양한 문화 프로그램을 기획·운영했으며, 교육청과 연계한 마을방과후 프로그램도 진행했다.

초록우산어린이도서관 1층 '장난감도서관'은 세종시에 공동육아나눔터가 생기기 전부터 운영되어 영유아 아이들과 부모님들에게 큰 사랑

---

[*] 세종시는 옛 조치원읍장 관사 자리에 도서관을 신축, 삼성전기는 사회공헌 사업으로 성금을 지정 기탁, 초록우산어린이재단은 인력 지원 및 도서관 운영을 담당하기로 하였다.

을 받았다. 2018년 연말에 장난감도서관 운영을 중단했을 때는 520점의 장난감들과 가구들 모두 세종시 공동육아나눔터에 무상 기증했다.

특히 초록우산어린이도서관 '가을 동화 잔치'는 초록우산어린이재단 직원분들과 운영위원분들, 봉사자분들의 손길이 하나하나 닿은, 정말 정성이 가득 담긴 마을 최고의 축제였다. 매년 '가을 동화 잔치'를 준비하며 밤을 새우던 날들이 그리워, 현재 어린이문화공감 마을학교의 '공감 축제' 때마다 그리 새벽 별을 보는지도 모르겠다.

초록우산어린이재단의 도서관 사업 종료를 앞두고 그동안 지역 아동들과 시민들에게 많은 사랑을 받은 만큼 '초록우산어린이도서관'의 존립과 운영 방향에 대해 실제 이용자분들과 인근 주민분들의 목소리를 듣고자 토론회, 공청회 자리를 마련하고자 애썼다.

세종시 유일의 어린이도서관이자 당시 조치원읍 유일의 공립도서관인 이 공간을 지켜 내고, 지역을 위한 소중한 교육문화공간이자 공공재의 기능을 온전히 지속하기 위한 노력은 이후에도 계속되었다.

2021년 12월 중순, 세종시청으로부터 문학관 건립 계획 소식과 함께 후보지로 조치원어린이도서관이 거론된다는 소식을 듣게 되었다. 12월 28일, 조치원어린이도서관 운영위위원장으로서 나는 관련 부서와 운영위원회와의 간담회를 서둘러 진행했다. 지역에서 조치원어린이도서관의 상징성과 가치, 필요성에 대해 피력하고 문학관 건립에서 의구심이 드는 부분들을 짚었다. 도서관 이용자들과 지역 주민 전체의 의견을 수렴해 달라고 요청하며 간담회를 마무리했다. 간담회 회의록이 상부에 보고된 뒤, 운영위원회의 의견에 수긍하여 조치원어린이도서관은 그대로 운영하고 문학관 부지는 천천히 다시 알아보겠다는 반가운 연락을 받았다.

보름 정도였음에도 조치원어린이도서관 존폐에 대한 위기와 불안감에 마을이 정말 시끄러웠다. 그때 응원하고 지지해 준 많은 지역 주민들이 있었기에 공립 조치원어린이도서관을 지켜 낼 수 있었다고 생각한다.

이때의 경험은 조치원어린이도서관의 존립을 위해서라도 세종마을학교를 운영해야겠다는 결심이 되었다. '어린이문화공감 마을학교'를 통해 초록우산어린이도서관 때부터 이어져 오는 지역 아동과 주민들을 위한 교육문화 프로그램과 마을축제를 유지하고, 조치원어린이도서관을 새로 이주한 지역민들에게도 널리 알리고, 세종시 북부 지역 어린이 문화 거점 공간으로서 더욱 활성화되도록 만들겠다는 의지가 샘솟았다.

예전에, 내가 지금보다 훨씬 젊었고 어린아이를 데리고 세종시 곳곳을 누볐던 시절에, 지역의 교육문화 시설 환경 및 정책에 대해 아주 작은 목소리라도 내려고 애썼을 때 "아이 엄마가, 젊은 여자가 뭘 아느냐?"는 타박과 야단을 참 많이도 들었다.

외지에서 온 낯선 젊은 아이 엄마가 교육과 문화 여건 및 생활 기반 시설을 비교하며 매일같이 주민들이 떠나는 마을에 정착하여, 더 좋은 교육과 더 나은 환경을 만들자고 부르짖기까지 얼마나 우여곡절이 많았겠는가. 그저 시간이 해결해 줄 수 있는 일이 아니므로 나는 시민이자 학부모로서 할 수 있는 거의 모든 활동에 적극 참여했다.

앞서 밝힌 위원회 및 협의회 활동뿐 아니라 학교운영위원회, 세종시 행정사무감사 시민모니터링 위원, 세종시교육청 시민·학부모 교육정책 모니터링단, 세종시의회 의정모니터단을 역임했다. 조치원 마을계획단에 참여하고, 조치원읍주민자치회 1기, 2기 위원으로 활동했다. 요즘 시대에 마을의 작은 단위라 할 수 있는 아파트 일에도 적극적이다. 현재 거주 중인 조치원 아파트에서 최연소이자 최초의 여성 입주자대표회장 직도 맡고 있으며 부녀회원이다. 또한 세종시 여러 교육 시민 단체의 회원으로 가입해 열심히 활동 중이다.

다사다난했던 그 시간과 행동력이 빚어낸 현재의 나는 외지인에서 지역 주민으로 천천히 스며들었다. 어느덧 내 목소리에 귀를 기울이는 이들도 늘어났으며 무엇보다 세종시 마을교육을 위해, 지역 어린이들을 위해 같이 외쳐 주는 동지가 많이 생겼다. 특히 학부모회에서, 마을계획 사업단에서, 지역 현안에 대한 주민 동의서를 받는 과정에서, 도서관에서, 아파트에서 만난 어머니들이 우리 마을과 지역 교육 현안에 관심을 기울이고, 나아가 마을교육공동체에 눈을 뜨고 교육 봉사자를 시작으로 점점 활동 반경을 넓혀 가는 것을 지켜보면 정말 놀랍고 뭉클할 정도로 기쁘다. 이 마을에 같이 살고, 서로가 곁에 있어 주어서 다행이고 감사하다.

함께 살며, 사랑하며, 배우는 마을교육공동체

교육은 마을 안에 있다. 그리고 마을도 교육 속에 성장한다. 학생뿐 아니라 성인들도 마을의 이웃과 주민들을 통해 배움을 얻을 수 있으며, 마을에 대한 이해가 넓어지고, 지역 문제에 관심을 가지게 되고, 지역의 위기를 함께 극복하려는 노력으로까지 이어질 수 있다. 떠나면 그만인 마을이 아니라 떠날 수 없을 정도로 살기 좋은 마을을 만들려면 '교육'이 해답이라고 생각한다.

세종시 읍면 지역의 인구 감소 문제는 정말 심각하다. 내가 조치원읍에 정주한 약 십 년 전에도 젊은 세대는 줄어들고 있었고, 해마다 가까웠던 이웃들이 마을을 떠나갔다. 면 지역은 더욱 심각하여 인구 소멸 위험에 직면해 있다.

묵힐 대로 묵힌 지역 현안인 읍면 지역 인구 감소의 해결책이 나는 공단과 기업의 유치에 있다고 보지 않는다. 만일 세종시 읍면 지역에 대규모 공단이나 기업체가 들어오더라도 지금 상황에서는 그곳에 정주하여 가정을 꾸리고 아이를 낳고 기르지는 않을 것이다. 직장으로서 일만 읍면 지역에서 할 뿐 가족들이 함께 머무는 실질적인 거주지는 신도심이 될 게 뻔하다.

읍면 지역의 낙후된 교육문화 시설을 개선하고, 이주해서라도 보내고 싶은 좋은 학교를 운영하고, 깨끗한 자연환경과 더불어 아이들을 낳고 키우기 좋은 생활환경이 마련되어야만 실제 거주민이 늘어날 것이다. 작은 마을의 장점을 살려 안전함과 안도감을 느끼며 이웃들과 허물없이 어울려 지낼 수 있는 공동체 역시 더욱 활성화되어야 한다. 갓난아이부터 고령의 어르신들까지 품을 수 있는, 생기 있게 일상을 영위할 수 있도록 도와주는 다채로운 마을교육이 활발히 이루어져야 한다. 이는 읍면 지역 주민이자 마을교육활동가로서 나의 지향점이기도 하다.

작은 마을이 주는 정감과 목가적인 분위기가 주는 편안함을 찾는 이들이 분명 있을 것이다. 마을에서 함께 아이를 키우고, 이웃을 사랑하며, 서로 배움을 주고받을 수 있는 마을교육공동체를 꿈꾸는 사람들이 세상에는 있다. 내가 그러했으며 누군가도 그러할 것이다.

세종시에서 오랜 시간 묵묵히 자기 마을에서 성심성의껏 활동하고 있는 마을교육활동가를 많이 만나게 되면서 그런 믿음과 바람은 점점 선명해지고 있다. 허무맹랑한 감언이설이 아님을 증명해 주는 마을 지킴이, 교육 보탬이가 세종시에는 참 많다. 특히 이 책에 함께 이름을 올린 이들 모두가 너무나도 귀한 인연으로 마을교육에 대한 길잡이이자 든든한 버팀목이다.

마을에는 사람이 있다. 사람을 사랑하면 마을도 사랑스럽다.

함께 살며, 살아가며, 배우는 마을 안에서 공동체는 자라난다.

귀하고 어여쁜 사람 꽃을 피운다.

그렇게 순환하다 보면 마을교육공동체와 마을교육활동가들로 가득한 이 세종시는 진정 아름다운 정원이 되리라. 이 주문과도 같은 소망을 읊조리며 마을교육의 가치를 전하는 한 학부모의 이야기를 끝맺고자 한다.

학부모, 다채로운 빛깔을 지닌 카멜레온

마을교육공동체에서 학부모란 무엇이고 어떤 존재 의미를 지니는가? 이를 이미지화하여 비유할 수 있는 여러 가지 대상 중에서 내가 고른 건 '카멜레온'이다. 육지에 사는 파충류인 카멜레온은 주변 환경에 맞춰 위장하거나 의사소통, 감정 표현을 위해 자기 몸 색깔을 바꾼다.

마을교육공동체의 학부모 역시 카멜레온처럼 때와 장소, 대상과 상황에 따라 여러 이름과 역할을 지닌다. 다채로운 빛깔로 어느 곳에서 누구와 함께 있든 잘 융화될 수 있다. 언제 어디에서든 자유로운 변화가 가능하나 학부모로서의 정체성, 즉 본질이 달라지는 건 아니다. 그 불변성은 역시 부모로서 갖는 책임감과 교육에 대한 관심, 세상 모든 아이를 위하는 애정이지 않을까 싶다.

카멜레온을 닮은 '마을교육공동체의 학부모'를 나는 크게 다섯 가지로 나누어 생각한다.

첫째, 학부모는 '학생의 보호자이자 교육 당사자'이다. 건강한 양육,

올바른 훈육과 더불어 자녀에게 가장 가까운 스승으로서 인생의 길잡이 역할을 해야 한다.

둘째, 학부모는 학생·교사와 함께 교육의 3주체로서 '학교의 구성원'이다. 공교육인 학교 운영의 주체이자 일원으로서 학교 교육과정 및 학교생활에 관심을 갖고 참여해야 할 권리와 의무를 갖는다.

셋째, 문화생활, 취미 활동, 교양 쌓기, 자격증 취득 등 다양한 이유로 교육을 직접 받는 '수요자'가 되기도 한다. 지역의 다양한 교육문화 관련 기관들의 이용자이자 수강생으로서 자녀들과 더불어 마을교육의 수혜자인 셈이다.

넷째, 학부모 중 누군가는 그간에 경험과 배움, 자신의 전공 및 재능을 살려 '마을교사 또는 마을강사', '교육 자원봉사자', '마을교육활동가' 등 여러 이름으로 학생들과 직접 대면하는 일을 하며 마을교육에 기여할 수도 있다.

다섯째, 학부모는 '지역 주민'으로서 마을에 거주하고 이웃들과 사회적 관계를 맺으며 생활한다. 내가 사는 마을과 지역을 누구보다 가장 잘 알며 발전시키고자 노력하는 '주권을 가진 시민'이다.

이러한 다섯 가지 역할과 이름은, 오묘한 빛깔로 뒤섞이는 카멜레온처럼 언제든 겹칠 수 있다. 또한 필요나 개인 상황에 따라 몇 가지는 없을 수도 있다. 나는 다섯 가지의 이름표를 겹쳐 달고 있는데, 어느 날 갑자기 한꺼번에 달게 된 것은 아니다. 학부모로서 자녀의 키 자람과 더불어 학년이 높아짐에 따라, 세종시에서 거주 기간이 늘어나는 것과 비례하여 경험치가 쌓이고 마을교육공동체에 대한 인식과 이해 역시 깊고 넓어졌기 때문이다. 그렇게 십 년에 달하는 탈피와 성장의 과정을 거쳐 지금은 꽤 다채로운 빛깔을 지닌 카멜레온이 되었다고 자신한다.

앞으로의 이야기들이 바로 그 탈피와 성장의 과정이다. 마을교육공동체 활동을 통해 겪게 되는 희로애락의 표출로서 무수한 감정 색채의 향연이다. 세월과 세상의 변화 속에서도 지키고자 했던 교육 신념이자 부모로서의 마음가짐이다. 부디 나의 마을교육활동가로서의 경험담이 새롭게 마을교육활동을 시작하거나 잠시 지친 누군가에게 괜찮은 이야기가 되길 바란다.

작은도서관과
마을교육공동체

'2016년'이라는 숫자가 아득해지는 시간이 되었다.
작은도서관을 운영하는 마을교육활동가로 9년의 시간이 흘렀다.
벌써 그렇게 되었나? 한 해 한 해 바쁘게 움직였던 일상들이
차곡차곡 나의 추억이 되었다. 좋은 일도 있었고 힘든 일도 있었던,
일상의 기억들을 다시 곱씹으며 글을 써 보았다.
어딘가에서 작은도서관 운영을 또는 마을교육활동가로서 발을 내딛는
누군가에게 좋은 영향을 미칠 수 있는 이야기로 도움이 되었으면 한다.

_윤나영, 범지기마을10단지 푸른작은도서관장

작은도서관 운영의 첫걸음

도서관 봉사자들의 만남

세종시에 내려와 1년 동안 칩거 생활을 했다. 서울에서 태어나 40년을 서울에서 살아온 나는 낯선 지방에 내려온 두려움보다 아파트에 살고 있다는 안정감이 더 좋았다. 가까운 곳에 큰 마트도 없고 시장에 가려고 해도 30분 이상은 차로 이동해야 하고, 여기저기 공사 차량이 많이 다녀서 미세먼지가 서울보다 많다는 뉴스도 나오고, 무엇보다 주변에 친한 이웃이 없어 외롭기도 했다. 그런데 나는 넓고 조용한 단지의 여유로운 환경과 오롯이 혼자만의 시간이 좋았다.

1년여 동안을 그렇게 정말 아무것도 하지 않고 휴식 시간이 길어지자 무료해지기 시작했다. 그래서, 무언가 시작해야 하지 않을까 하는 막연한 생각이 들었다. 큰아이는 기숙사 학교에 가고 작은아이도 중학생이 되니 혼자 있는 시간이 많아져서 더 그랬다. 가장 쉬운 구인 구직난을 찾아서 아르바이트도 해 보았지만 지속해서 할 수는 없었다. 돈을 목적으로 활동하기보다 더 가치 있는 일을 하고 싶었다.

그러던 어느 날 아파트 게시판에 게시된 "도서관 자원봉사자" 모집공고를 보았다. 바로 우리 동 아래에 있던 푸른도서관이 운영을 시작한단다. 며칠 전 관리사무소를 찾아가 도서관 운영은 안 하냐고 물어보았는데, 딱 일주일 뒤 모집공고가 게시되었다. 우연인 것 같기도 하고 운명

같기도 했다. 생각해 보니 우리 아이들이 초등학생 시절 학교 명예교사로 도서관 봉사도 오래 했고, 서울에서는 독서지도사로 일했고, 책을 좋아하니 관심이 많이 갔다. 무엇보다도 봉사자 모집공고의 '운영에 관심이 있는 봉사자'라는 문구를 보니 해 보고 싶다는 생각이 들었다. 책을 정리하고 대출하는 단순 봉사가 아니라 운영이라고 하니 역동적인 활동이라는 생각이 들었다. 그래서 서슴없이 신청하게 되었다. 나와 비슷한 생각을 지닌 주민 6명이 모였고, 그것이 푸른작은도서관의 시작이었다.

대면 첫날, 서로 어색한 도서관 봉사자 6명이 관리사무소에 모였다. 관리소 소장님은 우리에게 자치적으로 운영해 보라면서, 자생단체 등록을 하라고도 하셨다. 자치와 자생단체라니 도대체 무슨 말인지 어리둥절한 우리는 이왕 모였으니 도서관 공간이나 한번 보고 의논해 보자고 했다. 봉사를 자치적으로 하라고 하는 것이 무슨 의미인지 모르니 각자 마음에 부담이 있었던 모양이다.

처음 들어선 도서관은 정말 예쁘게 잘 꾸며져 있었다. 책장도 있고, 책상도 있고, 책도 천 권 정도 있었다. 작은도서관의 등록 기준에 딱 맞게 준비되어 있었다. 심지어 도서 대출 반납 프로그램이 설치된 노트북도 있었다. 잠시 둘러앉아 6명의 봉사자가 의논을 시작했다. 신기하게도 6명 모두 다른 지역에서 내려온 이주민이었고, 이웃을 만나고 싶은 마음을 봉사로 연결하고자 나왔다고 했다. 비슷한 이유에서 모였고 그때 우리는 아마 집중해야만 할 무언가를 찾았던 듯하다. 그래서 마음을 나눌 누군가를 도서관의 공간에서 찾고 싶었을지도 모르겠다. 그런 도서관 공간이 기본적으로 잘 준비되어 있어서 좋았고 운영을 해 보자고 의기투합했다.

우선, 자원봉사자 모집공고를 오랜 기간 게시하여 함께 할 수 있는 주민을 더 모으기로 했다. 동시에 주민들로부터 책 기증도 받기 시작했다. 두어 달 동안 봉사자는 6명에서 10명으로 책은 천 권에서 삼천 권으로 늘어났다. 10명이 주축 운영자가 되었고, 개관하기 전 3개월을 하루가 멀다고 운영진이 모여 회의하고 책 정리를 하고 서로 친해지기 위해 밥도 자주 먹었다. 도서관의 체계적인 운영을 위해 우리는 항상 도서관의 운영 목표를 정하고, 서로 지속할 수 있도록 친해지려고 노력했다. 그와 동시에 자생단체 등록부터 운영에 필요한 다양한 비품과 소품들도 준비해야 했다.

1365 자원봉사센터와 청소년 진흥센터 두볼의 봉사점수 수요처 등록도 필요했다. 성인뿐만 아니라 청소년 자원봉사자들도 모집하여 함께 활동하려면 꼭 필요한 등록이었다. 그래서 앞의 일들을 진행하기 위해서는 대표를 선출해야 했다. 도서관이니 당연히 대표는 관장의 직함을 가져야 했다. 지역의 주민들을 만날 때면 관장을 어떻게 맡게 되었냐고 물어보는 분들이 많은데, 처음 6명의 운영진 중에 가장 나이가 많았고 기질적으로 외향적 성격이라 대표를 맡겠다고 스스로 말했던 기억이 난다. 작은도서관의 관장은 사서 자격의 유무와 상관이 없다. 막상 대표를 맡고 나니 건너야 할 난관이 많았다. 도서관 운영이나 프로그램 구상 등은 운영진과 논의하고 결정하고 협력적으로 문제가 없었지만, 책상, 의자, 도서 구입 등 물품 지원은 누구에게 어떤 절차로 해야 하는지 아는 사항이 하나도 없었다. 그때 많은 도움을 주신 분이 당시 관리사무소 소장님이었다. 물품 구입을 어떻게 하는지, 어떤 방법으로 할지 알려 주고 안내하고 도움을 주셨다. 아파트의 모든 결정 사항과 살림살이는 선출된 동대표들의 의결 기구인 입주자대표회의에서 결정된다. 그리고 아파트 공동주택 관리규약의 지침에 따라 운영이 된다. 즉, 도서관 봉사자 모집을 통해 도서관을 운영하고자 했던 것도 바로 입주자대

표회의의 결정에 의한 사항이었다. 이 점이 추후 마을의 작은도서관과 아파트 작은도서관 운영의 큰 차이점이고, 작은도서관 활성화는 아파트마다 큰 차이점을 보이게 된다. 즉 아파트의 작은도서관 운영의 활성화는 운영자들만의 노력뿐만 아니라 입주자대표회의와의 협력관계에 따라 좌우지된다고 볼 수 있다. 이것은 뒷부분에서 더 설명할 수 있을 듯하다.

대표자인 나의 이름으로 도서관 등록증이 발급되고, 비영리단체 고유번호증에도 내 이름으로 대표가 되었다. 독립적인 도서관 운영과 더불어 책임을 지는 자리가 된 것이다. 설렘과 기대도 있었지만 사실 두려움도 있었다. 그리고 그 두려움을 이기고자 정말 잘하고 싶었다.

범지기마을10단지 푸른작은도서관 개관식

이용자와 함께, 푸른작은도서관을 열다

2016년 3월 7일 월요일 13시 범지기마을10단지 푸른작은도서관이 개관을 했다. 개관식은 운영진, 봉사자들과 조촐히 진행했다. 개관하고 4개월 동안은 도서관 이용자가 적었다. 단지 내 게시판 및 안내 방송을 통해 월~금요일 오후 시간대의 도서관 운영을 알렸지만, 이용자가 처음부터 많지는 않았다.

그래서 더욱 정해진 운영시간에 도서관의 문을 열고 닫았다. 봉사로 운영하는 작은도서관들이 가장 많이 실수하는 것이 운영 시간과 요일을 지키지 않는 것이다. 봉사로 운영하는 다른 작은도서관의 규칙적이지 않은 운영 시간을 보면서, 초창기에 개인적으로 "봉사"라는 개념과 활동 부분의 책임감에 대해 많은 생각을 하게 되었다. 우리 도서관은 운영 시간과 요일을 지키기 위해 봉사자가 못 오는 날이면 나와 운영진이 나가 언제나 주민들과 약속한 운영 시간에는 꼭 문을 열었다. 운영진의 봉사가 큰 힘이 되었지만, 3년 동안은 나도 매일 도서관에 나갔다. 관장의 역할도 해야 했고, 매일 바뀌는 봉사자들과 이용자 사이의 소통에는 누군가 전체적으로 통솔하는 사람이 있어야 했다.

이용자가 많지는 않았지만 도서관은 항상 바빴다. 대출을 위한 책 등록은 청소년 봉사자를 모집해서 주말에 함께 정리하고, 운영에 필요한 소소한 일들을 처리하고 계속 홍보하면서 이용자를 기다렸다. 생각해 보면 삼시 세끼 식사는 꼭 해도 삼시 세끼 책을 읽는 사람은 많지 않을 듯했다. 기다리는 수밖에 방법이 없었다. 게다가 이미 세종시는 복합커뮤니티 시설에 동마다 공립도서관이 운영되고 있었고, 주민들은 세종 국립도서관도 많이 이용했다. 마을의 작은도서관이라 장서 수가 적어서 쉽게 오지 않을 수도 있겠다는 생각도 들었다. 그렇다면 어떻게 차별화해서 이용자를 만족시켜야 할지, 그때부터 지금까지도 이 부분은 고민이다. 지금도 다양한 시도를 하고 있다.

그런데 이용자가 크게 늘지 않을 거란 걱정은 기우였다. 7월, 여름방학이 시작되자 기다렸다는 듯이 아이들과 엄마들이 도서관으로 오기 시작했다. 더운 여름 시원한 에어컨 바람 아래에서 책을 읽기 위해서이기도 했지만, 그동안 꾸준히 도서관 문을 열고 홍보를 활발히 한 결과

이기도 했다. 도서관이 운영되는 것은 알고 있었다며, 시간이 잘 맞지 않아서 방문하기 어려웠는데 와 보니 너무 좋고 책도 많다고 만족스러워했다. 단지 내의 작은도서관은 누구나 편하게 올 수 있어야 한다. 꼭 책을 읽지 않아도 잠시 쉬어 가는 공간이어도 된다. 이용자와 함께 존재하는 것이 도서관이기 때문이다. 단지 내 아파트 도서관이라 엄마와 함께 유아, 초등학생이 많이 방문했다. 간혹 어르신들도 오셨다. 더욱 반가웠다.

도서관 이용자를 대상으로 여름방학 책 도장 이벤트를 준비해서 목표를 달성한 아이들에게 간식 선물을 제공했다. 아기를 데리고 오는 엄마들을 위해 나의 독서지도사 특기를 살려 간단한 독후활동지도 준비하고, 국립생태원에 요청해 색칠 활동지도 받아서 도서관에 비치했다. 이용자가 오니 도서관에 최대한 오래 머물게 하고 싶었다. 그래야 도서관을 자세히 알고 좋아하고 이용도 더 많이 할 것이라는 생각이 들었다.

〈 범지기마을10단지 푸른작은도서관 〉
- 운영 요일: 월~금
- 운영 시간: 14:00~18:00(4시간)
- 휴관일: 공휴일, 일요일, 도서관 지정일
- 도서 대출 및 반납/열람 가능

도서관 이용자가 늘어나면서 요구사항도 들어오기 시작했는데, 도서관 운영 시간을 더 늘려 달라는 내용이었다. 하지만 주민들의 봉사로 운영되기 때문에 늦게까지 운영하려면 봉사자가 있어야 했다. 공립도서관들은 밤 10시까지 운영하니 그 시간을 이야기하는 분도 있었다. 마음이야 직장인부터 청소년 친구들까지 모든 연령대가 이용할 수 있으면

2016년 푸른작은도서관의 일상 모습

좋겠지만 현실적으로는 어려운 문제였다. 4시간 운영도 작은도서관 등록 기준에 따라 정해진 시간이었다. 2018년 이후에는 직장인들도 도서관을 이용하고 싶다는 제안이 거듭 들어와 3개월 시범 운영 후 토요일 봉사자를 따로 모집해서 운영했다. 토요일 이용자도 꾸준히 늘었다.

그러던 어느 날, 걸려온 전화 한 통!

"여보세요?"

"안녕하세요. ○○생명입니다. 저희 회사에서 지역사회복지환원 사업으로 작은도서관에 위인전을 기증합니다. 받으시겠어요?"

우리 단지 입대위는 도서관 운영에 호의적이긴 했으나 도서구입비를 지원하지는 않았다. 그래서 책을 준다고 하면 솔깃했던 시절이다. 마침 도서관에 없는 아이들 위인전을 준다고 했다. 그래서 미팅 날짜를 잡았다. ○○생명보험회사에서는 도서관 운영진 모두 모였으면 좋겠다고 했다. 서울에서 세종까지 내려와 책을 준다고 하니 고마울 따름이었다. 그리고 미팅이 시작되었는데, 세상에 공짜는 없다고 했던가, 결국 보험을 들어야 도서관에 책을 기증한다는 내용이었다. 이런 어이없음이 … 결국 나와 부관장이 보험을 들었다. 그 보험은 지금도 잘 유지하고 있다. 뻔히 대가를 바랄 거라고 생각하면서도 책을 준다고 하니 면전에서 거절을 못 해 보험을 둘이나 들었다. 새 책을 준다고 하면 무엇이든지 할 기세였던 그때를 생각하면 지금도 웃음이 난다. 재미있는 에피소드로 말하지만, 책을 영업의 미끼로 쓴다는 사실에 씁쓸했다. 도서관의 기본은 장서의 질과 양이었기 때문에 어떻게든 도서를 확보해야만 했던 그 시절의 해프닝이었다.

작은도서관, 날개를 달다

책 읽는 즐거움, 오고 싶은 도서관

　도서관 운영이 자리 잡아 갈 때 즈음, 입주자대표회의 회장이 소장님과 함께 도서관에 찾아왔다. 세종시청에서 주는 도서관 지원금을 받아 운영해 보면 어떻겠냐는 제안을 했다. 처음에는 무슨 소리인지도 잘 알아듣지 못했다. 시에서 돈을 준다니 잘 이해가 되지 않았다. 그러면서도 돈을 받아 책도 사고 프로그램도 운영해 볼 수 있다고 하니 솔깃했다. 그리고 회장에게 다짐을 받았다. 세종시의 돈을 받아 운영하면 입대위는 도서관 운영에 이래라저래라 간섭하지 않아야 한다고 말이다. 회장은 당연히 그러겠다고 답했고, 나는 바로 세종시청 교육지원과에 전화를 걸어 문의했다. 그 돈은 "작은도서관 활성화 지원금" 지방보조금이었다. 사실 한참 지나고 생각해 보니 입대회장이 일을 시킨 거였는데, 전혀 의도를 알지 못하고 운영에 도움이 된다는 소리에 기쁜 나머지 덥석 일을 맡은 거였다.

　지금 생각해 보면 그때 다른 제안을 해야 했다. 왜냐하면 나는 봉사를 하던 사람이다. 보수를 받지 않았으므로, 거절해도 되는 거였다. 그리고 일을 하려면 도서관 상근직 직원을 채용해 달라고 이야기해야 했다. 왜냐하면 지원금을 받고 나면 수많은 행정 서류가 발행하고, 처리해야 하는 일들도 많았다. 아쉽게도 그때는 정말 아무것도 몰랐다. 순수했다. 그래도 그 일들을 하는 덕분에 많은 행정문서 작성법을 알았고 세부적인 사항들을 알았다. 심지어 2021년도에는 법제처 직원분에게 도서관법과 작은도서관 진흥법, 조례 등 법률 공부까지 했다. 어려운 공부였지만 아파트 작은도서관 운영에 꼭 필요했다.

2016년 상반기 도서관을 잘 운영하여 하반기부터 작은도서관 활성화 지원금을 받게 되었다. 도서관에서 어떤 대상에게 무슨 내용의 프로그램을 제공할지 의논이 시작되었다. 세종시 전체가 30~40대의 젊은 부부와 청년들이 많았고 아이들도 많았다. 우리는 1,970세대의 대단지였고 유아부터 초등 청소년까지 정말 아이들이 많은 단지였다. 그래서 프로그램 대상은 먼저 유아와 초등학생에 집중하고 아울러 성인 프로그램도 운영하기로 했다. 또한 프로그램 운영을 시작하기 전에 도서관의 프로그램 선정 기준도 정했다.

그 운영 기준에 큰 원칙이 있다면, 국어, 영어, 수학 과목을 직접적으로 운영하지 않는다는 점이다. 단지 내 사업자로 운영하는 분들과 관련해 민원이 발생할 수 있다. 또한 도서관의 프로그램은 학원과는 차별화되어야 한다는 기준이다. 특히 초등학생 대상 프로그램의 경우 학교 성적을 올리는 학습 프로그램은 지양했다. 교과가 연결되긴 해야 하지만, 학교 안에서는 못하는 체험 위주 프로그램으로 구성하고, 성인은 주민들의 요구사항을 기초로 자기계발 과정, 자격증 취득 과정, 취미 과정 등 현재 회자되고 관심도 높은 프로그램으로 운영하고자 했다. 또한 무엇보다 중요한 도서관으로서의 책과 연계된 문화 프로그램을 꼭 구성하여 책 읽는 즐거움과 항상 오고 싶은 도서관을 만드는 것이 프로그램 운영의 가장 큰 목적이었다.

북적북적 마을학교

우리 도서관의 첫 프로그램은 공동육아 북적북적이었다. '도서관에서 공동육아?'라고 의아한 생각이 들 수도 있겠다. 앞에서 이야기한 것처럼 시설과 사람을 만날 기회가 부족한 세종시에서 이웃을 만나는 공간을 제공하고 싶어 시작하게 된 것이 공동육아 북적북적 프로그램이었다. 젊은 세대의 부부와 아기들이 많이 이사 오는 상황에서 어린이집 부족 대란이 일어났다. 오롯이 집 안에서만 아기들과 보내는 시간이 전부가 되어 버린 상황이 얼마나 힘들까 걱정스러웠다. 아이들을 데리고 밖으로 나가도 동네 놀이터 말고는 갈 곳이 마땅치 않았다.

이런 비슷한 경험을 한 도서관 운영진이 있었다. 영국 유학 시절 언어 소통이 쉽지 않고 지역 지리도 익숙하지 않았을 때 가장 많은 도움을 받은 곳이 공공시설에서 운영하는 '메스플레이스'라는 곳이었다고 한다. 영국의 메스플레이스는 한쪽 공간에 아이들과 엄마들이 머무를 수 있는 공간을 마련하고 책이나 장난감 등을 두는 곳이라고 한다. 그러면 자연스럽게 아이들과 엄마들이 모여 이야기를 나누고 친구를 사귈 수 있다. 이 이야기에서 아이디어를 얻고, 마을의 어린이집 부족 문제에 조금이나마 도움이 되고자 시작한 것이 공동육아 북적북적이다. 장소는 주민공동시설 키즈룸에서 진행하기로 했다. 독서실이 바로 옆에 있는 상황에서는 힘들 듯하고, 마침 키즈룸은 넓은 공간에 주민 누구나 신청하면 사용할 수 있는 놀이, 또는 아이들 생일파티 장소 등으로 이용되고 있었다. 주민들의 이용에도 불편을 주면 안 되었기에 매주 수요일 오전 10~12시 두 시간으로 정하고, 이를 입대위의 승인을 받고 진행했다.

공동육아 북적북적은 0~5세 아이들과 보호자들이 자유롭게 이웃을 만났다. 그 두 시간 동안 특별한 활동은 없다. 보호자들이 아이들과 소통하고 친구를 만나는 장을 마련해 주는 것이 북적북적 마을학교의 운영 규칙이었다. 정해진 지식이나 정보를 주는 성격의 프로그램보다 나의 경험을 넓히고 친구를 사귈 수 있는 장을 열어 주는 것이다. 시작 전 많은 걱정이 있었다. 운영자인 우리도 아이들을 키우면서 경험해 보지 않았던 시스템이었으니 말이다.

유아 때부터 문화센터 등 정해진 시간에 배우기 수업 위주의 교육환경을 접하는 우리 정서에는 낯선 풍경이었다. 세종시 복합커뮤니티에 들어와 있는 공동육아나눔터의 모습을 우리가 선도적으로 실행하고 있었다.

과연 이용자가 얼마나 올까? 오기는 할까? 기대 반 걱정 반이었다. 첫날 북적북적 마을학교는 정말 북적북적했다. 단지 내 안내 방송과 게시판의 내용을 보고 궁금해서 왔다고 했다. 북적북적 이용 방법을 계속 설명해야 했다. 간혹 아이들 맡기는 곳인 줄 알고 장보고 올 테니 잠시만, 운동하고 올 테니 잠시만 돌봐 달라고도 했다. 아이만 놓고 가려는 어머니들에게는 더 긴 설명도 필요했다. 생각해 보니 이런 짬짬이 돌봄도 필요하다. 하지만 우리의 목표는 보호자와 아이가 함께 오는 곳이었다. 이곳에서 친구를 만들고 도서관을 알게 되고 마을을 좋아하게 되는 그래서 내 삶이 행복해지는 장소를 만들고 싶었다.

처음 어색한 시간이 지나자 자연스럽게 아이들은 뛰어놀고 어머니들은 수다 삼매경에 빠졌다. 운영자인 우리도 놀라고 감격스러웠고 첫날 북적북적의 운영은 대성공이었다. 북적북적에 사용하는 장난감과 소품들은 모두 주민들이 기부한 물건들이었다. 거기에 도서관 봉사자들의 물품도 꽤 있었다. 함께 만들어 가는 공동체 활동이 열리는 순간이고, 그렇게 매주 수요일 오전은 북적북적 세팅으로 하루가 시작되었다!

일 년 내내 도서관 운영을 하면서 북적북적도 매주 1회 운영했다. 정말 쉽지 않은 활동이었다. 아침에 장소를 세팅하고 활동이 끝나면 정리하고, 바로 옆의 창구도 도서관의 물품들도 꽉 차기 시작했다. 횟수를 거듭할수록 우리의 정체가 궁금했는지 주민들이 어느 회사에서 나온 사람들이냐고 자주 물어보곤 했다. 도서관 봉사자들이 하리라는 생각은 미처 못 하고, 당연히 보수를 받고 하는 사람들이라고 생각하는 듯했다. 그래서 단지 내 주민들의 활동이고 도서관 봉사자들이라고 하면 더 좋아해 주고, 복 많이 받겠다고 덕담도 하고, 항상 고맙다고 했다. 단지를 걷다가 만나도 편의점에서 만나도 언제나 반갑게 인사하는 친한 이웃이 되어 갔다.

도서관의 봉사자가 늘어나고, 봉사자 몇 분이 학교에서 진행하는 그림책놀이 수업 자격증을 취득했다. 책을 좋아하고 새롭게 취득한 자격증을 가지고 활동을 해 보고 싶어 했다. 그래서 북적북적 운영 시간 안에 그림책을 읽어 주면 좋겠다고 제안하자 선생님들도 흔쾌히 함께 해 주셨다. 정말 고맙게도 강사로 참여하지만 세팅부터 정리까지 모두 우리와 함께 해 주셨다.

또한 좋은 그림책과 함께 즐거운 놀이를 공부하고 연구하고 싶어서 북앤플레이라는 그림책놀이지도사 팀을 만들어 꾸준히 자기 계발도 진행하셨다. 봉사자에서 그림책놀이지도사 강사로 도서관의 활동이 아이들뿐만 아니라 어른들도 함께 성장하는 곳이 되고 있었다.

공동육아 북적북적을 운영할 때 당시 도서관 운영비가 월 20만 원이어서 매주 활동하는 북적북적에 재료비나 간식비를 많이 쓸 수 없었다. 그래서 자율 기부를 천 원에서 이천 원 정도 받았지만, 그리 많이 들어오진 않았다. 활동 재료들은 모두 자비를 들여 진행했고 간식도 최소한의 비용을 사용했다. 물품이 필요하면 집에 있는 기구들을 가져와 도서관에 놓고 북적북적에서 사용했다. 그렇게 2016년 1년을 거의 보내고, 도서관과 북적북적을 한창 운영하고 있을 때였다.

우리 마을에서 교육청의 마을교사로 활동하던 선생님 한 분이 북적북적을 방문해서, 나에게 3페이지 정도의 마을학교 공모 신청 안내문을 보여 주었다. 강사비는 드리지도 못하고 재료비도 도서관 운영비에서 아끼면서 사용하고 있는 사정을 알고는 세종시교육청 마을교육공동체 마을학교 사업으로 북적북적을 진행해 보면 어떻겠냐고 알려 주었다. 서류를 받아 들고는 집에 가서 읽기 시작했다. 공모사업의 의미도 모르고 마을교육공동체, 마을학교가 무엇인지도 몰랐지만, "마을의 어른들이 함께 아이들을 성장시킨다"라는 문장이 한눈에 들어왔다. 바로 '우리가 하는 활동인데'라는 생각이 들었다. 예산에서 강사비, 재료비와 간식비도 쓸 수 있었기에 좋은 조건이었다. 예산 걱정 없이 운영할 수 있다면 너무 좋을 듯싶었다. 꼭 선정되면 좋겠다고 생각했다. 예산도 1년에 300만 원 정도로 오롯이 북적북적에만 사용한다면 부족하지 않을 것 같았다.

처음 서류를 작성하려고 하니 정말 막막했다. 목적과 목표, 성과 달성 등 현장에서 하는 우리의 활동 등을 문서화하고 타당성 있는 제안을 해야 했다. 예산도 허투루 쓰면 안 되니 꼼꼼하게 계산해서 내역서를 작성해야 했다. 무엇보다 이 모든 게 선정되어야만 할 수 있었다. 대표 이름으로 직인을 찍고 서류 접수를 하니, 겁도 나고 걱정이 많았다. 지속해서 이미 공동체 활동으로 마을교육을 실행하고 있고, 사업이 시작 단계라 2017년 공모에 선정되었다. 공식적인 범지기마을10단지 푸른작은도서관의 북적북적 마을학교가 시작되었다.

2016년 1년을 지나고 북적북적 마을학교 공모에도 선정되고, 작은도서관 지원금도 받고, 도서관 이용자도 늘고, 북적북적의 이용자도 꾸준히 늘었다. 심지어 너무 많은 아이와 어머니가 와서 안전을 고려해 대기해서 입장해야 하는 날도 생겼다. 그리고 아주 뜻깊게 각자 소모임이 만들어지고, 엄마와 아기들의 친구가 생겨서 북적북적 밖에서 만나기 시작했다. 그 놀이 친구 모임에 할머니들과 어머니들도 함께 모임을 했다. 세대 차이라는 말이 무색할 정도로 잘 지내셨다. 육아라는 공통점이 나이를 뛰어넘는 친구를 만들었다. 그런 모습들을 볼 때마다 마음이 뿌듯하고 보람을 느꼈다. 일상의 일들과 단지의 일들을 이야기하면서 마을에 대한 관심도 높아졌다. 간혹 내가 민원을 받는 창구 역할도 하고 있었다. 공간이 주는 힘은 대단했다. 그 텅 빈 공간이 매주 수요일에는 많은 것들로 채워졌다.

2018년에는 마을학교 북적북적이 전해보다 예산을 많이 받게 되어 더 다양한 활동을 북적북적 안에서 할 수 있었다. 그리고 TJB 〈생방송 투데이 세종〉의 마을교육공동체 방송을 타면서 북적북적은 그야말로 전성기를 맞이한다. 교육청에서 방송 촬영을 온다고 했다. 재미있는 경험이 되리라고 생각했다. 인위적이지 않고 우리가 하던 모습 그대로 촬영하는 거라고 했다. 촬영 전주에 오시는 어머니들에게 방송 촬영 안내를 하고 얼굴 노출에 관해 양해를 구했다. 그 부분 때문에 이용자가 적게 오면 어쩌나 걱정이 되었다. 그렇지만 그날은 평소보다 더 많은 아기와 어머니들이 오셨다. 함께 촬영하던 PD와 리포터가 놀랄 정도였다. 유리문이 끊임없이 움직이며 사람들이 들어왔다. 중간마다 인터뷰도 했다. 즉석에서 리포터가 마이크를 대고 질문을 하는데 한 분 한 분 어쩜 그리 말을 잘하시는지. 아기들은 그날따라 더 잘 놀았다. 간식도 너무 잘 먹었다. 우는 아기도 없었다.

무사히 촬영을 마쳤고, 방영이 잘되었다. 그리고 우리 도서관과 나는 유명해졌다. 만나는 주민마다 인사와 칭찬을 건네셨다. 도서관에서 그렇게 좋은 일을 하고 있었냐고, 너무 수고 많았다고. 방송 잘 보았다고, 멋지다고. 방송의 위력이 이렇게 강력하다니 1년을 계속해서 하고 있었는데 그동안 밀린 칭찬을 한 번에 다 듣는 기분이었다. 우리의 이야기는 퍼지고 퍼졌다. 가끔은 범지기마을10단지 푸른작은도서관보다 '북적북적 마을학교'로 불리는 일이 많아지기까지 했다. 열심히 해서 인정받는 것만큼 보람된 일이 없다는 걸 느꼈다. 함께 이루어 낸 성과라서 더욱 보람이 컸다. 우리는 모든 일의 중심에 "사람"이 있어야 한다는 것을 현장에서 배우고 있었다.

코로나 팬데믹 위기를 넘어서

그러다 2020년 코로나 팬데믹 위기가 우리에게 왔다. 잊을 수 없는 그해! 아이들은 등교할 수가 없고, 도서관도 휴관하라는 공문이 시에서 내려왔다. 당연히 마을학교 북적북적도 문을 열 수가 없었다. 모두가 한 달이면 괜찮아질 거라고 이야기들 했다. 하지만 매일매일 증가하는 코로나 감염자 숫자를 보니 쉽지 않았다. 하염없이 도서관 문을 열 수 있는 날을 기다렸다. 모든 지원금을 통장에 받아 놓고 아무것도 할 수가 없었다. 그렇게 마을학교 보조금도 받아서 3개월을 그냥 보냈다. 문이 닫혀 있는 도서관에 곰팡이라도 필까 걱정하여 일주일에 한두 번 나가 환기를 시키고 청소도 했다. 그렇게 북적대던 도서관이 텅 비어 있었다. 학교의 수업들은 빠르게 온라인 수업으로 바뀌었다.

그사이 교육청에서 마을학교 운영을 온라인 수업으로 진행해도 된다고 공식적인 안내를 했다. 매해 0원도 남기지 않고 사업을 다 하라고 권고를 했었지만 2020년에는 달랐다. 할 수 있는 만큼만 해도 된다고 했다. 운영하는 사람이든 참여하는 사람이든 코로나 앞에서는 많이 위축되었다. 그래서 많은 회의를 통해 참여자를 모집해서, 만들기 재료가 들어 있는 키트를 나누어 주고 집에서 아기들과 활동할 수 있게 하자는 의견 모아졌다. 프로그램 참여자들에게 재료를 준비하고 배송해 주는 건 할 수 있었지만, 그림책 읽기 영상과 만들기 영상을 편집하는 인력이 필요했다. 찍을 수는 있겠는데 편집을 해야 하고 자막도 넣어야 하고 음악도 넣으면 좋을 것 같았다. 예산에 영상 제작에 관한 예산이 없으니 참 난감했다. 한 번 만들 것도 아니고 계속해서 만들어서 올려야 하니, 비용이 많이 들면 안 되었다.

하늘은 스스로 돕는 자를 돕는다고 했던가. 그해 새내기 대학생이 된 딸도 온라인 수업으로 집에 있었다. 마침 딸의 전공이 영상미디어과였다. 그래서, 딸에게 부탁했다. 평소 도서관 활동에 봉사가 필요할 때도 돕던 아이라 흔쾌히 도와주었다. 미술을 잘하는 청소년동아리 친구에게는 영상에 사용할 메인 이미지를 만들어 달라고 부탁했다. 영상을 만든다는 것은 정말 쉽지 않았다. 영상을 찍고, 음향을 넣고, 편집하고,

검수를 하고, 좀 더 재미있게 하려면 일은 점점 더 늘어났다. 그래도 신기하고 재미있었다. 지금도 간혹 영상을 보면 어색하고 생뚱맞지만 재미있어서 한참을 웃는다.

북적북적 밴드를 만들어 그곳을 통해 그림책 읽어 주기 영상과 만들기 영상을 일주일에 한 번씩 올렸다. 그 영상을 보고 참여자들은 집에서 함께 따라 만들고, 그림책 읽는 영상을 보여 주고,

북적북적 밴드

만들기 영상도 아이들이 잘 보고 함께 만들었다고 하면서 멋진 작품 사진들을 올려주었다. 그렇게 단절된 시기에 마을교육을 통해서 우리는 흐릿하게나마 연결되고 있었다.

코로나 팬데믹의 시간이 지나고 2021년 마을학교를 다시 운영했지만 공동육아 북적북적의 이용자가 줄어들기 시작했다. 주변에 어린이집이 많이 생기고, 다들 어린 아기들을 일찍 보내기도 했다. 간혹 어린이집 적응이 힘들어 다시 북적북적을 찾는 아기들도 있었지만, 대부분의 어머니들이 아기들을 어린이집에 등원시켰다. 오롯이 엄마하고만 있는 친구들이 줄어들었다.

2022년이 되면서 단지 내에서 운영되던 4개의 민간 어린이집이 1개만 남고 없어질 정도로 아기들이 줄어들었다. 공동육아 북적북적 마을학교에 위기가 찾아왔다. 이용자가 급감했다. 환절기가 되면 아픈 아기들이 빠져도 항상 20명은 유지되던 북적북적이었다. 그런데 엄마와 아기를 포함해서 6명만 오는 날도 있었다. 변화하는 시대의 환경에 맞추어 북적북적도 바뀌어야 할 시기였다. 그래서 2022년도 북적북적 마을학교는 대상 연령을 나누어 공동육아와 초등 방과후 프로그램의 두 가지 형태로 운영해 보기로 했다. 하지만 공동육아는 점점 참여자가 급격하게 줄었고, 초등 방과후 프로그램 참여자 모집이 성공적으로 잘되었다. 너무나 아쉽지만, 이제 공동육아 북적북적은 마무리가 되어야 하는 시기가 오고 있었다.

7년 동안 매주 수요일 오전에 키즈룸에서 모이는 일은 도서관 일상의 루틴이었다. 막상 공동육아를 그만두니 시원섭섭했다. 북적북적 때문에 우리 마을로 이사를 오는 분들까지 있었고 지금도 다시 시작할 계획이 없냐고 물어보는 아기 엄마들도 있다. 어쩌면 아파트라는 분절된 거주 형태에서 많은 이웃이 모일 수 있는 유일한 시간과 공간이었을 것이다. 아파트 내에는 개인의 체력단련 또는 취미를 발전시키기 위한 공간은 많지만, 마을의 발전과 마을이라는 공동체를 위한 공간은 사실 많지 않다. 공동육아 북적북적이 생기면서, 개인과 마을의 이야기를 하며 마을의 발전을 위해 고민을 나누는 공간이 되었다는 의미에서 공동육아 북적북적이 공동체의 거점 역할을 하지 않았나 싶다. 작은도서관 확장의 영역을 보여 준 사례이기도 하다.

2023년도 마을학교는 공동육아 운영은 중단하고, 책을 중심으로 한 창의적인 프로그램을 구성하여 방과후 프로그램 형식으로 진행하기로 결정했다. 그리고 초등과 청소년 및 성인까지 대상을 확대하여 평생교육의 개념으로 다양한 프로그램들을 구성했고 현재까지 운영하고 있다.

분절되지 않고 서로가 이어져 있어 '함께하는 것이 정말 좋은 것이구나'라는 배움을 준 공동육아 북적북적 마을학교 운영 속에서 마을교육에 대한 이해가 싹트고, 작은도서관이 마을 안에서 할 수 있는 역할이 무엇이었는지 확인시켜 준 활동이었다. 그 속에서 자란 아이들보다, 어머니들보다 내가 더 많이 성장했다. 그래서 지금도 마을학교 운영 사례 강연 때 꼭 이야기하는 내용이 있다. 처음 마을학교의 시작은 돈이 없어서 도움받기 위해서였고, 마을교육에 대한 이해 없이 시작했다. 그런데 이해가 없어도 운영은 할 수 있다. 그렇지만 지속적인 마을학교 운영은 마을교육에 대한 이해를 지니고 있어야 한다. 그렇게 이해하는 과정에는 교육청의 많은 연수와 역량 강화 그리고 무엇보다 마을 주민과 아이들과 활동가들과의 연결이 있었다. 함께 성장하면서 살아가는 것이 작은도서관 속 마을교육이었다.

어린이창작작업실 '모야'에서
'곰돌이 작업실 뚝딱'으로

2020년에 가장 칭찬할 만한 도서관의 활동은 리모델링과 어린이창작작업실 모야의 선정이었다. 코로나로 인해 도서관 문은 오랜 시간 굳게 닫혀 있었다. 평소 서가가 부족했다. 이참에 대청소하면서 장서 점검을 하고 서가도 구매해야겠다는 생각이 들었다. 다른 마을의 도서관들도 쉬지 않고 안에서 움직이고 있었다. 그때 마침 (사)어린이와작은도서관협회(이하 어도협)와 도서문화재단 씨앗과 c-프로그램에서 지원하는 '모야' 사업 공모가 눈에 들어왔다. 모야는 도서관에 만들기 재료들을 준비해 놓는 재료바가 있고, 이용 시간에 자율적으로 와서 만들기를 하는 메이커스페이스 공간이다. 전국 10개의 작은도서관만 정하는 사업이었고, 운영비에 인건비를 사용할 수 있었다. 리모델링을 하면서 모야가 들어올 자리도 미리 만들었다. 한 번도 떨어질 거라는 생각을 하지 않고 준비했던 것 같다. 선정되기도 전에 아이들이 찾아와 즐겁게 활동하는 모습이 상상되곤 했다. 공모사업에 신청하고, 실사하러 어도협에서 나와서 면접할 때 '정말 열정이 최고'라고 했던 기억이 난다. 그리고 선정되었다. 정말 기뻤다. 코로나로 문이 굳게 닫혀 있었지만 오히려 충분히 모야를 준비할 수 있었다.

도서관 공간이 책만 있는 곳이 아니라 만들기 활동을 하는 곳이라니, 작은도서관의 활동 영역도 한 단계 도약하는 계기가 되었다. 전국 10개, 세종시 1호 모야가 시작되었다. 도서관에 모야가 설치되고 운영을 시작할 때 즈음 세종시립도서관 팀장님으로부터 연락이 왔다. 어떻게 이 사업을 하게 되었는지, 모야에 대해 궁금해하셨다. 모야에 관해 설명했더니, 팀장님은 바로 재단과 연결해서 시립도서관에 모야 2호가 만들어진다. 그 덕분에 시립도서관에서 이용해 본 친구들이 우리 도서관에 와서도 모야를 이용한다. 모야 덕분에 도서관 홍보가 된 셈이었다. 코로나 시기라 휴관과 운영을 반복하면서 힘들었지만, 그래도 모야가 있어서 도서관 이용자가 꾸준히 유지되었다. 그런데 예상치 못한 부분에서 모야의 만족도가 떨어졌다 모야는 7세 이상 어린이가 스스로 참여하는 프로그램인데, 마을의 작은도서관 특성상 7세 이하 어린이도 많이 온다. 형제나 자매가 같이 오는 날에는 도서관이 울음바다가 된다. 형이나 언니처럼 하고 싶은데 못하는 아기들의 울음소리였다. 아이고, 정말 난감했지만, 모야 사업의 취지와 원칙은 지켜져야 하고 만들기 도구 중에 위험한 것들도 있어서 아기들은 참여할 수 없었다.

그렇게 2년을 운영하고 사업비 지원이 마무리되는 시기가 왔다. 사업비 지원이 없어지면 아쉽겠지만, 우리 도서관의 이용자 연령을 고려해야 하고 우리의 상황에 맞게 모야를 운영하고 싶었다. 그래서 모야 사업비 지원은 2022년에 마무리하기로 했다. 모야의 이름이나 규정을 사용할 수 없게 되어, 이름을 아이들에게 공모해서 투표로 선정했다. 이름은 '곰돌이 작업실 뚝딱!', 대상은 유아부터 어린이 청소년까지 모두 이용할 수 있다. 단, 유아는 보호자 동반이라야 가능하며, 스스로 이용하고 스스로 정리해야 한다. 이러한 새로운 규칙을 정했다. 이용 시간도 도서관 운영 시간 내에 언제든지 가능하다. 누구보다 아기들과 엄마들이 정말 좋아한다. 정기적으로 꾸준히 오는 아이들이 생기고, 친구들을 데리고 오기도 하고, 학급 임원 선거에 나가는 포스터를 만들고, 엄마의 생일이라고 생일 카드랑 선물을 만들러도 온다. 한 아이 한 아이 모두 이쁘고 기특했다. 여름방학 때에는 한 달 동안 100명이 '곰돌이 작업실 뚝딱!'을 이용했다. 만들기 작업이 끝나면 책도 읽고 간다. 책을 읽다가 만들기를 하기도 한다.

곰돌이 작업실 뚝딱!

작년과 올해에는 마을학교 사업에도 프로그램의 한 구성으로 넣어 더 많은 아이가 이용할 수 있도록 했다.

작은도서관 마을방과후 시작

시작은 언제나 작은 제안으로 시작된다. 범지기마을10단지 푸른작은 도서관의 활동이 대내외적으로 알려지면서 많은 곳에서 연락이 왔다. 그리고 세종시의 사립작은도서관들이 작은도서관 운영의 어려움을 공 유하고 협력하기 위해 세종시작은도서관연합회(이하 세도연)를 창립했 는데, 초대 회장을 내가 맡게 되었다. 도서관 운영이 소문이 나면서 신 설 작은도서관의 컨설팅을 대부분 진행하고 있었다. 아파트 작은도서관 의 시작이 구체적으로 어떻게 어려운지 누구보다 잘 알고 있었기에, 마 음을 다해 도왔다. 그런 행동들 덕분에 연합회 회장이라는 책임감 있는 자리에 앉고 활동하게 되었다.

세종시는 지리적으로 동 지역과 읍면 지역으로 나뉘어 있다. 신도심 이 들어서면서 동 지역의 아이들과 읍면 지역 아이들의 교육격차 해소를 위해 읍면 지역에서는 학교뿐만 아니라 마을에서도 다양한 방과후 프로그램을 운영 중이었다. 학교 밖 마을방과후 사업이 동 지역에서도 시작되는 듯했다. 그 시작을 세도연과 함께 시작해 보자는 제안이 교육청에서 들어왔다. 시범사업의 성격이다. 세도연 회원 도서관 중 희망하는 10개의 도서관이 시작했다. 마을방과후는 프로그램의 다양성을 위해 스포츠, 방송, 공예, 악기, 미술 등 마을이 요구하는 구성을 모두 수용해 주었고, 그에 호응하듯 반응 또한 정말 좋았다. 접수가 시작되는 날 각 도서관 입구에서부터 줄을 서는 광경이 펼쳐졌다. 우리 도서관도 예외가 아니었고 실로 놀라운 광경이었다. 덕분에 각 마을에 작은도서관이 있다는 사실도 많이 홍보되었다.

그렇게 시작된 10개의 동 지역 작은도서관의 마을방과후는 성공적으로 운영되었고, 그다음 해 세종시 전체 작은도서관을 대상으로 공모사업이 진행되었다. 현재는 공립과 사립의 작은도서관뿐만 아니라 지역아동센터, 다함께돌봄센터 등에서도 모두 참여하여 온 마을이 방과후·돌봄의 영역으로 확대되었다.

치매선도 도서관

세종시 광역치매센터에서는 치매 극복을 위한 활동 가운데 책을 통한 치매 예방 사업도 하고 있었다. 그 하나가 치매선도 도서관 지정이고, 다른 하나는 두근두근 뇌 운동 강사를 양성하는 과정이다. 치매선도 도서관으로 선정되어 도서관 한 서가를 치매 도서로 분류하여 구비하고, 시니어분들을 위한 두근두근 뇌 운동 치매 예방 프로그램도 진행했다. 건강한 삶과 치매 예방에 관심이 큰 주민들이 많이 참여했다.

그리고 광역치매센터, 치매안심센터 등의 홍보물과 자료들을 도서관에 항상 비치하여 열람할 수 있도록 정보를 제공했다. 치매선도 도서관에 지정되고 광역치매센터와의 교류를 통해 치매 예방 교육을 받고 정보도 알게 되어 치매에 대한 이해도가 많이 높아졌다. 치매 도서 서고를 따로 놓으니 이용자들도 흥미를 느껴 한 번 더 살펴보았다. 작은도서관에서는 유아부터 시니어까지 전 연령을 대상으로 다양한 서비스를 제공한다. 이용자를 가까이 만날 수 있는 장소이기에 이용자의 서비스 이용 반응을 바로 확인할 수 있는 장점이 있다.

아이들의 놀 권리 '놀이탐구단'

세종시작은도서관연합회 회장이었을 때 지역의 다른 단체들과 연대와 교류를 하려고 많이 노력했다. 그중 많은 도움을 주었던 곳이 초록우산어린이재단 세종지부였다. 우연히 초록우산어린이재단 세종지부 창립식에 참석했는데, 처음에는 인연이 닿지 않았다. 그런데 나중에 만나고 싶다고 연락을 주어서 함께 미팅하게 되었다. 난 초록우산어린이재단처럼 큰 사회재단이 만나 주는 것만으로도 고마웠는데, 오히려 본부장님이 이렇게 만나서 이야기를 나누게 되어서 고맙다고 하셨다. 그것이 인연이 되어 세종시 작은도서관과 초록우산어린이재단이 어떤 협업을 통해 아이들에게 좋은 활동을 할 수 있는지 고민했다. 그때 찾은 것이 아이들의 놀 권리 교육과 관련된 놀이탐구단 활동이었다. 아이들에게 놀 시간을 확보하는 놀 권리를 교육해야 하는 현실이 정말 안타깝지만, 그래서 더 의미 있는 교육이라는 생각이 들었다. 교육 후 아이들은 놀이를 스스로 기획하고 실행한다. 어른들은 도와주는 조력자 역할을 한다. 기획이 들어가야 하는 만큼 초등학교 4~6학년을 대상으로 하고, 평일 시간을 내기 힘든 학생들의 일정에 맞추어 주말에 운영했다.

스스로 생각해서 모든 놀이를 할 수 있다고 하자 참여한 아이들이 처음엔 믿기지 않는다는 표정이었다. 엄마가 하라고 해서 억지로 온 친구들이 한 회차씩 진행될 때마다 굉장히 상기되고 재미있어했다. 모든 걸 스스로 해야 한다는 것을 큰 매력으로 느꼈다. 첫해에는 코로나 상황이어서 키즈룸에서 으스스 놀이터(공포)를, 두 번째 해에는 크리스마스 파티, 세 번째 해에는 물놀이터를 진행했다. 특히 2022년 세 번째 활동 해의 물놀이 파티는 단지 내 물놀이 행사를 진행할 때 연계하여 진행했다. 더 크게 운영되어 더 많은 아이에게 큰 물놀이터가 되었다. 직접 진행도 하고 이용도 하고, 아이들은 정말 즐겁다고 했다.

놀이탐구단 함께 하는 물놀이터

아이들이 자유롭게 살 수 있는 터를 제공하는 것은 어른들의 몫이다. 그런데 놀이탐구단을 운영하면서 미래의 성공을 보장하기 위해 아이들에게 계속 공부를 강요하고 있는 것이 우리 현실이 아닌가 하는 생각이 계속 머리에 맴돌았다. 그러한 자유로운 시간을 아이들에게 언제 돌려줄 수 있을까? 무거운 책임감이 놀이탐구단을 하면서 조금은 면죄

부를 받은 듯했다. 또한 작은도서관은 아이들과 훨씬 가깝게 연결되어 있고, 아이들 성장에 전반적인 영향을 미칠 수 있기에, 작은도서관 운영자들은 누구보다 마을교육에 대해서 깊이 이해하며 운영해야 한다는 생각이 들었다.

세종시작은도서관연합회

첫마을과 1생활권만 있던 세종시에 많은 마을이 생겨나고 아파트 내 작은도서관 중에서 등록하는 도서관 수가 많아졌다. 그런데 등록된 도서관 수가 늘어도 실제로 운영이 되는 곳은 전반 정두였다. 대부분의 도서관이 입주민의 봉사로만 운영하려고 했고, 어렵게 봉사자 몇 사람이 모여도 도서관 개관까지는 입대위와의 관계에서 많은 어려움을 겪기 때문이었다. 봉사로 운영시키려는 입대위는 경제적 지원을 전혀 하지 않으려 했고, 도서관을 운영하려는 봉사자들은 어떻게든 운영비와 도서 구입비라도 확보하고 싶어 했다. 그런 상황에서 갈등이 일어났다. 또 운영이 시작되었더라도 주민공동시설 사용과 다른 단지 주민의 출입 문제 등으로 갈등을 겪었다.

많은 난관을 극복하고 세종시로부터 작은도서관 활성화 지원금을 받아 운영을 시작하면, 그다음에는 정말 많은 행정 서류를 제출하는 게 어려웠다. 그 당시에는 운영자를 위한 회계 교육도 없었다. 안내된 규정을 독학으로 읽으면서 해야 했다. 회계 양식도 자체적으로 만들어서 사용했다. 맨땅에 헤딩하는 기분이라는 것이 그 당시 작은도서관 운영자들의 상황에 적절히 표현이다.

처음 지원금을 받아 영어연극 프로그램을 진행했는데 강연하는 분이 해외 거주자였다. 그분의 강연료를 지급하려면 세금을 계산해야 하는데, 담당 주무관도 잘 모른다며 세무서에 전화해 보라고 했다. 세금 문제이니 당연히 세무서로 전화하면 된다고 생각했다. 해외 거주자는 세금 규정 적용이 다르리라고 생각했고, 당시 세무서 직원이 10%의 세금을 제하고 강사비를 지급하라고 했다. 그런데 그다음 해 감사에서 세금을 너무 많이 제했다는 지적을 받았다. 시간이 지나 지금은 재미있는 일화 정도로 여기게 되었지만, 이후에는 지방보조금 문제는 더 꼼꼼히 지침을 읽고 여러 가지를 알아보면서 사업을 진행했다. 특히 강사들의 세금 신고는 관에서도 알려 줄 수 없는 부분이 많았다. 사업을 수행하는 단체나 작은도서관들이 해야 했다. 사소하지만 중요한, 누구에게도 물어보기 힘든 내용과 도서관 운영에 꼭 필요한 것들. 세도연 회장이 되기 전부터 도서관 운영자들을 만나면서 자연스럽게 운영에 대한 컨설팅과 회계 교육까지 하고 있었다. 내가 아는 지식으로 도움을 줄 수 있어서 다행이라고 생각했다. 같은 관심을 지닌 분들과 소통한다는 점이 즐거웠다.

세종시작은도서관연합회 창립식

세도연은 그렇게 도서관들의 어려움을 나누고 때로는 한목소리로 말했다. 위원회, 간담회에 참석할 때도 한 도서관의 관장이 아니라 20개 작은도서관의 대표로 참여하면 나의 의견에 힘이 실렸다. 그래서 내 의견이 공정하고 공평해야 함을 늘 생각해야 한다는 점도 배웠다. 세종시

교육청과 마을방과후를 시작하고, 초록우산어린이재단과 업무협약을 맺어 아이들의 놀이탐구단 사업을 진행하고, 세도연에서 후원자 모집 홍보에 관한 도움과 많은 물품 지원도 받았다. 세종시장과의 직능단체 간담회를 진행하여, 사립작은도서관들의 안정적인 운영을 위해서 수정·보완되어야 하는 정책들도 제안했다. 시에서 진행하는 책 축제에도 준비위원회부터 참여했는데, 해마다 행사 날이면 체험 부스 운영에도 참여했다. 평일에는 각자의 작은도서관에서 주말에는 축제 행사까지. 그때부터 작은도서관 운영자들은 1인당 100명의 일을 한다고 했다. 해를 거듭할수록 아파트 작은도서관들은 나름대로의 방식으로 안정적으로 운영을 했고, 시에서도 일관되게 체계를 잡아 정책 지원을 해 주었다. 새롭게 생긴 도시에서 연합회로 모인 작은도서관들의 운영진은 서로 의지하고 도우며 빠르게 안정적으로 자리 잡을 수 있었다.

세종마을교육협의회

마을교육활동가들은 꼭 작은도서관을 거점으로 활동하지 않는 경우도 많았다. 그 분야도 다양했는데, 세종시는 교육청에서 기획하고 운영하여 사업적으로 마을교육공동체가 시작되었다. 교육청이 주관하여 학교 교과과정에 교육활동을 하는 마을교사, 청소년의 동아리 활동을 지원하는 동네방네 길잡이 교사, 마을학교 운영자, 사회적경제 강사 등이 있다. 나는 마을학교 운영으로 시작했지만 동네방네 길잡이 교사와 사회적경제 강사로도 참여했다. 함께하는 시간이 많아지면서 더 다양한 세종시민들을 만나고 만남 그 자체만으로 우리는 사람들이 모이는 구심점이 되었다. 자연스럽게 마을에서 활동하는 활동가를 중심으로 단체 구성의 필요성 이야기가 나왔다.

그런데 마을교육공동체 사업들도 권력의 중심부가 바뀌면서 위기가 오고 있었다. 풀뿌리 민주주의 정신을 바탕으로 하는 작은도서관 운동도 당연히 영향을 받았다. 더욱 놀라운 것은 마을교육공동체에 관한 상위법이 없다는 점이었다. 마을교육공동체 사업은 지자체에 따라 운영되었다. 그러니 지자체마다 마을교육공동체 사업을 지우기 위한 일들이 빠르게 일어났다. 정말 슬픈 일이었다. 시민과 아이들을 위한 사업이 몇몇 사람의 정책 방향에 따라 순식간에 멈추게 된다니 말이다. 다행히 세종시교육청의 마을교육공동체 정책은 큰 위기 없이, 오히려 권역별 마을교육지원센터로 더 확장되는 모습이다. 하지만 다른 지역의 위기 상황을 직면한 세종시 마을교육활동가들은 함께 연대하고 소통하자고 자발적으로 모이기 시작했다.

세종마을교육협의회 창립총회   어린이날 축제 체험부스 참여

그 결과 2024년에 세종마을교육협의회가 창립되었다. 협의회는 좀 더 역동적이고 활동적이다. 누구도 시키지 않은 마을교육을 자발적으로 운영하는 분들이라 에너지와 열정이 남다르다. 세종시 마을교육의 지속가능한 방법들을 함께 찾아가고 계속하기 위해 함께하는 든든한 우리 편을 만났다.

지속가능한 작은도서관과 마을교육공동체

세종시 생활 10년, 새로운 도시의 형성으로 다양한 지역에서 주민들이 모이는 곳. 지금도 끊임없이 변화가 일어나는 곳이다. 그 변화를 만들고 사회적 나눔의 가치를 실현하는 곳이 바로 작은도서관이고, 이는 마을교육을 통해 확산한다. 여기에서 주민들이 협력하고 참여할 수 있도록 조력하는 것이 무엇보다 중요하다. 이는 단순히 도서관을 운영하는 것 이상으로, 마을 내 교육과 문화 활동을 통해 주민들의 삶의 질을 향상하고, 공동체 의식을 강화하려는 노력을 포함한다.

9년 동안 작은도서관과 함께한 경험에 비추어 보면 작은도서관은 대형 도서관보다 더 지역 주민들의 필요와 특성에 맞춰 운영되어야 한다. 주민 누구나 편안하게 이용할 수 있는 열린 공간이어야 하며, 책을 읽거나 커뮤니티 활동을 위한 모임 공간을 제공해야 한다. 책을 통한 정보 제공도 중요하지만, 이제는 주민이 필요로 하는 지역 내의 정보와 자료도 제공해야 한다. 마을교육 프로그램을 통한 교육활동은 한 번에 끝나지 않고 지속적으로 주민들이 꾸준히 배울 수 있는 환경을 조성하는 것이 중요하다. 꾸준한 활동이 이루어지려면 안정적인 자원 확보가 필요하다. 지금껏 작은도서관과 마을교육의 운영은 정부 지원에 많이 의지해 왔다. 앞으로는 지역 주민의 자발적인 기여가 커질 수 있도록 체계적인 참여 방안을 찾아야 할 것이다. 또한 세종시작은도서관연합회, 세종마을교육협의회 등 지역 내 단체와 개인들이 끊임없이 소통하고 협력하여 지속할 수 있도록 하는 구조를 만들어야 한다.

마을교육활동가들은 우리가 하는 일이, 모든 시민이 서로 교류하고 협력할 수 있는 장을 마련하여 공동체 의식을 고취하고 또 사회적 관계 강화에 기여하리라는 사실을 꼭 기억하고, 지치지 말고 계속해서 나아갔으면 한다.

9년간의 마을교육활동가 경험에서 가장 중요한 것은 지속성이었다. 말만 하지 않고 행동으로 보여 주는 것. 그래야 우리가 원하는 변화하는 세상을 만들 수 있다. 그 변화는 나로부터 시작한다. 나부터 지역사회가 자생적으로 성장하고 발전할 수 있도록 돕는 중요한 역할을 하면서 지역 주민의 참여와 협력을 통해 마을 전체가 사회적·문화적으로 풍요로워지는 데 도움이 되려 노력하면, 우리가 좀 더 안전한 사회, 행복한 삶에 다가갈 수 있을 것이다.

마을교사가 된 청년의
지역 정착 이야기

세종시 마을교사로 활동하며 조치원이라는 마을에 정착하게 된
개인적인 경험을 이야기하고 싶었다.
처음엔 서울에 대한 동경과 조치원에 대한 무관심으로 떠날 생각이었지만,
마을교사 활동을 통해 지역의 학생들과
정서적인 교감을 쌓으며 점점 소속감을 느끼게 되었다.
학생들의 창의력과 표현력을 키우는 영상 교육,
지역사회에서의 다양한 활동을 통해 멘토 역할을 확장해 갈 수 있었다.
이러한 과정은 청년조합을 만드는 데에도 기반이 되었다.
이제 '나와 우리의 마을' 조치원읍에 정착하게 되었다.

_강기훈, 청년희망팩토리 사회적협동조합 대표

마을교사를 통해 만난 마을

니에게는 지금의 마을, 조치원읍은 어차피 떠날 곳이었다. 2011년, 세종특별자치시 조치원읍의 고려대학교 세종캠퍼스에 입학하면서 이곳에 첫발을 디뎠다. 당시에 세종시는 아직 출범 전이었고, 이 지역은 여전히 충청남도 연기군으로 불렸다. 그래서인지 조치원읍은 다소 조용하고 정적인 마을이라는 인상이 강했다. 울산에서 태어나 20년을 자라온 나는 처음으로 혼자 사는 생활을 시작했는데, 낯선 환경이 설렘보다는 어딘가 어색하고 어두운 느낌을 주었다. 고요한 길거리, 드문드문 있는 상점들과 낮은 건물들은 울산의 복잡하고 북적이는 도심과는 너무나 달랐다. 그 변화는 내가 기대했던 대학 생활의 낭만과는 거리가 멀었고, 그래서 조치원읍은 그저 졸업 후 떠날 곳으로 여겨졌다.

사실 대부분의 청소년이 그러하듯, 나 역시 '인서울' 대학에 대한 강한 열망이 있었다. 서울에 있는 대학에 진학하는 것이 곧 성공적인 미래로 가는 길이라는 생각이 내 머릿속에 깊이 자리를 잡았다. 부모님과 학교 선생님, 친구들 모두 서울에 있는 명문대 진학을 인생의 목표로 삼고 있었기에, 서울로 가지 못한 나는 무언가 부족하다는 느낌을 지울 수 없었다. 조치원읍에 있는 대학은 서울과 비교해 볼 때 기대했던 대학 생활의 활기가 부족해 보였고, 자연스럽게 나는 이곳에서의 삶에 큰 애정이 생기지 않았다. 대학 캠퍼스 안에서만 활동하는 날들이 이어졌고, 마을과의 관계는 그저 학교 주변의 식당에서 밥을 먹거나 편의점에 들르는 것이 전부였다. 이렇듯 좁은 반경 안에서의 생활로 나는 점점 더 무기력해졌다.

대학 생활도 특별히 마음을 끌지 못했다. 나는 수업에 집중하기보다는 일을 통해 경험을 쌓는 것이 더 흥미로웠다. 20대 초반의 많은 대학생이 캠퍼스 안에서 친구들과 어울리고 동아리 활동을 즐기며 대학 생활을 만끽할 때, 나는 카메라를 들고 서울로 향하는 기차에 몸을 실었다. 운이 좋게도 일찍 일을 시작할 수 있었고, 그로 인해 다양한 경험을 쌓았다. 영상과 촬영 일을 하면서 서울에서 활동하는 시간이 많아졌고, 그로 인해 조치원읍은 나에게 점점 더 의미가 적은 곳이 되었다. 촬영 현장의 긴장감과 사람들과의 소통, 새로운 도전이 가득한 서울에서의 시간은 조치원읍에서의 일상과 비교할 수 없을 정도로 생동감 넘쳤다. 그렇게 대학생의 생활보다는 카메라를 들고 서울을 오가며 일하는 시간이 일상의 대부분을 차지하게 되었다.

서울에서의 일은 생각보다 빠르게 확장되었다. 촬영 기회가 늘어날수록 점점 더 바빠졌고, 주말과 평일을 가리지 않고 일정을 소화해야 했다. 바쁜 일정 속에서 새로운 사람들을 만나고, 더 큰 프로젝트에 참여하게 되었다. 서울의 거리는 활기차고, 매일매일이 다르게 흘러갔다. 일의 규모가 커질수록 나의 관심과 에너지는 자연스럽게 서울로 집중되었다. 대학 캠퍼스와 근처의 몇몇 식당가, 그리고 기숙사로 이어지는 단조로운 루틴은 서울에서의 생동감 넘치는 경험들과 비교했을 때 너무도 심심했다. 나는 서울에서의 촬영 일정을 마치고 조치원읍으로 돌아오는 길이 점점 더 피곤하게 느껴졌고, 그 피로감은 조치원읍이라는 공간에 대한 무관심으로 이어졌다.

조치원읍은 점점 내 삶의 중심에서 멀어져 갔다. 이곳은 이제 내게 대학 생활을 유지하기 위한 공간일 뿐, 내가 진정으로 속하고 싶은 장소는 아니었다. 캠퍼스 주변의 낯익은 풍경과 익숙한 골목길이 더 이상 특별하게 다가오지 않았고, 대학 생활의 루틴도 지루하게 느껴졌다. 강의실에서 교수님들의 설명을 듣는 시간보다, 서울에서 촬영 현장을 누비며 일하는 시간이 더 소중했다. 서울에서의 경험은 나에게 새로운 가능성과 기회를 열어 주었고, 조치원읍에서의 일상은 점차 잊혀 갔다. 경제활동에 더 많은 시간과 에너지를 쏟게 되면서 친구들과의 만남도 자연스레 줄어들었고, 주말에 캠퍼스에서 열리는 행사에도 흥미를 잃었다. 나에게 조치원읍은 그저 짧은 기간 동안 머무르기 위한 공간, 그리고 언제든 떠날 준비를 해야 하는 곳으로 남았다. 물리적으로는 여전히 그곳에 있었지만, 마음은 이미 서울의 거리와 그곳에서 만나는 사람들에게 가 있었다. 그렇게 물리적으로도, 정서적으로도 마을과의 거리는 더욱 멀어졌다.

그날도 서울로 가기 위해 조치원역으로 향하던 길이었다. 서울에서의 일정이 잡혀 있을 때면, 나는 항상 비슷한 시간에 조치원역으로 향하곤 했다. 기차역 근처의 풍경은 익숙했지만 그날은 유난히 주변이 눈에 들어왔다. 육교를 지나던 중, 낯선 단어가 적힌 포스터가 보였다. '세종시 마을교사 1기 모집'이라는 문구였다. 마을교사? 도대체 무엇일까 궁금해졌다. 나는 잠시 걸음을 멈추고 다가가서 자세히 살펴보았다. '마을교사'라는 단어에서 느껴지는 따뜻함이 마음에 와닿았다. 마치 동네의 아이들에게 다정하게 무언가를 가르쳐 주는 선생님 같았고, 그 느낌이 이상하게도 마음에 울림을 주었다. 도시의 빠르고 냉정한 분위기와 달리, 마을교사라는 말에는 사람들 사이의 온기와 정이 담겨 있는 것 같았다.

포스터를 자세히 보니, 마을교사는 지역 학교의 정규 수업과 연계해 자신의 재능을 기부하는 활동이었다. 요리, 예술 같은 다양한 분야의 마을교사를 모집했는데, 이를 통해 학생들에게 다양한 경험을 제공하는 것이 목적이었다. 가장 눈에 띈 것은 맨 마지막의 '기타'라는 항목이었다. 무엇이든 내가 잘할 수 있는 것을 가르칠 수 있다는 의미로 보였다. 그 순간, 내가 학창 시절부터 영상에 관심이 많았다는 생각이 들었다. 학교 방송부에서 활동하며, 틈틈이 혼자 영상을 편집하고 촬영하던 기억이 생생하게 떠올랐다. 나에게 영상 작업은 단순한 취미 이상의 의미가 있었다.

학생 시절 내내 영상 작업에 몰두하다가 '학생의 본분을 잊지 말라'며 선생님들께 꾸중을 듣기도 했지만, 그때의 열정은 여전히 내 안에 살아 있었다. 영상이라는 도구는 내가 세상을 바라보는 하나의 창이었고, 내 생각을 표현하는 가장 중요한 수단이었다. 포스터를 보며 '만약 내가 마을교사가 된다면, 학교에서 영상을 배우고 싶어 하는 학생들에게 영상을 가르쳐 줄 수 있지 않을까?' 하는 생각이 들었다. 단순한 기술 교육을 넘어, 학생들이 자신만의 이야기를 영상으로 담아낼 수 있도록 돕고 싶었다. 나처럼 영상을 통해 세상과 소통하고, 자신만의 목소리를 찾을 기회를 제공하고 싶었다.

나의 일터, 우리의 공동체

면접 날, 나는 마지막 순서였다. 대기실에서 기다리면서 수많은 지원자가 이미 다녀갔다는 사실에 약간 긴장됐지만, 오히려 차분하게 내 이야기를 준비할 수 있었다. 면접 자리에서 나는 학창 시절의 경험을 떠올리며 이야기를 했다. 초등학교 저학년 때는 발표 자료를 전지에 그려서 만들던 나였지만, 시간이 지나면서 피피티라는 도구가 등장했고, 이내 자격증 과정으로 피피티를 배우게 되면서 기본적인 발표 도구로 자리 잡았던 것을 회상했다. 나는 피피티가 필수적인 도구가 된 것처럼, 앞으로 영상도 하나의 중요한 표현 수단이자 언어로 자리 잡을 것이라고 생각했다. 그래서 학생들에게 영상을 가르치는 것이 그들의 표현력과 창의적인 사고력을 기르는 데 큰 도움이 되리라는 점을 강조했다. 영상이 단순한 기술이 아니라 스토리를 시각적으로 전달하고 사람들에게 영향을 줄 수 있는 강력한 도구임을, 그 교육적 가치를 전했다.

마을교사 활동 모습

그 결과, 2016년 나는 세종시에서 영상 분야 1호 마을교사로, 그리고 최연소 마을교사로 선정되었다. 그렇게 마을교사로서 첫걸음을 내디뎠다. 처음에는 어떻게 수업을 이끌어 갈지 걱정도 많았지만, 3년 동안 총 384차시의 수업을 진행하며 나는 점점 자신감을 얻었다. 비공식적으로는 최다 시간 교육을 한 마을교사로도 손꼽히게 되었다. 수업이 진행될수록 학생들의 반응은 큰 힘이 되었다. 그들은 영상을 배우며 즐거워했고, 내가 전달하고자 했던 메시지와 기술을 흥미롭게 받아들였다. 2018년에는 세종시 마을교사 연수에 초청되어, 나의 수업 운영 경험과 현장 프로세스, 그리고 수업하면서 발견한 보완 사항들을 다른 마을교사들과 공유할 기회도 있었다. 당시 영상 교육이라는 분야가 시기적으로 맞아떨어졌고, 이를 통해 많은 마을교사에게 영감을 줄 수 있었던 것도 큰 보람이었다.

마을교사 연수

내가 가르친 학교는 세종시의 여러 읍·면·동에 걸쳐 있었지만, 특히 조치원읍에 있는 학교들과 인연이 깊었다. 처음에는 단순히 일터로 여겼던 이곳이, 시간이 지나면서 조금씩 내게 의미 있는 장소로 변해 갔다. 조치원읍 소재의 초등학교와 중학교에서 수업하면서, 나는 다양한 배경의 학생들과 만났다. 그들과 함께한 시간은 나에게도 배움의 시간이었고, 그 과정에서 자연스럽게 이 지역 학생들과의 정서적 교감이 쌓였다. 특히 조치원중학교와 조치원여자중학교(현재의 세종중학교)에서 만난 학생들은 내게 특별한 의미로 남아 있다. 나는 이 학생들과 수업 시간 외에도 마을 곳곳에서 자주 마주쳤다. 학교 수업이 끝난 후에도 카페나 작은 공원, 동네 서점 같은 곳에서 학생들을 만나곤 했다.

학생들은 그동안 동네를 돌아다니다가 자주 마주치던 사이였는데, 길에서 우연히 만나면 반갑게 인사를 나누곤 했다. 때로는 수업에서 다룬 내용에 대해 궁금한 점을 물어보거나, 자신의 일상 이야기를 털어놓기도 했다. 수업이 끝난 뒤에도 아이들과의 만남은 계속되었고, 그런 순간들이 모여 우리 사이의 신뢰가 쌓였다. 동네 어귀에서 해맑게 손을 흔들며 다가오는 학생들을 볼 때면, 나도 모르게 미소가 지어졌다. 이런 소소한 만남이 쌓이면서, 나는 비로소 조치원읍이 내가 사는 마을이라는 감정을 느끼게 되었다. 마을의 가게를 지나가며 학생들과의 대화가 자연스럽게 이어지고, 그들이 내게 고민을 털어놓거나 자신들의 작은 성공을 자랑스레 이야기할 때, 나는 이들이 정말 내 일상과 함께하는 이웃이라는 생각이 들었다.

마을교사 활동 중 어린이들과 함께

조치원읍이 이제 나와 학생들이 함께 숨 쉬고 살아가는 공간으로 다가왔다. 아이들이 성장하는 모습을 지켜보며, 나는 이곳이 내가 진정으로 속한 곳이라는 소속감을 느끼기 시작했다. 단순히 잠시 머물다 떠날 곳이 아니라 나와 학생들이 함께 만들어 가는 작은 공동체로서의 조치원읍이 새롭게 다가왔다. 내가 가르친 내용이 단지 몇 시간의 수업으로 끝나지 않고, 마을의 일상 속에서 이어진다는 사실이 나에게 큰 의미로 다가왔다. 마을에서 아이들과 인사를 나누는 그 짧은 순간들, 그리고 교실 밖에서 그들의 성장 과정을 함께 지켜보는 시간이 이곳의 일원으로 더 깊이 뿌리내리게 했다.

처음에는 나의 영상 지식을 나누는 역할로 시작했지만, 점차 그 이상을 하고 있음을 깨달았다. 나는 학생들이 단순히 기술을 배우는 것 이상으로, 자신의 가능성을 발견하고 성장하는 과정을 돕고 있었다. 그 과정에서 아이들이 보여 주는 열정과 호기심은 나에게도 큰 영감을 주었다. 학생들이 만든 영상 작품이 발표될 때마다, 나는 그들의 성장을 자랑스럽게 바라보았다. 그들이 자신의 이야기를 영상으로 풀어내고 창의적으로 표현하는 모습을 보면서, 나 또한 이 마을에서 내가 할 수 있는 일에 대해 더 깊이 고민하게 되었다. 이 마을에서 뭔가 의미 있는 일을 하고 있다는 소속감을 느꼈고, 그것은 내게 큰 자부심으로 남았다. 이제 조치원읍은 나의 일터이자, 내가 속한 작은 공동체가 자리한 공간이다.

마을교사를 통해 연결된 기회들

청소년의 친구, 멘토가 되어

마을교사 면접 당시, 흰 장발이 인상적이었던 장학사님이 계셨다. 면접 중에 마을교사 활동 외에도 지역 청소년 기자단을 대상으로 특강을 진행해 줄 수 있겠냐고 물어보셨다. 처음에는 좀 당황했지만, 나의 영상 경험이 청소년들에게 도움이 될 것이라는 생각에 기꺼이 수락했다. 예상치 못한 이 제안이 계기가 되어, 나는 이후 청소년 기자단을 비롯해 지역 청소년을 대상으로 다양한 특강을 이어 가게 되었다. 처음에는 단순히 영상 수업으로 학생들과 교류하는 것이 전부였지만, 시간이 지나면서 나의 역할은 더욱 다각화되었다. 영상 편집과 촬영 기술을 넘어 청소년들과 진로와 꿈에 대해 이야기하고, 그들의 고민을 함께 나누는 멘토 역할을 맡게 된 것이다.

특히, 당시 내가 25살이라는 비교적 젊은 나이였기에 학생들과의 거리감이 적었다. 비슷한 문화와 경험을 공유할 수 있었고 공감대 형성이 쉬웠다. 나는 그들에게 선생님이라기보다는 친근한 형, 혹은 삼촌처럼 다가갈 수 있었다. 이 역할이 특히 중요한 이유는 아이들이 나를 신뢰하고 솔직하게 고민을 털어놓을 수 있었기 때문이다. 경상도 억양이 섞인 말투를 아이들은 오히려 신선하게 받아들였고, 나는 그들이 느끼는 호기심을 교감의 기회로 삼아 더 많은 대화를 나눌 수 있었다. 학생들

은 내게 마음을 열었고, 서로의 이야기 속에서 우리는 자연스럽게 유대
감을 형성하게 되었다.

학생 기자단 교육

이러한 친근한 소통은 나와 학생들의 관계를 더욱 깊게 만들었다. 수
업이 끝난 후에도 학생들은 수업 내용을 복습하거나 새로운 아이디어
에 대해 나와 함께 토론하기 위해 연락을 주고받곤 했다. 때로는 개인적
인 진로 고민을 상담하거나, 가족과의 관계를 솔직하게 털어놓기도 했
다. 예상치 못했던 이러한 교류의 확장은 나에게도 큰 영향을 주었다.
나에게 주어진 개인적인 기회들이 점차 조직적인 차원으로 확장되었
고, 나는 지역사회 내에서 더 중요한 역할을 맡게 되었다. 아이들이 성
장하는 모습을 지켜보며 나는 그들의 멘토이자 친구로서 계속해서 그
들의 곁에 있고 싶다는 생각이 강해졌다. 이 과정에서 마을교사로서 내
가 하는 일이 단순히 지식을 전달하는 것이 아니라, 지역사회의 일원으
로서 청소년의 꿈과 미래를 함께 고민하는 중요한 역할임을 깨닫게 되
었다.

그러면서 나의 활동 범위도 점점 넓어졌다. 청소년 기자단과의 첫 만
남 이후, 나는 더 많은 학교와 지역 청소년 단체의 강연 요청을 받기 시
작했다. 영상 수업을 통해 시작된 나의 활동은 다양한 청소년 프로그

램과 프로젝트로 확장되었고, 나는 그들을 위한 멘토링 프로그램을 조직하고 진행하게 되었다. 이러한 활동들은 내게도 새로운 도전이었는데, 동시에 그들이 자신감을 지니고 꿈을 향해 나아가는 모습을 볼 때마다 큰 보람을 느꼈다. 학생들이 제작한 영상을 함께 감상하며 같이 웃고, 그들의 작은 성과를 진심으로 축하한 순간들은 나에게도 잊을 수 없는 기억으로 남았다.

청소년 진로캠프

고등학교 졸업생 대상 특강

청년희망팩토리 이야기

그런 흐름 속에서, 2017년 나는 청년들과 함께 '청년희망팩토리'라는 청년조합을 설립하게 되었다. 이 조합은 단순히 청년들의 활동을 돕는 것에 그치지 않고, 주체적으로 지역사회와 함께 성장할 수 있는 공동체를 만들어 가겠다는 목표가 있었다. 우리가 만들고자 했던 것은 단지 청년들이 모여서 활동하는 공간이나 커뮤니티가 아니라, 지역 주민들과 함께 상생하고 협력할 수 있는, 더 나아가 지역사회 발전에 기여할 수 있는 지속가능한 조직이었다. 이를 위해서는 단순한 프로젝트에 그치지 않고, 청년들이 사회적 책임을 다하며 자립할 수 있는 구조를 만드는 것이 무엇보다 중요했다. 그래서 청년희망팩토리의 초석을 다질 때부터, 우리는 어떻게 지역사회와 청년들이 서로에게 긍정적인 영향을 주고받을 수 있을지를 깊이 고민했다.

그러다가, 세종시교육청과의 협력을 통해 2018년부터 2020년까지 '찾아가는 사회적경제'라는 프로젝트를 운영하기로 했다. 이 프로젝트는 청년들이 사회적경제에 대한 전문성을 갖추고, 이를 지역사회에 전파할 중요한 기회였다. 청년희망팩토리는 이 프로젝트를 통해, 청년들이 사회적경제 강사로 성장할 수 있도록 돕는 한편, 그들이 직접 지역의 초·중·고등학교에서 정규 수업을 맡아 사회적경제의 가치를 학생들에게 전달하는 것을 핵심으로 삼았다. 이 과정에서 우리는 청년들이 전문 강사로서의 역량을 키울 수 있도록 체계적인 교육과 멘토링을 제공하며, 동시에 청소년들에게 사회적경제의 중요성과 가치를 전하는 일에 전념했다.

이 프로젝트는 단순히 청년들의 성장에 그치지 않고, 2018년부터 2020년까지 3년 동안 총 15명의 지역 청년이 참여하여 무려 146개의 학급에서 수업을 진행했다. 청년들은 각자 다양한 배경과 경험을 바탕으로 사회적경제를 가르쳤고, 이 과정에서 자신들의 지식과 경험을 공유하면서 학생들과 깊이 있는 소통을 이어 갔다. 그들은 사회적경제에

사회적경제 수업

대한 기본적인 설명을 넘어서 지역사회의 문제와 경제적 연결고리, 그리고 청소년과 청년세대가 사회에서 어떤 역할을 할 수 있는지에 대해서 실질적인 이야기를 전달했다. 이를 통해 학생들은 사회적경제의 이론적인 개념은 물론, 실제로 우리가 살아가는 사회에서 어떻게 적용될 수 있는지 그 구체적인 사례를 접할 수 있었다.

이 프로젝트가 진행되는 동안, 사회적경제라는 개념에 익숙하지 않았던 학생들도 점차 그 개념을 이해하게 되었다. 사회적경제는 기존의 경제 체제의 문제를 해결하기 위해 수익 창출만을 목표로 하지 않고 사회적 가치를 중요하게 여기는 경제활동으로, 학생들은 이 개념을 통해 우리 지역에서 어떤 다양한 분야의 사람들이 사회적 가치를 실현하며 활동하고 있는지를 배울 수 있었다. 청년들은 강의하면서 학생들에게 지역에서 활동하는 사회적기업을 소개하거나, 지역 내 사회적경제의 성공 사례를 들려주며 학생들의 관심을 끌었다. 학생들은 자신들이 생각하지 못했던 영역에서 활발히 활동하는 사람들의 이야기를 들으며, 우리 지역이 단순히 작은 지방 도시가 아니라 다양한 가능성과 기회가 열려 있는 땅이라는 사실을 느꼈을 것이다.

또한 이 프로젝트는 학생들에게 단지 사회적경제에 대한 이해를 넘어서 그들의 삶의 태도와 진로에까지 영향을 미쳤다. 일부 학생은 사회적경제와 관련된 분야에 관심을 느끼게 되었고, 그들 중 일부는 사회적기업 관련 전공을 고려하기도 했다. 청소년들은 이 프로젝트를 통해 자신이 속한 지역에 자부심을 지니게 되었고, 자신의 꿈을 실현할 수 있는 다양한 방법이 있음을 알게 되었다. 지역사회 내에서 다양한 활동들이 서로 연결되어 있다는 사실은 학생들에게 큰 자극이 되었으며, 그들이 미래에 사회적경제 분야에서 활동할 가능성도 커졌다. 이렇게 청년희망팩토리의 '찾아가는 사회적경제' 프로젝트는 청소년에게 새로운 시각을 제시하고, 그들의 진로 선택지를 늘리는 중요한 전환점이 되었다.

이 프로젝트를 통해 청년들에게도 큰 변화가 일어났다. 처음에는 단순히 사회적경제라는 주제를 배우고 가르치는 것만으로 생각했던 청년들은, 프로젝트가 진행되면서 지역사회와 자신들의 역할에 대해 깊은 성찰을 하게 되었다. 청년들은 강사로서의 경험을 쌓으며 전문성을 키우고, 지역사회에 대한 애정을 더욱 깊이 느끼게 되었다. 그들에게 이 프로젝트는 직업적 성장을 위한 기회일 뿐만 아니라, 더 나아가 지역사회에 기여하며 그 속에서 의미를 찾는 과정이었다. 청년들은 수업을 준비하면서 사회적경제의 다양한 이론과 실제 사례들을 연구하게 되었고, 그 과정에서 얻은 지식을 학생들에게 효과적으로 전달하기 위해 많은 시간을 들여야 했다. 이 준비 과정은 단순히 이론적인 지식을 전달하는 것을 넘어, 자신들이 몸담은 지역과 그 속에서 살아가는 사람들에 대한 깊은 이해와 애정을 느끼게 만드는 계기가 되었다. 또한 학생들에게 사회적경제의 중요성을 가르치면서 자신들의 지역에 실질적인 변화를 일으킬 수 있다는 가능성에 대한 확신을 얻었다.

무엇보다 '사회적경제'라는 분야는 단순한 이론이 아니다. 그것은 지역 내에서 실제로 실현될 수 있는 가치였다. 그 가치를 학생들과 나누기 위해 청년 강사들은 매월 학습모임을 했고, 서로의 경험을 공유하며 더 나은 교육 방식을 모색했다. 이 학습모임은 정보 교환은 물론, 청년들이 서로 격려하고 동기부여를 받을 수 있는 중요한 공간이 되었다. 청년들은 각자의 수업 진행 과정에서 마주한 어려움과 문제점을 해결하기 위해 끊임없이 토론하고 연구했다. 그 결과 수업의 질은 점차 향상되었으며, 학생들에게 더 유익한 교육을 제공할 수 있었다. 청년들 스스로도 사회적경제에 대한 깊은 통찰을 얻게 되었다. '행하는 것'과 '가르치는 것'의 차이를 체감하면서 청년들은 교육의 진정한 의미를 이해하게 되었고, 그 과정에서 서로를 격려하며 더 큰 성장을 이루어 냈다. 그들은 더 이상 '강사'에 머물지 않고 지역사회의 중요한 일원으로 자신들의 역할을 의식하게 되었다.

이러한 학습과 소통의 과정은 지역 내 교육의 확산으로 그치지 않았다. 청년들은 그 과정에서 서로의 존재가 얼마나 중요한지, 그리고 지역사회에 어떻게 책임감을 지니게 되는지를 체험했다. 수업을 진행하며 마주한 학생들의 반응은 매번 새로웠고, 그들의 호기심 어린 눈빛과 솔직한 질문은 청년 강사들에게 계속해서 성장할 동기를 주었다. 특히, 학생들이 수업을 통해 얻은 통찰로 변화된 모습을 볼 때마다 청년 강사들은 자신들이 한 일이 지역사회에 중요한 영향을 미쳤음을 실감할 수 있었다. 학생들은 사회적경제에 대한 이해를 통해, 지역사회의 문제를 해결할 방법에 대해 진지하게 고민했다. 이 과정에서 청년들은 자신들의 경험과 지식이 실질적인 변화를 만들어 낼 수 있음을 느꼈고, 그것이 큰 자부심이자 동기부여가 되었다.

결국, '찾아가는 사회적경제' 프로젝트는 지역사회와 청년들이 함께 성장하는 과정이었다. 나는 그 속에서 조치원읍을 더 깊이 이해하고, 나 자신도 변화하는 것을 느꼈다. 지역사회의 문제를 해결하기 위한 노력에 참여하면서, 이곳이 내가 진정으로 속하고 싶은 마을임을 깨달았다. 이 프로젝트는 청년들이 사회적경제를 배워 가는 과정이자 지역사회의 변화와 발전을 위한 작은 불씨가 되어, 나와 참여한 청년들 모두에게 큰 의미를 남겼다. 청년들의 참여와 성장은 지역사회의 미래를 밝히는 중요한 기회가 되었으며, 그들의 노력은 조치원읍을 더욱 풍요롭고 유기적인 공동체로 변화시킬 수 있는 기초가 되었으리라 믿는다.

세종마을교육공동체의 청년들

협력하고 교류하는 청년들

마을교사 3기에서 드디어 또래의 마을교사가 합류했다. 95년생의 한
국무용수 박지현 선생님이다. 그동안 마을교사 활동에서 막내였던 나
는 드디어 그 자리를 벗어나게 되었고, 자연스럽게 새로운 막내 선생님
에게 호기심이 생겼다. 그녀가 어떤 방식으로 마을교사 역할을 할지 궁
금했지만, 활동 초반에는 각자의 분야에서 따로 활동했기 때문에 직접
적인 접점을 찾기 쉽지 않았다. 그럼에도 그녀의 열정과 다채로운 배경
에 대한 기대감이 컸다. 시간이 지나면서 연결고리가 만들어지기 시작
했다. '네스트캠퍼스'라는 청년조합(청년희망팩토리)의 현업자 커뮤니티
를 통해서였다. 네스트캠퍼스는 조치원읍을 청년들의 활동 중심지, 즉
마을캠퍼스로 탈바꿈시키기 위한 프로그램으로, 다양한 청년들이 서로
의 전문성을 바탕으로 협력하고 교류할 수 있는 장이었다. 이곳에서 우
리는 서로의 전문성과 경험을 나누며, 조치원읍 지역의 교육과 문화 발
전을 위해 함께 노력하게 되었다. 박지현 선생님과의 인연은 마을교사
활동 덕분에 시작되었고, 덕분에 귀한 동료를 만나게 된 것이다. 마을교
사라는 작은 씨앗이 청년조합 프로그램에서 더 큰 열매를 맺게 된 셈
이었다. 그 과정에서 서로의 전문성을 인정하고, 더 나아가 함께 지역사
회의 발전을 위해 기여하는 뜻깊은 경험을 했다.

마을교사 활동이 확산하면서, 세종시의 마을교육공동체는 점점 더 다양한 모습으로 진화했다. 마을교사만이 아니라 마을학교와 마을배움 터에서도 활발히 활동하는 청년이 늘어났다. 이들은 저마다의 분야에서 전문성을 가지고 지역사회에 기여하고자 하는 열정이 있었고, 그 열정은 지역사회 발전을 위한 중요한 동력으로 작용했다.

대표적인 예로, 고려대학교 고고미술사학과 동아리에서 출발한 '아키오스코프' 팀이 있다. 이들은 고고학을 기반으로 한 독특한 문화 콘텐츠를 교육에 접목하는 프로그램을 개발했다. 아키오스코프는 청년조합의 청년공동체 커리큘럼을 수료한 후, 세종시의 마을학교로 공식 선정되어 활동을 시작했다. 그들의 수업은 지역 내 학생들에게 고고학의 매력을 알리는 동시에 문화유산을 재발견하는 흥미로운 기회로 작용했다. 학생들은 과거의 유물을 직접 탐구하며 역사 속 인물과 사건들을 새로운 시각에서 이해하게 되었고, 이러한 경험은 학습 의욕을 크게 고취했다. 아키오스코프는 기존의 틀을 벗어난 창의적인 교육으로, 지역사회의 교육적 풍토를 새롭게 조성하는 데 기여했다. 학생들은 또한 고고학을 통해 과거와 현재를 연결하며, 문화와 역사를 존중하는 태도를 배우게 되었다. 아키오스코프 팀은 문화유산을 교육의 중요한 자원으로 삼아, 세종시의 교육 수준을 한층 높였다.

한편, 청년농부 4-H와 연계하여 연서면에서 활동하는 팀인 '방앗간코리아'도 있다. 방앗간코리아는 지역 농산물과 로컬푸드를 주제로 아이들에게 먹거리와 농업의 가치를 교육하는 활동을 펼쳤다. 그들은 이론적인 교육에 그치지 않고, 직접 농사를 체험하고 로컬푸드를 맛보는 다양한 실습을 통해 학생들에게 농업의 중요성을 몸소 느끼게 했다. 학생들은 방앗간코리아와 함께 지역에서 자란 재료로 요리를 해 보고, 자신들이 수확한 농작물이 어떤 과정을 거쳐 식탁에 오르는지 직접 관찰하기도 했다. 이러한 교육은 먹거리 소비를 넘어 지역사회와의 연계를 통한 건강한 식습관 형성과 농업의 지속가능성에 대한 이해를 돕는 역할을 했다. 방앗간코리아는 세종시 청년들이 지역에 정착하며 지속가능한 농업과 교육을 함께 고민하는 동료이기도 하다. 그들의 활동은 지역 내에서 자라나는 아이들에게 자연과 농업의 소중함을 일깨우고, 더불어 지역사회와의 연결성을 강화하는 데 중요한 역할을 한다. 방앗간코리아는 농업 교육을 넘어서, 지역사회의 지속가능한 발전을 위한 중요한 가치를 학생들에게 심어 준다.

지역사회에 기여하는 청년들

이처럼 세종마을교육공동체는 계속해서 성장하고 변화하고 있다. 이제는 마을교사뿐만 아니라 마을학교와 마을배움터라는 다양한 교육 플랫폼을 통해 더 많은 청년이 지역사회에 기여하고 있다. 각각의 청년은 자신의 관심사와 전문성을 바탕으로 독창적인 프로그램을 만들고, 이를 통해 지역 아이들에게 새로운 배움의 기회를 제공한다. 그 결과, 세종시는 점차 온 마을이 하나의 큰 교육공동체로 자리 잡아 가고 있다. 이는 마을교육공동체가 단순히 교육을 위한 공간을 넘어서, 지역 내에서 서로의 삶을 공유하고 협력하는 생동감 넘치는 커뮤니티로 발전하고 있음을 보여 주는 사례이다. 이러한 교육공동체는 아이들에게 더욱 풍부한 학습 경험을 제공하는 동시에, 지역 주민들이 서로 협력하여 공동체의 가치와 중요성을 재확인하는 기회가 되고 있다. 또한 다양한 청년들이 각자의 전문성을 발휘하며 지역사회에 기여하는 모습은 세종시를 더욱 발전된 지역사회로 만들고 있다.

앞으로도 더욱 많은 지역 청년들이 이 공동체에 동참하여 함께 성장할 수 있기를 바란다. 교육은 단순히 지식을 전달하는 것이 아니라 사람과 사람을 연결하고 공동체를 형성하는 과정이다. 한 아이를 키우기 위해 온 마을이 필요하다는 말처럼, 다양한 경험과 배경을 지닌 청년들이 모여 각자의 방법으로 교육에 기여한다면, 우리는 더욱 풍요롭고 따뜻한 지역사회를 만들어 갈 수 있을 것이다. 교육을 통해 지역사회가 하나로 뭉치고, 서로를 지원하며 함께 성장하는 모습을 볼 때마다 그 가능성을 느낄 수 있다. 그런 점에서, 나는 마을교육공동체가 앞으로 더 많은 청년에게 영감을 주고, 그들이 자신의 가치를 발견하고 성장할 수 있는 무대가 되기를 기대한다. 이 공동체는 교육적인 의미를 넘어, 세종시를 더욱 풍요롭고 따뜻한 공동체로 만들어 갈 중요한 기반이 될 것이다.

세종마을교육공동체의 인연들

마을교육지원분과에서 마을교육활동을 기록하다

세종시는 마을교육공동체 활성화를 위해 시청과 교육청이 협력하여 '세종행복교육지원센터'를 운영한다. 이 센터는 마을교육의 가치와 역할을 확산시키고, 다양한 학습모임을 지원하는 중요한 허브 역할을 하고 있다. 2019년에 처음 시작된 학습모임에서부터 나는 지금까지 여러 분과에 적극적으로 참여하고 있으며, 현재는 분과장의 책임을 맡고 있다. 그 시작은 마을교육공동체의 정의와 가치 확산을 중심으로 학습하는 '마을교육공동체분과'였다. 이 분과에서는 마을교육이란 무엇인지, 왜 중요한지, 그리고 어떻게 지역사회와 협력할 수 있을지를 깊이 탐구했다. 특히, 지역 내 다양한 청년들과 함께 마을교육의 비전을 공유하며, 그들의 경험과 전문성을 어떻게 마을교육에 녹여낼 수 있을지에 대해서 계속 토론했다.

이때 나는 세종시의 여러 지역 활동가들과 긴밀한 관계를 맺게 되었고, 마을교육의 가치가 어떻게 실현될 수 있는지에 대한 실질적인 아이디어들을 나누었다. 또한 학습모임에서 얻은 경험은 나뿐만 아니라 다른 참여자들에게도 마을교육에 대한 깊은 이해, 지속적으로 배우고 성장할 기회를 제공했다. 우리는 마을교육이 지역사회와의 상호작용을 통해 더 큰 가치를 창출할 수 있다는 점을 깨달았다.

참여학습모임　　　　　　　　　　실무분과협의회

　　이후 니는 '마을교육지원분과'에 합류했다. 마을교육공동체의 기록과 지원을 중심으로 활동하는 곳으로, 내가 현재 이 글을 쓰며 경험을 기록하는 것 또한 이 활동의 일환이다. 마을교육지원분과에서는 각 마을학교와 마을배움터, 그리고 마을교사들의 활동을 지속적으로 모니터링하고, 그들의 성과와 경험을 정리하며 기록하는 작업을 맡고 있다. 이를 통해 마을교육공동체의 발전 과정을 체계적으로 정리하고, 새로운 참여자들이 쉽게 접근할 수 있도록 다양한 자료를 제공하는 역할을 했다. 이러한 기록 작업은 지역사회 내에서 일어나는 다양한 활동들을 다시 한번 되돌아보고, 마을교육의 의미를 재확인하게 하는 계기가 되었다. 또한 기록을 통해 마을교육이 어떻게 변화하고 발전해 왔는지, 각 마을이 어떻게 고유한 특성을 살려 교육적 가치를 높였는지를 명확히 알 수 있었다. 이 과정에서 우리는 서로의 활동을 공유하며 협력할 기회를 얻었고, 그 결과 마을교육공동체는 더욱 탄탄한 기반을 다져 갔다.

　　학습모임 활동을 통해 만난 지역사회의 다양한 사람들은 내게 큰 영감을 주었다. 그중에는 나처럼 마을교육공동체를 처음 접한 선생님도 있었고, 이미 여러 해 동안 마을교육에 몸담아 온 베테랑도 있었다. 그들과의 만남은 서로의 경험을 나누고 배우며 협력하는 기회가 되었다.

예를 들어, 어느 학습모임에서는 다른 지역의 성공적인 마을교육 사례를 연구하고, 그것을 우리 지역에 어떻게 적용할 수 있을지를 심도 깊이 논의했다. 특히, 마을교육공동체 운영에서 지역사회의 자원을 효과적으로 활용하는 방법에 대한 이야기는 매우 인상 깊었다. 각 지역의 고유한 자원(특정 지역의 역사적 유산과 자연환경)을 교육에 어떻게 녹여 낼 수 있는지에 대해서 다양한 의견이 오갔다. 그 결과, 지역사회 고유의 특성을 반영한 교육 프로그램 기획에 큰 도움을 얻을 수 있었다. 이러한 과정에서 마을의 전통과 문화를 교육적 자원으로 변환하는 방법에 대한 창의적인 접근도 이루어졌으며, 이는 우리가 공동체 내에서 서로 더 많이 배우고 협력하는 중요한 기회로 작용했다.

또한 세종행복교육지원센터의 지원을 받아 이루어진 학습모임은 지역사회의 다양한 단체와 협력할 수 있는 중요한 발판이 되었다. 예를 들어, 나는 지역 도서관과 협력하여 청소년 대상 독서 프로그램을 기획하고 운영하는 데 참여했다. 이 프로그램에서는 책을 읽는 데서 더 나아가, 청소년들이 읽은 책을 바탕으로 자기 생각을 정리하고, 그것을 글이나 그림으로 표현하는 다양한 활동을 진행했다. 청소년들은 여기서 자기 생각을 자유롭게 표현할 기회를 얻었고, 지역 도서관은 마을교육공동체의 중요한 파트너로 자리매김할 수 있었다. 또한 지역의 예술가들과 협력하여 미술과 음악을 주제로 한 워크숍을 진행했는데, 이는 마을교육이 학문적 지식을 전달할 뿐만 아니라 문화와 예술을 통해 다양한 감수성과 창의력을 키우는 데 중요한 역할을 할 수 있음을 보여 주었다. 이처럼 학습모임을 통해 지역의 다양한 자원을 교육 프로그램에 접목하는 방법을 배우고, 이를 통해 지역사회와의 협력 관계를 강화할 수 있었다. 또 지역사회의 문화적 자원을 교육적 자원으로 변환함으로써 더욱 풍부하고 의미 있는 교육 경험을 제공할 수 있었다.

'마을의 일원'으로 뿌리내리다

마을교육공동체 활동은 자원봉사나 교육 기회 이상의 의미를 지녔다. 그것은 내가 지역사회와 더 깊이 연결되고, 이곳에 뿌리를 내릴 수 있도록 도와준 중요한 과정이었다. 나는 학습모임을 통해 얻은 다양한 인연들을 소중히 여긴다. 이처럼 감사한 인연의 선생님들은 나에게 지속적인 영감을 주고, 마을교육에 대한 열정을 잃지 않도록 동기부여를 해 주는 존재들이다. 선생님들과의 협력 속에서 나는 마을교육공동체의 가치와 중요성을 더욱 확고하게 깨달았다. 무엇보다 이러한 활동들이 내가 이 지역에서 살아가며, '마을의 일원'으로서 정체성을 갖게 해준 것에 깊이 감사하고 있다. 마을교육공동체는 교육적 활동에 그치지 않고, 지역 주민들이 서로 협력하며 공동체로서 함께 성장할 소중한 기회를 제공한다. 이를 통해 나는 더 넓은 지역사회와의 유대감을 느꼈다. 마을이 변화하고 성장하는 과정에 동참하는 기쁨도 누리게 되었다.

현재 진행 중인 학습모임에서는 여전히 많은 지역 사람들과 함께 다양한 주제를 다루고 있다. 이 모임은 단순히 지식이나 정보를 공유하는 자리가 아니라, 지역사회의 발전을 위한 깊은 고민과 논의의 장이다. 최근에는 마을교육공동체의 지속가능성에 대해서 깊이 있는 논의를 진행했다. 현재의 활동에 만족하지 않고, 우리 공동체가 앞으로 어떻게 성장하고 발전할 수 있을지를 진지하게 고민하는 시간이었다. 이러한 논의는 마을교육공동체의 미래를 구상하는 중요한 과정이 되었고, 우리가 추구하는 가치와 방향성을 명확히 하는 데 큰 도움이 되었다. 나는 지역의 특성을 살린 교육 프로그램을 더욱 발전시키고, 더 많은 청년이 이 활동에 동참할 수 있는 환경을 만드는 데 중점을 두고 있다. 지역 내의 다양한 자원과 인프라를 어떻게 활용할 수 있을지, 그것을 통해 새로운 교육 기회를 어떻게 만들어 낼 수 있을지에 대한 고민은 계속해서 이어지고 있다. 예를 들어, 지역의 특성에 맞춘 맞춤형 프로그램을 개발하고, 기존의 교육자원을 지역 주민들과 공유하는 방안도 논의 중이다. 이런 논의는 마을교육공동체의 발전 방향을 제시하는 중요한 과정으로, 우리가 지역 특성을 반영한 다양한 교육 모델을 개발하는 데 큰 도움이 되고 있다. 또한 각기 다른 세대와 배경을 지닌 사람들이 모여 협력하는 과정에서 교육의 가능성을 더욱 넓히고, 지역사회 내 다양한 목소리를 반영하는 기회가 되기도 한다. 나는 이 논의가 마을교육공동체를 마을 주민들이 서로 협력하며 성장할 수 있는 복합적인 공간으로 만드는 데 중요한 역할을 할 것이라 믿는다.

결국, 세종마을교육공동체에의 참여는 단순히 내 개인적인 경험이 아니라, 지역사회와의 끊임없는 상호작용을 통해 만들어진 공동 노력의 결과이다. 내가 이 지역에서 살아가면서 주민들과 협력하고 지역의 발전에 기여할 기회를 얻었다는 점에서, 이 경험은 매우 소중한 의미가 있다. 새로운 사람들과의 인연은 나에게 큰 자산이 되었고, 그들과 함께 이 마을을 더욱 따뜻하고 의미 있는 곳으로 만들어 가고 싶다는 마음이 더욱 굳건해졌다. 마을교육공동체는 나와 지역사회의 관계를 한층 더 강화시켜 주었으며, 이 지역의 중요한 일원으로 소속감을 느끼게 해 주었다. 이를 통해 지역사회가 하나로 뭉쳐 함께 성장하는 모습을 직접 경험하게 되었고, 그로 인해 이 지역에 대한 애착과 자부심이 더욱 커졌다. 마을교육공동체를 통해 지역 주민들과 협력하고 함께 성장하는 과정은 내가 이 지역을 더 잘 이해하고, 더 나아가 이곳에서 나의 역할을 다할 기회를 제공해 주었다. 앞으로도 나는 마을교육공동체의 일원으로, 지역사회와 함께 성장하고 발전해 갈 것이다. 이 과정에서 만나는 새로운 사람들과의 인연을 소중히 여기며, 그들과 함께 이 마을을 더욱 따뜻하고 의미 있는 곳으로 만들어 가고 싶다. 나의 활동이 지역사회에 긍정적인 영향을 미친다면, 그것이 바로 내가 이 지역에서 살아가는 가장 큰 보람이 될 것이다. 마을교육공동체를 통해 내가 지역 주민들과 함께 성장하고, 서로 협력하며 더 나은 공동체를 만들어 가고자 하는 마음은 앞으로도 변하지 않을 것이다.

제자에서 동료로,
따뜻하고 배려심 많은 세종 사람들

'마을의 삼촌'이 되어

조치원중학교와 조치원여자중학교(현재의 세종중학교)는 내가 마을교
사로서 만난 학교 중에서 특별히 기억에 남는다. 마을교사로 활동하며
수많은 학교와 학생들을 만났지만, 이 두 학교는 내 삶의 터전이자 일
터이기도 한 조치원읍에 있어서 더욱 애착이 갔다. 조치원읍에서의 수
업은 단순히 학교 안에서의 교육에 그치지 않았다. 마을과 밀접하게 연
결된 조치원읍의 일상 속에서 나는 학생들을 만나고, 그들의 성장 과정
을 지켜보았다. 청년조합(청년희망팩토리)을 통해 동네에서 문화행사를
주최하면, 매번 수업에서 보던 학생들이 자연스럽게 행사에 참여하곤
했다.

처음에는 관객으로 오던 학생들이 시간이 지나면서 점차 행사 스태
프로 합류하기 시작했다. 그들이 행사에 참여하며 배운 것들이 학업 외
에도 실제로 마을의 발전과 연결된다는 점에서 매우 중요한 경험이 되
었다. 그리고 그들은 청소년에서 성인으로 성장했다. 성인이 된 후에는
술 한잔하며 서로의 근황을 나누기도 했고, 지역사회 발전을 위한 다양
한 모임에서 우연히 다시 만나기도 했다. 입대를 앞둔 학생들을 격려하
며 보내는 순간도 있었다. 이들과의 만남은 수업에서 끝나지 않고, '마
을의 삼촌'으로서 그들의 일상과 성장을 함께하는 소중한 관계로 발전

청년조합(청년희망팩토리사회적협동조합)

해 갔다. 영상을 가르쳐 주기 위해 시작했던 마을교사 활동이, 어느덧 마을의 동생들을 얻게 해 준 참으로 감사한 인연이다. 이들은 내가 마을교육을 통해 얻은 가장 큰 선물이다.

팬데믹이 시작된 이후, 학교에서의 마을교사 활동은 일시적으로 중단되었다. 비단 팬데믹 상황 때문만은 아니었다. 이 시기를 기점으로 마을교사의 역할에 대한 깊은 고민이 생겨났기 때문이다. 나는 마을교사가 학교에서만 활동하는 것이 아니라, 진정한 '마을'의 일부로 학생들과 더 넓은 지역사회에서 교류할 수 있는 환경이 필요하다고 느꼈다. 팬데믹은 물리적인 제한을 가져왔지만, 동시에 새로운 방식의 교육을 고민하는 계기가 되었다. 나는 학교 교실을 넘어서, 조치원읍이라는 동네 안에서 학생들과 만나고 배우는 환경을 꿈꾸었다. 그것은 마을을 큰 배경 삼아 학생들이 더욱 자유롭게 다양한 경험을 할 수 있는 공간을 만드는 것이다. 이를 위해 나는 청년조합의 다양한 동료들과 함께 고민하고 있다. 특히, 조치원읍과 같은 작은 마을에서는 현업에 종사하는 청년들이야말로 중요한 자원이라고 생각한다. 그들의 전문성을 지역 학생들에게 전할 수 있다면, 마을교사와 학생의 만남은 한층 더 의미 있는 경험이 될 것이다. 이런 생각을 바탕으로 나는 마을과 학교의 경계를 허물고, 학생들이 마을과 함께 성장하는 환경을 만들어 가고자 했다. 팬데믹을 겪으며 학교 밖의 다양한 배움의 공간을 구상하고, 학생들에게 다양한 경험을 제공할 방법을 모색했다.

또 다른 배움의 장, 마을캠퍼스

고민하던 차에 '마을캠퍼스'라는 개념이 떠올랐다. 마을캠퍼스는 학교라는 울타리를 넘어, 마을 자체를 하나의 거대한 교육 공간으로 만드는 것이다. 학생들은 전통적인 교실 밖에서도 배울 수 있어야 하며, 마을 곳곳이 배움의 장이 될 수 있어야 한다. 이를 실현하기 위해 나는 청년조합을 중심으로 다양한 시도를 해 오고 있다.

먼저, 청년들이 지역 내에서 문화와 예술, 기술을 공유할 수 있는 프로그램을 개발하고, 이를 마을캠퍼스의 일부로 구성하고 있다. 예를 들어, 조치원읍의 작은 카페에서 열리는 음악 워크숍이, 지역 공방에서 진행하는 공예 수업 등이 그것이다. 이러한 프로그램은 학생들이 학교에서 배우지 못하는 다양한 경험을 제공하고, 그들의 창의성을 자극하는 중요한 기회가 되고 있다. 학생들은 마을의 다양한 공간을 활용하면서, 학교와는 또 다른 배움의 기회를 얻게 된다. 더불어 지역 내에서 활동하는 청년들이 직접 멘토로 나서, 학생들과 함께 프로젝트를 진행하는 방식도 모색하고 있다. 이는 청년들이 자기 일만 하는 데서 그치지 않고 지역사회와 긴밀히 연결되고, 아이들을 키우는 데 기여하는 중요한 방법이 될 수 있을 것이다. 마을캠퍼스는 교육의 공간일 뿐만 아니라 마을 자체가 교육의 장이 되는 개념으로, 학생들과 지역사회가 함께 성장할 수 있는 기반이 될 것이다.

나는 이러한 시도가 점차 확장되어 세종마을교육공동체가 정책사업 단위로 공적 자금에 의존하는 것이 아닌, 지역사회에 자연스럽게 자리 잡은 교육문화로 발전하기를 바란다. 세종시는 다양한 교육적 시도를 통해 마을 전체가 아이를 키우는 공동체로 나아가고 있다. 하지만 세종시의 마을교육공동체는 아직 초기 단계로, 여러 가지 도전과제를 안고 있다. 예를 들어, 마을 내 다양한 구성원들의 이해관계가 각기 다르므로, 교육 프로그램의 기획, 실행에 협력과 조정이 중요하다. 이를 위해서는 지속적인 노력이 필요하다. 청년조합과 함께 지역 내에서 다양한 교육 프로그램을 기획하고, 이를 실제로 구현해 가는 과정을 통해 세종시가 더욱 포괄적이고 다양한 교육환경을 제공할 수 있는 도시가 되기를 희망한다. 이 과정에서 지역의 어르신들과 학부모, 청년들이 협력하여 마을교육공동체를 더욱 풍성하게 만들 수 있으리라고 믿는다. 마을교육공동체가 정책적으로 지원되는 것도 중요하지만, 이를 지역사회가 자발적으로 이끌어 가는 문화로 자리 잡게 만드는 것이 궁극적인 목표이다. 나는 마을교사로서, 지역사회의 일원으로서 이 목표를 위해 최선을 다할 것이다.

세종시 각각의 마을이 하나의 학교처럼 기능하는 곳이 되는 것은 단순한 꿈이 아니다. 그것은 점차 현실로 다가오고 있으며, 이 과정은 이미 몇몇 마을에서 구체적인 형태로 나타나고 있다. 세종시에서 가장 앞서 이 과정을 만들어 가고 있는 곳은 전의면과 해밀동이다. 이 두 곳은 마을 자체를 하나의 교육 공간으로 변모시키기 위해 많은 노력을 기울이고 있으며, 점차 다른 마을들도 이와 비슷한 과정을 밟아 가고 있다. 앞으로는 더 많은 마을이 학교의 기능을 넘어서, 지역 주민 간의 협력을 통해 하나의 커다란 교육공동체로 발전하게 될 것이다. 이를 위해서는 마을 주민들, 특히 청년들 간의 협력이 필수적이다. 지역사회의 다양한 구성원이 각기 다른 역할을 맡아 함께 협력해야만 비로소 이러한 마을교육공동체가 실현될 수 있다.

나는 앞으로도 더 많은 청년이 마을교육에 동참하여 세종시를 더욱 따뜻하고 의미 있는 공간으로 만들어 갈 수 있기를 바란다. 특히, 다양한 경험과 배경을 지닌 청년들이 자신의 재능을 마을의 아이들과 나누는 일에 적극적으로 나설 수 있기를 기대한다. 청년들의 참여는 아이들에게 교육을 제공하는 차원을 넘어서, 그들이 마을과 함께 성장하고 발전하는 데 중요한 역할을 할 것이다. 아이들을 가르치는 과정에서 청년들 자신도 함께 배우고 성장할 수 있기 때문이다. 마을교육이 실현될 때, 청년들은 교육을 통해 세대 간의 갭을 좁히고, 마을공동체의 일원으로 소속감을 느낄 수 있다. 이러한 노력이 쌓여 갈 때, 세종시는 단순히 교육의 도시를 넘어, 진정한 의미에서의 '공동체'로 성장할 수 있을 것이다. 마을교육을 통해 지역사회가 하나로 뭉쳐 나아갈 때, 세종시는 점차 사람과 사람, 지역과 지역이 서로 연결된 진정한 공동체로 변모할 것이다. 나는 그 과정에 함께할 수 있다는 데 큰 자부심을 느끼며, 앞으로도 지속적으로 함께 성장해 갈 것이다. 마을의 아이들과 청년들,

마을캠퍼스(네스트캠퍼스)

지역 주민들이 서로 돕고 배우며 함께 나아가는 모습을 보며, 세종시가 교육과 공동체의 이상적인 모델이 되는 날을 기다리고 있다.

결국, 내가 바라는 것은 온 마을이 함께 아이를 키우는 따뜻하고 배려심 많은 세종시이다. 마을이라는 작은 단위에서 시작된 교육이 점차 지역 전체로 확산해서, 세종시 전역이 아이들에게 사랑과 관심을 주는 공간이 되기를 희망한다. 이를 위해 마을교사로서, 청년조합의 일원이자 이사장으로서 계속해서 지역사회와 협력하고, 새로운 기회를 만들어 가고자 한다. 세종시가 교육의 장을 넘어서, 진정한 공동체로 기능하는 모습을 볼 때까지 나는 이 여정을 계속할 것이다.

마을의 발전을 위해 다양한 교육적 기회를 만들어 가고, 그 과정에서 마을 주민들이 서로 협력하고 아이들을 성장시키는 데 함께 힘을 모은다면, 세종시는 교육의 도시이자, 지역사회 전반에 걸쳐서 상호 존중과 협력이 이루어지는 진정한 공동체가 될 것이다. 이를 위해서는 지역사회의 모든 구성원이 함께 노력하고, 각자의 역할을 다하는 것이 중요하다. 나는 이 과정에서 마을의 변화와 발전을 가까이에서 지켜보며, 내 역할을 다할 것이다. 앞으로도 마을교육의 발전을 위해 끊임없이 노력하며, 세종시가 진정한 공동체로 성장하는 모습을 함께 만들기 위해 계속해서 나아갈 것이다.

새로운 시작을 위한
세종시민 성장기

우연히 시작한 일이었지만 온 마음을 다하였던
마을학교를 비롯한 공동체 활동.
나는 낯설었던 세종시에 정착하겠다고 생각했고,
새로운 일을 할 수 있는 기회를 맞이했다.
그동안의 활동을 정리하는 작업은 힘들게 진행되었던 일들의
뿌듯한 흔적을 만나게 해 준 소중한 시간이었다.

_이종숙, 문화관광해설사

세종시로 이사 와서

세종시가 출범하던 2012년에 이사를 왔다. 십이 년이란 시간은 세종시의 생활을 익숙하게 만들어 주었고, 이제 예전의 불편했던 기억들도 추억이 되었다. 이사 오던 날, 강변의 아파트라 시원할 것이라 예상해서 에어컨을 설치하지 않았다. 그 덕에 7월의 폭염에 헐떡이며 이삿짐을 정리했다. 힘겹고 길기만 했던 뜨거움은 저녁 어둠이 몰려오고 나서야 물러갔다. 이삿날의 번거로움과 어수선함이 사라지니 형광등 불빛이 차갑게 다가왔고, 낯설고 외딴곳으로 왔다는 쓸쓸함으로 세종시에서의 첫날이 시작되었다.

2012년도 여름. 행복도시는 첫마을을 벗어나면 원형지를 드러낸 채 누런 맨땅들이 먼지를 일으켰다. 멋지게 정비될 미래의 세종시 모습은 홍보관에서나 볼 수 있었다. 간단한 생필품조차도 구매가 어려워 대전이나 조치원으로 가야 했다. 집 앞에만 나가면 수시로 버스가 다니고 지하철을 타면 어디든 갈 수 있는 곳에서 살다가 점심시간에는 배차간격이 길어지는 버스가 황당했으나, 시간이 지나니 그조차도 익숙해졌다. 시간표를 확인하고 버스를 타야 했지만 그런 것도 차츰 적응되었다. 버스를 기다리는 시간에 정류장에 멍하니 앉아 있는 것도 나쁘지 않았다.

조치원으로 가는 버스를 타면 여행을 온 듯한 기분이 들었다. 버스를 타고 내리는 분들은 서로 안면이 있는지 인사를 나누기도 했고, 기사님들은 승객이 내려야 할 곳을 알고 있는 듯했다. 정겨운 시골 버스의 모습이었다. 버스 밖의 풍경이 차츰 친숙해지면서 낯선 곳에 대한 불안감이 없어졌지만, 여전히 예전에 살던 곳으로 돌아가겠다고 마음먹으며 지냈다.

나의 살던 고향은

나의 고향엔 고운 이름의 시장이 있다. 금천교시장, 마치 금물결이 흘렀을 것은 같은 그곳이 지금은 시장이란 이름조차 버거울 정도로 작은 골목이 되었다. 시장 안의 가게들은 바뀌었고, 가게를 지키던 기억 속 주인들은 대부분 사라졌거나 젊음을 시장에 묻은 채 나이 들어갔다. 하지만 아직도 나는 시장의 어느 지점부터 길이 휘어지는지 어디쯤 교회가 있었는지 친구 집이 어디에 있었는지를 기억한다. 초등학교 동창모임을 대부분 금천교시장을 중심으로 하고 있고 그 외의 모임도 이곳을 크게 벗어나지는 않는다.

서울의 버스 노선이 개편되고 고향 근처를 지나는 버스 번호가 낯설어지면서 이젠 지하철로 가는 것이 한결 수월해진 곳. 경복궁역 2번 출구로 나와 왼쪽에 있던 예전 내자다방을 끼고 돌면 파리바게트에서 시작되는 시장의 입구를 만날 수 있다. 가슴속 기억장치들은 신기하게도 그때의 냄새와 길거리의 모습을 또렷이 떠올린다. 정말 오랜 시간이 흘러 찾은 곳임에도 조금의 망설임도 없이 길을 안내해도 될 만큼 익숙하다.

어리석게도 그곳을 그리워하는 줄 모르고 살았었다. 나이 먹음이 스스로를 돌아보게 했고 치열하게 살지 않겠다고 되뇌며 나와 만나는 시간이 많아졌고, 그리워하는 것이 무엇인지 또 미처 몰랐던 내 감정을 야박하게 들여다보고자 애쓰고 있다. 삶을 얘기할 수 있는 나이가 되었는지를 자신 있게 말할 수 없으나 나이 듦으로 알아 가는 사실들은 내가 아는 것이 많지 않다는 것과 계획대로 되지 않는 삶을 받아들여야 한다는 것 정도. 그래서 반세기를 넘게 살며 익숙하던 지역을 떠나 이곳 세종에 정착하면서 가졌던 처음의 막막한 감정조차 새로움으로 느끼려 한다.

막막함이 새로움으로 바뀌고 낯섦이 익숙함으로 변하면서 어디서 살든 생길 수 있는 갈등과 섭섭함, 불편한 감정들도 잘 이겨 내리라 다짐해 본다. 그리고 인연의 끈에 이끌려 왔다고 믿기에 이곳에서 경험하면서 갖는 첫 마음을 감사함으로 여기려 한다. 표현키 어려운 감정의 타래들이 평온함을 깨기도 하고 스스로 주체 못 할 마음의 흔들림에 서성일 때도 있으나 시간이라는 묘약이 있음도 알게 되었다.

하늘은 가을답게 푸르고 맑은 공기가 편안한 세종에서 어디로 발길을 떼어야 할지 망설이는 날이면 아직도 여지없이 고향의 복잡한 거리가 우선 떠오른다. 이 증상이 언제까지 계속될 것인지 알 수는 없으나 세종에서의 생활이 3년을 넘기며 눈에 익은 산과 강. 그리고 지형들에 마음을 맡겨 본다.

세종시에서의 삶을 풍요롭게 했던 일들

세종시에 살아 볼까?

돌봐야 할 아이도 없고 시간은 많았기에 세종시에서의 삶에 적응되면서 가 보지 못했던 세종시의 이곳저곳이 궁금해졌다. 세종시의 북쪽 끝 마을은 어떤 모습일까? 읍·면에는 무엇이 있나? 이러한 궁금증을 해소하라는 건지… 집 앞을 지나는 버스 노선도 늘어났다. 그러던 2016년 1월에 소정면으로 가는 버스가 개통된다는 기사를 보았다. 소정면? 서울서 세종으로 오려면 이정표에서 늘 보았던 소정면. 지명이 친구의 이름과 같아서 자연스럽게 눈길이 가던 곳이었는데, 소정면을 갈 수 있다고? 그럼 한번 가 볼까?

소풍 가는 마음처럼 991번 버스를 타고 소정면으로 향하는 버스 안에서 바라보는 풍경은 무척 평안했고, 전날에 많은 눈이 내린 터라 조

얼떨결에 찾았던 소정면의 옛 모습(지금은 여인숙이 없어졌다)

치원을 지나면서부터는 사방이 온통 하얀 눈으로 덮여 있었다. 마치 눈 구경을 하러 강원도로 여행을 떠나는 기분이 들기도 했다.

> 콧속으로 스치는 싸한 공기의 차가움이 느껴지는 날.
> 하늘 가득 내린 눈 덕분에 오늘 떠나는 여행이 더욱 풍성해집니다.
> 1200원 버스 카드 한 장만 있으면 어디든 갈 수 있는 자유로움.
> 어느 곳으로 가야 할지 망설임과 기대가 같이하는 시간.
> 버스 정거장에 앉아 소박한 삶의 무게를 얼굴에 가득 담은 이들의 모습에서 나를 만나고 나의 어머니를 만납니다.
> 겨울의 차가움이 몸 안으로 가득 차서 집으로 돌아가고픈 마음이 들 때면 시장에서 가벼운 요기를 마치고 지친 몸을 쉴 곳까지 데려다줄 우리들의 버스가 있습니다.
> 다시 돌아올 곳이 있기에 우리의 여행은 또다시 시작됩니다.
> _2016년 1월 소정면으로 간 첫 여행을 마치고

버스 여행을 시작하다

소정면을 다녀온 이후로 시간만 나면 버스를 타고 세종시로 여행을 다니게 되었다. 무작정 버스를 타고 마을로 들어갔다가 돌아 나오는 버스가 3시간 후에 오는 걸 알고 어쩔 수 없이 마을을 구석구석 돌아다녀야만 할 때도 있었고, 목적 없이 다니던 골목에서 마주하던 세련되지 못한 흔적들은 평안한 휴식으로 다가왔다. 돌이켜 보면 겁이 없었다. 겁이 없었던 원인이 무엇일지를 생각해 보니 외로움이 아니었나 싶다.

지도에 적힌 새로운 지명이나 문화재들이 궁금해지면 무작정 다녔다. 사전 정보를 구할 곳이 많지 않았고 궁금한 곳을 물어볼 만한 사람을 찾기도 힘들었다. 개인적인 호기심과 단체 운영을 시작하며 여행을 함께 하는 분들에게 좀 더 새로운 모습을 보여 주고 싶다는 책임감으로 여행지를 찾아다녔다. 장소를 정하고 나면 무작정 그곳을 갔다. 그러다 너무 놀랐던 적도 있었고, 위험스러운 일도 있었다. 물론 생각지도 못한 기쁨도 있었다. 늘 어렵고 위험하기만 했다면 중도에 포기했겠지만 새로운 여행을 준비하며 느끼는 만족감이 더 컸던 것 같다.

고려산성 가는 길

세종에는 33개의 산성이 있다. 그중에 우리 지역의 가장 북쪽에 있는 산성이라는 말에 끌려 고려산성은 꼭 가 봐야겠다고 생각했었다. 이유는 모르겠으나 마치 해야 할 숙제를 못 하고 있는 것 같은 부담감이 마음속에 담겨 있었다. 그러다 2016년 6월에 기어이 고려산성을 찾아 나섰다.

세종에서 고려산성으로 가려면 반드시 아야목 마을을 지나야 한다. 이름도 특이한 아야목 마을은 고려산성이 병풍처럼 감싸고 있는 곳이다. 마을 입구에는 평안함을 건네주는 느티나무 세 그루가 무심히 서 있다. 처음 아야목 마을을 찾았던 6월에 느티나무는 태양을 피할 그늘을 넓게 펼쳐 주었다. 그늘에 들어가 나무에 기대어 걸어 들어온 길을 되돌아보며 잠시 쉬었다. 주변에서 감자를 캐고 있는 마을 분들에게 산성으로 올라가는 길을 묻고 이정표도 제대로 되어 있지 않은 길을 찾아 올라갔다. 사람의 통행이 흔치 않은 길에는 둥글레가 모여 있었고 취나물도 볼 수 있었다. 고려산성으로 가는 길목에서는 사람의 흔적이 없어 돌아갈까 하는 마음이 들기도 했다. 그러다 마음을 다잡으며 산성길을 걷다 수풀을 헤치는 순간 동물을 잡기 위한 올무를 보고 심호흡을 했던 기억이 난다. 까맣게 깔린 물이 넓게 차 있는 곳에서는 한 발자국도 내딛기 어려운 두려움을 느꼈던 적도 있었다. 그때 까맣게만 보

고려산성 가는 길

였던 작은 웅덩이의 모습은 아직도 기억 속에 깊이 남아 있다.

그럼에도 난 아직도 고려산성을 가끔 찾아간다. 다른 곳에서 느낄 수 없는 아야목 마을만이 주는 평안함이 있다. 지금도 가는 길이 수월하지는 않지만 작년에 다녀온 고려산성에는 정비된 이정표가 있었다.

전의역(85, 83번 탑승) ⇨ 세종첨단산업단지 하차 ⇨ 도보로 아야목 마을회관 ⇨ 고려산성으로

1200원의 행복 여행으로 공모사업을 진행하다

신나게 세종시를 돌아다니는 내 모습이 좋아 보였던 건지 아니면 안쓰러웠던 것인지 지금도 헷갈리지만 어쨌든 주변에서 공모사업을 해 보라는 권유를 받았다. 공모사업의 성격도 모르고 좋은 거라는 아주 추상적인 말에 지원하게 되었다. 지원하여 채택된 것은 무척 기쁜 일이었지만 공모사업에 대한 사전 지식이 없는 무지 덕분에 시작된 고생의 길이기도 했다.

아마 공모사업을 해 본 경험이 있고 그것이 어떤 성격의 일인 줄 알았다면 쉽게 발을 담그지는 않았으리라는 생각이 든다. 그래도 아무것도 모르니 겁 없이 사업을 진행했고 좀 더 알찬 프로그램을 위해 온 힘

을 쏟았다.

어린 시절의 경험은 깊은 정서로 남는다. 그래서인지 성장기를 보낸 곳은 늘 고향이란 그리움이 남게 된다. 그런데 우리가 살고 있는 세종시는 이곳에서 성장한 사람의 수보다 이주해 온 주민의 수가 급격히 증가한 곳이다. 세종시로 이주한 대부분의 사람은 세종이라는 지역과의 정서적 공통점을 가지고 있지 않다. 그러다 보니 세종시가 낯설고 현재 살고 있는 신도심을 벗어난 지역은 더욱 생경스럽기까지 하다. 간혹 원도심 및 세종시의 읍·면 지역을 가 보지 않은 분들도 계시다. 가 보지 않고 관심을 기울이지 않는다면 가까워지지도 않고 알 수도 없다. 좀 더 가까워지고 서로의 낯섦을 해소하는 방법의 하나로 1200원의 행복 여행을 시작한다. 1200원의 행복 여행은 대중교통을 이용하여 세종시를 둘러보고 다녀온 곳을 여행 코스화하여 지역민과 함께하는 것이다. 여행을 통하여 세종이라는 이름이 생기기 전부터의 역사와 이곳에 뿌리를 내리며 살고 계셨던 분들의 흔적을 같이하고자 한다.

_2016년 9월 2일 1200원의 행복여행을 시작하면서

금이산성 여행

공모사업의 여행지를 결정하는 과정은 쉽지 않았다. 우리 사업의 기본 콘셉트인 대중교통을 이용한 지역 여행을 충족해야만 했기에 선택의 폭이 넓지 않았다. 그렇다고 늘 가 본 곳이나 접근이 용이한 곳으로 여행지를 결정하면 참여자들의 만족도가 떨어질 것이 분명했기에 고민이 많았다. 그래서 한 곳은 멀고 가 보기는 어려우나 나름의 역사적 배경을 가지고 있는 곳으로, 또 한 곳은 비교적 접근성이 용이한 곳으로 정했다. 마침내 전의면 달전리에 위치한 금이산성과 금남면에 있는 비학산이 결정되었다.

금이산성으로 첫 여행지를 결정하고 그곳을 찾아가는 방법을 찾아야 했다. 공모사업 전에 비암사에서 시작한 길을 가 보았지만 그 길은 너무 길었다. 다른 방법을 찾아야 했다. 지도를 열심히 살펴보며 부거실이라는 마을에서 갈 수 있겠다는 걸 확인했다. 이제는 부거실에서 금이산성 가는 길을 찾아야 했다. 여러 차례 답사를 통해 임도를 지나가는 방법도 알게 되었다.

위의 글에 쓰인 '여러 차례'라는 말은 나의 온 힘을 다한 수고로움을 담기에는 턱없이 부족하지만 달리 표현할 수도 없다. 아무도 알려 주지 않는 길을 찾아야 했고, 이정표도 없는 산성을 다녀와야 했다. 어렵게 찾은 버스도 환승 시간이 맞지 않아 전의면에서 금이산성으로 가는 버스를 기다리며 남는 시간 동안 어떤 이벤트로 활용해야 할지를 고민도 했다. 20여 명의 참가자에게 시간을 최대한 알차게 보낼 수 있는 하루가 되고, 세종시의 읍·면으로 가는 첫 여행이 좋은 기억으로 남아야한다는 책임감으로 준비한 날들이었다.

● 시민들과 함께한 금이산성 탐방길

첫마을 2단지 건너편에서 집결(991번 탑승) ➡ 전의역 도착 ➡ 전의역 근처 역전 다방에서 쌍화차 한잔 ➡ 전의 향교에서 점심 ➡ 12시 20분 부거실 마을로 가는 버스 탑승(82번) ➡ 부거실 마을에서 금이산성까지 ➡ 부거실 마을에서 다시 전의역으로 ➡ 전의역에서 신도심으로

금이산성은 해발 430m의 금성산에 축조된 길이 714m에 이르는 태뫼식 산성이다. 전동면 송성리에서 올라오는 길이 보편적으로 이용되는 방법이고, 비암사에서는 산길을 따라 4.3km를 걸어갈 수도 있다. 우리는 전의면 부거실 마을 종점에서 하차하여 임도를 지나 도착했다.

금이산성 가는 길

비학산 여행

비학산(128m)은 산의 모습이 날아오르는 학을 닮아 붙은 이름이다. 비학산 여행의 준비는 금이산성에 비하면 수월한 편이었다. 신도심과 가깝기도 하고 산을 내려오면 대평시장이 있어서 마무리하기도 수월했다. 또 금남면이 고향인 분들의 도움으로 발산리 마을회관에서 잠시 쉬는 시간을 가질 수도 있었다. 11월의 비학산은 가을 단풍을 한껏 머물고 우리를 반겨 주었다.

● 시민들과 함께한 비학산 탐방길

첫마을 2단지 앞 집결(655번 탑승) ⇨ 발산리 하차 ⇨ 발산리 마을회관에서 지역 주민과 간식 타임 ⇨ 발산리에서 비학산으로 ⇨ 비학산에서 대평리로 ⇨ 대평시장 안 경성칼국수에서 맛난 식사 후 해산

공모사업에 채택되었을 때의 기쁨도 잠시였다. 이백만 원의 사업비는 너무나 큰 부담으로 다가왔다. 한 번도 해 본 적이 없는 공모 지원 서류를 작성하여 자금을 집행하는 과정도 버거웠는데, 사업비를 정산하고 사업의 결과서를 작성하는 과정은 사업을 진행하며 조금씩 생겼던 뿌

비학산 가는 길

듯함을 반감시켰다. 계속 공모사업을 또 해야 하는지 회의감이 들기도 했지만, 사업을 계속하고 싶어 하는 구성원들의 의사도 무시할 수는 없었다. 구성원들의 굳센 의욕으로 사업을 이어 갈 수 있었다.

마을학교 3년의 기록(2017~2019)

　　일반 시민과 함께 하는 여행 프로그램을 진행하며 새로운 권유를 받게 되었다. 신도심으로 이주한 어린 학생들에게도 지역 여행의 기회를 주면 어떻겠냐는 제안이었다. 아이들과 함께 하는 여행은 어른들과 하는 여행과는 차원이 다른 일이었다. 어른들은 자신들이 자라던 시절에 대한 향수가 있어서 시골 마을을 다녀도 즐거움을 찾을 수 있었지만, 아이들에게는 적용되지 않는 방식이라고 여겨졌다. 같이 하는 운영자들과 많은 의견을 나누었고 또 다른 접근이 필요해졌다.

　　그러다 이미 조치원 캐릭터 청조(청춘조치원의 약자, 파랑새)가 있다는 것을 알게 되었고 이를 활용한 이야기를 만들어 보았다. 그리고 이야기를 기초로 청조를 찾아 떠나는 반지 원정대, 청조의 무지개를 찾아서, 나무가 들려주는 청조 이야기 등의 게임을 만들었다. 이렇게 청조와 함께 하는 여행 프로그램인 '등잔밑 비추기'가 시작되었다.

조치원 캐릭터를 활용한 그림책

2017년도 마을학교 활동

1차시: 발대식

학부모와 주인공인 학생들의 상견례 및 프로그램에 관한 사전 설명을 위한 '등잔밑 비추기' 발대식을 진행했다. 이 프로그램의 기본 취지와 앞으로 진행될 수업 일자 및 수업 장소 등을 안내하고, 수업을 위해 이동해야 할 때는 기본적으로 대중교통 이용에 대한 설명이 있었다.

등잔밑 비추기 발대식

2차시: 조치원 실내 수업

실내 수업을 통해 조치원의 발전 배경 등에 관한 설명을 했다. 실내 수업 장소를 찾기에 어려움이 있었다. 아이들에게 조치원에 대한 설명을 위하여 PPT와 간단한 OX퀴즈 및 지도 그리기를 위한 공간이 필요했으나 아이들 동선과 맞는 장소를 찾는 일은 쉽지 않았다. 그래서 수업의 동선을 바꾸고 시장 안의 PPT를 쓸 수 있는 식당에서 실내 수업을 마친 후, 점심을 먹고서 시장에서 반지 찾기 놀이를 할 수 있었다.

3차시: 조치원 시장놀이 '청조를 찾아 떠나는 반지 원정대'

'청조를 찾아 떠나는 반지 원정대'를 구성하여 시장 상인에게 부탁하여 곳곳에 반지를 숨겨 놓고 아이들에게 반지를 찾으면 청조가 돌아온다는 패러디 이야기를 통해서 시장놀이를 했다.

대부분의 시장 상인들은 기꺼이 반지를 맡아 주셨고, 아이들이 뛰어다니는 모습을 긍정적인 눈빛으로 봐주셨다. 아이들은 숨겨 놓은 반지를 찾으러 조치원 시장에 있는 국수가게와 지게장인의 가게로 향했고, 권투도장에 가서 신나게 뛰어놀기도 했다. 익숙하지 않은 시장 골목을 지도만 들고 다니면서 했던 이번 활동을 잊을 수도 있겠으나, 시장에서 나던 냄새와 촉감은 아이들에게 스며들었을 것이라는 기대를 해 본다.

숨겨 놓은 반지를 찾아온 학생들

국수공장을 방문한 반지 원정대

지게장인을 방문한 반지 원정대

권투도장을 방문한 반지 원정대

4차시: 장군면 여행

장군면은 고운동과 경계를 이루고 있는 곳으로, 비추미들이 대부분 생활하고 있는 종촌동과 가까운 면 지역이다. 그곳에는 역사적으로 중요한 인물인 김종서 장군의 묘소가 있다. 다행스럽게도 장군면으로 곧장 갈 수 있는 버스도 생겨 장군면 여행을 계획할 수 있었다. 앞서도 설명했듯 장군면 여행에는 장군면 분들이 많은 도움을 주셨다. 세종요양병원에서 차량을 빌려주셨고 하봉리에서는 마을회관을 쓸 수 있게 해 주셨다. '등잔밑 비추기' 활동은 많은 시간을 야외에 있어야 했기에 잠깐이라도 아이들이 쉴 수 있는 공간은 샘물과 같은 곳이었다. 장군면을 탐방 가던 시기에 김종서장군묘 위쪽에 있는 대교저수지가 바닥을 드러낸 채 바짝 말라 있었다. 가뭄으로 동식물들이 힘들 것임을 알고 비가 오기를 바라는 마음에 저수지를 향하여 아이들과 함께 물씨앗을 뿌려 주었다. 정말 놀라운 일이 생겼다. 며칠 후 억수 같은 비가 내려 저수지를 꽉 채워 주었다. 궁금해하던 아이들에게 소식을 전해 주었다.

5차시: 침산리에서 골목놀이를 통한 청조 찾기

그동안 진행되었던 수업이 너무 재미있었다는 소문이 났는지 방송국에서 촬영하고 싶다는 요청이 들어왔다. 특히 처음에 시작했던 조치원 프로그램에 관심을 보였다. 조치원 시장놀이를 한 번 더 해 보면 어떻겠냐고 했지만, 같은 아이들에게 같은 놀이 수업을 하는 건 아니란 생각에 새로운 프로그램을 만들게 되었다.

갑작스럽게 만든 줄거리라 걱정스러웠지만 아이들은 모든 것을 풍성하게 만드는 마법을 갖고 있었다. 아이들은 골목에서 신나게 뛰어다녔다. 카메라를 들고 있던 분들은 아이들을 따라다니느라 힘들었을 것이다. 촬영이 거의 끝나 갈 무렵에 쏟아진 소나기는 하루를 더욱 재미있게 해 주었고 준비된 간식은 더욱 맛이 있었다. 모두 같이 힘을 합쳐서 무사히 하루를 마무리했다.

2018년 마을학교

1차시: 발대식

2017년 1기 비추미 활동에 이어 2기 활동이 시작되었다. 많은 관심으로 작년보다 많은 인원이 신청했다. 발대식을 통해 부모님과 교육감님을 비롯한 교육청 담당자와 운영진의 상견례를 하고, 비추미들의 앞으로 진행될 일정을 공유하는 시간을 마련했다.

2차시: 침산리 골목놀이

침산리에서 청조 찾기 놀이가 진행되었다. 침산리는 작년보다 정비가 되었고 커뮤니티 시설도 빌릴 수 있었다. 커뮤니티센터에서 조치원과 침산리에 관한 사전 정보를 제공하고 아이들과 침산리 골목놀이를 했다. 골목놀이를 하기 전에 침산리 주민과 만남 시간을 만들어서 주민들의 불편을 최소화하는 노력을 하고 놀이를 진행했다.

침산리 골목놀이 활동

아파트에서 생활하는 아이들에게 침산리의 골목은 새로운 곳이었다. 아이들은 자신들에게 주어진 지도를 따라 청조 찾기에 나섰고, 서로의 협력으로 마무리를 했다. 골목놀이 후 커뮤니티센터에서 점심과 간식을 먹고 더위도 식힐 수 있었다.

3차시: 조치원 시장놀이

여름으로 접어드는 6월. 침산리 놀이에 이어 조치원 시장놀이를 한다. 수업은 조별로 만들 요리를 정하고 그 요리에 맞는 재료를 사기 위해 시장에서 직접 구매해 보는 것이다.

아이들은 각자 만들어 보고 싶은 요리를 이야기하고 그 음식을 하기 위한 재료를 떠올려 보았다. 어떤 재료가 필요한지, 그 재료를 구매하기 위해 각 조에 지급된 비용과 맞을 것인지를 상의했다. 그리고 정해진 요리 재료를 사기 위해 조별로 시장에 갔다. 아이들을 보조하는 선생님들은 아이들의 의견을 듣고 위험하지 않게 길 안내만을 했다. 아직 어리다고 생각했던 아이들은 자신들이 해야 할 일을 알고 있었다.

조별로 재료를 모두 구입해서 만나기로 한 장소로 와서 조치원 시장의 특색 있는 가게(지게장인, 국수가게)를 견학하고, 역 근처에서 점심을 먹은 후 일과를 마무리한다.

조치원 전통시장 놀이 활동

4차시: 금남면 알아 가기

무더운 여름이 지나고 바깥 활동을 하기 좋은 9월에 금남면 알아 가기 수업을 진행했다. 세종시의 면 중에서 가장 큰 면적을 차지하는 금남면에는 신석기시대부터 사람들이 거주했다고 한다. 오래전부터 사람이 살 수 있었던 것은 자연환경이 좋았다는 증거일 것이다. 이곳에 민족 종교의 하나인 금강대도의 본원이 있다. 9월에는 금강대도를 견학하고 바람재에 있는 자연치유 한의원에서 한의 체험을 하는 시간을 가졌다.

금남면 금강대도 견학

한의학 체험 활동

5차시: 금강수목원에서

나침반과 지도만 가지고 자연에서 즐기는 에코테어링 수업을 했다. 에코테어링 수업을 위해 진행을 맡아 주신 선생님은 수목원에서 아이들이 지내기 편한 곳을 찾아 관람객과 동선이 겹치지 않도록 노력했고, 큰 어려움 없이 수업을 마쳤다.

2019년 마을학교

이번 마을학교는 고운초등학교 아버지회와 함께 진행하기로 했다. 아버지들의 적극적인 참여 덕분에 가족 단위로 늦은 시간까지 온 가족이 함께 어울리는 여행으로 구성되었다.

1차시: 발대식

고운동 북측 커뮤니티에서 고운초 아버지회와 함께 앞으로 진행될 수업에 대해 설명하고 상견례를 했다.

등잔밑 비추기 3기 발대식

2차시: 조치원 골목놀이

침산리로 골목 여행을 다녀왔다. 전날 내린 비로 날씨가 약간 쌀쌀했으나 조치원에 도착할 때쯤에는 바깥 활동을 하는 데 큰 무리가 없었다. 침산리 주민들의 배려로 침산리 커뮤니티 시설을 이용할 수도 있었다. 강사로 나서 주신 아버지들과 함께 버스를 타고 침산리에서 골목길을 돌아다니며 놀이를 통한 수업을 했다. 수업 내용은 매년 비슷했으나 올해는 아버지들과 함께여서인지 골목이 더욱 꽉 찬 느낌이었다.

3차시: 연서면 포도나무 정원

이번 프로그램은 주말 오후에 시작되었다. 온 가족이 함께 떠나는 한여름 밤 가족여행이었다. 선발대로 간 아버지들은 사전 준비로 달걀 2판 삶기, 감자 한 상자 찌기, 소시지 50개 손질, 부침개를 위한 채소 다듬기, 수박 시원하게 해 놓기, 숯불고기를 위한 그릴 준비, 쌀 씻기, 음료수 준비 등을 하며 애써 주셨다. 후발대로 아이들을 인솔한 아버지들의 수고도 많았다. 포도나무 정원까지 한 번에 가는 버스가 없어 환승으로 아이들이 힘들어할 때 아이들의 마음을 잘 받아 주어서 별일 없이 포도나무 정원까지 올 수 있었다.

온 가족이 함께 참여한 주말 프로그램

4차시: 연동면과 부강면 여행

연동면에 있는 교과서박물관과 부강면의 홍판서댁을 방문했다. 교과서박물관에서는 성의 있는 해설을 준비해 주었고, 2층의 휴게실에서 점심을 먹을 수 있다는 허락을 받았다. 박물관에 준비되어 있던 전통 놀이 도구도 체험해 볼 수 있었다.

점심 식사를 마친 후 부강면으로 향했다. 부강에서는 150여 년의 시간을 품고 있는 홍판서댁에서 한옥의 정취를 느꼈다. 마당 안의 우물에 두레박이 첨벙 하고 떨어질 때 아이들이 너무나 신기해했다. 아이들이

교과서박물관 견학   부강면 홍판서댁 견학

즐거워하는 모습에 같이 갔던 어른들도 함께 즐거워졌다.

5차시: 조치원 시장놀이

4월에 시작되었던 비추미 활동이 어느덧 마무리될 시간이었다. 이번에는 부모님과 함께 조치원 골목길을 걸으며 시장 나들이를 했다. 뻥튀기가게, 국수가게, 지게장인을 견학하고 시장에 있는 카페에서 마카롱 만드는 체험을 했다. 체험이 끝난 후에는 카페의 마당에서 각자의 주먹밥도 만들고, 준비해 온 음식을 먹으며 지난 활동들이 담긴 스크린을 함께 보았다. 점심을 든든히 먹고 찾아간 마실 골목에서 시간을 거스르는 상품들을 본 부모님들은 어린 시절이 생각난 듯했다.

3년 동안의 마을학교 운영 후

마을학교를 운영한 3년은 뜻깊고 성장하는 시간이었다. 그런데 마을학교 운영을 위해 최선을 다해 준비하고 있으면 늘 듣는 소리가 있었다. "왜 이렇게 열심히 하세요?" 그때 나의 대답은 하나였다. "이렇게 하지 않으면 재미가 없잖아요!"물론 사업을 준비하는 사람이 힘들 수는 있으나 사업 대상자들이 즐겁지 않은 일이라면 참여자들의 시간을 낭비할 뿐이라는 생각이 들었고, 프로그램을 만드는 우리 스스로가 부끄럽지 않은가를 늘 생각했다. 대부분의 공모사업은 운영진에게는 수고비가 지불되지 않는다. 그런 점이 굉장히 불합리하게 느껴질 때도 있었지만, 3년 동안의 공모사업을 통해 누구와도 비교할 수 없는 나만의 경험치가 생겼고, 그런 경험은 차곡차곡 내재되어 새로운 방식으로 활용할 기회를 펼쳐 볼 기회가 되었다.

세종시 여행을 계속하다

2016년에 공모사업을 통해 일반 시민과 함께 하는 2회에 걸친 여행이 마무리되었다. 두 번에 걸친 세종시 여행에 참여한 분들은 계속적으로 여행이 이어지기를 희망했다. 사람들을 모아 놓고 공모사업이 끝났으니 이제는 운영하지 않겠다고 하는 것은 굉장히 무책임하다는 생각이 들었다. 참여했던 분들의 적극적인 호응은 계속 여행을 준비해야겠다는 마음을 갖게 하는 원동력이 되었다. 그분들의 응원에 힘입어 한 달에 한 번씩 세종시 여행을 했다.

세종시의 특성상 여행에 참여하는 사람들은 대부분 세종시로 이주한 지 오래되지 않은 분들이었다. 그래서인지 특별한 볼거리가 없어도 같이 어울리며 새로운 곳을 가는 것만으로도 만족해했고, 다녀온 곳들을 주변 분들에게 소개하기도 했다. 이러한 걸음들은 세종에서 정착하는 데 큰 도움을 주었다.

가 보면 좋을 곳

캠퍼스 투어(조치원 외곽을 따라)

1000번이나 991번 버스를 타고 홍익대 앞에서 하차하여 홍대를 가로질러 후문으로 나가면 신안리 마을회관 ⇨ 신안저수지 ⇨ 봉산리 향나무 ⇨ 아홉거리 ⇨ 조치원 커뮤니티로.

조치원이 발전하면서 복숭아밭과 배밭 사이를 걷던 길들이 모두 사라졌다. 그래서 산책으로 걷기에는 아쉬움이 있으나 캠퍼스에 가서 젊은이들의 거리와 함께 연결 지어 걸어 보는 것도 추천한다.

캠퍼스 투어 가는 길

전동면 기찻길 따라

991번 버스를 타고 전동면 아람달 앞에서 하차 ⇨ 기찻길을 건너 하천길로 송성리까지. 하천길을 따라가다 보면 국궁장도 만나고 멀리 개미고개와 폐선이 된 옛 기찻길도 볼 수 있다.

전동면 청람천 길 따라 걷기

부강면 골목길(가네코 후미코를 만나다)

부강으로 가는 버스는 여러 대가 있다. 행복도시에서는 430번이 30분마다 다니고 있다. 부강역 하차 ⇨ 부강역다리를 넘어 홍판서댁으로.

150년 된 한옥이 있는 홍판서댁 근처에 우리나라에서 외국인으로는 두 번째로 독립유공 포상을 받은 가네코 후미코가 살았던 곳이 있다. 지금은 흔적을 찾기 어렵지만, 10대를 부강에서 지낸 것으로 확인이 되고 있다. 골목의 어딘가에 기대어 있었을 가네코 후미코를 기억하는 여행을 해 보았으면 한다.

다방리에서 비암사로

조치원에서 86번 버스를 타고 다방1리 마을회관에서 하차 ⇨ 마을 안길을 따라 끝까지 가면 비암사로 가는 옛길을 만날 수 있다. 가는 중간에 단비 책방이 있다. 비암사는 세종시의 국보인 불비상이 발견된 절이기도 하다.

기억에 남는 곳

밀양박씨 오충정려

연동면을 여행하다 하천가에 세워진 이정표를 보고 처음에는 오층탑으로 알고 찾아갔다. 그러다 그곳에 적혀 있는 내용이 오랜 시간 마음에 남아 있었다. 한 집안의 남자 5명(아버지와 아들 4명)이 모두 전쟁에 나가 나라를 위해 싸우다 죽었고, 그것을 기억하기 위해 세워진 정려라는 사실에 당황스럽기까지 했다. 오래된 영화이지만 할리우드의 〈라이언 일병 구하기〉란 영화가 떠올랐다. 영화보다 더 비극적인 내용이 우리가 사는 곳 가까이 있는데 잊히고 있으니 안타까운 마음이 들었다. 아쉽게도 개인 주택을 지나가야 해서 찾아가기가 쉽지는 않지만, 이런 일이 있었다는 것을 기억해 줬으면 하는 생각에 적어 본다.

밀양박씨 오충정려 안내

앞으로도 세종시를 쉬엄쉬엄, 기웃기웃

세종시 여행을 하며 낯설다고 느낀 곳들이 차츰 편안해지는 경험을 했다. 이제는 세종시의 외딴 마을도 익숙해졌고, 가끔은 읍·면에 있는 마을들의 모습이 그리워져서 괜히 찾아갈 때도 있다. 이러한 감정들은 세종시에 계속 살아갈 힘이 되었다.

대한민국에서 세종시라는 도시는 탄생부터 우여곡절이 많았고, 급격한 인구 증가로 이주했던 많은 이들의 불편은 이루 말할 수 없었다. 그와 더불어 기존에 세종시에 오랫동안 살아왔던 사람들과 새로 이사 온 사람들 간에 느껴지는 정서적 괴리도 있었다. 모든 것들은 시간이 흐르면 차차 나아지겠지만 서로를 이해하고 알아 가려는 노력도 필요할 것이다.

각자의 경험치와 성향에 따라 다르기는 하겠으나 낯설고 아무것도 없던 세종시에서 십여 년이 지나도록 잘 지내고 있고, 이곳 생활에 크게 만족할 수 있었던 가장 큰 힘은 세종시 여행을 통해서 세종시의 산과 들을 만나고 지역적인 특성을 접하며 점차 기존의 정서와 가까워지고 편안해진 것도 큰 몫을 한다고 믿는다.

나의 경험이 다른 사람들에게 똑같이 적용되지는 않겠지만 낯선 곳에서 잘 살아가는 방법 중 하나는 될 수 있으리라 생각한다. 아직도 우리가 사는 이곳이 익숙지 않다면 우리가 사는 세종시를 쉬엄쉬엄 그리고 기웃기웃하며 다녀 보기를 권한다.

미디어와
마을교육공동체 활동

라디오라는 미디어 매체를 통해
마을교육공동체 활동의 주체인 활동가,
교육 대상인 청소년 그리고 지역과의 연계로 만들어 가는
진정한 마을교육공동체를 소개하고 소통하게 되니,
기대하지 않았던 따뜻함이 올라온다.
세종에서 '교육'에 대한 마음을 무정형, 무형식으로 시작한
작은 활동들이 이제는 조직으로, 정책으로 발전하고 있다는 생각이 든다.
시간이 지나면서 마을교육의 귀한 열매들이
맺어지는 것을 보게 되는 기쁨을 기대한다.

_문지현, 세종FM 진행자 / 지속가능여성발전연구원 대표

혼자가 아닌 함께 하는 것

2018년 2월에 세종시민이 된 나는 세종에서의 첫 일 년이 너무나 낯설고 적막했다. 아파트 안에서 만나는 아이 엄마들은 피곤하고 외로워 보였고 어쩌다가 BRT 도로에서 한두 사람이 지나가는 것만 봐도 반가웠을 정도였다. 그러다가 2019년, 우리 아파트의 맞벌이 부부 자녀들이 방학 기간에는 돌봐 주는 사람이 없어 점심을 거르거나 잘 못 먹는다는 말을 들었다. 그때 여성중심마을공동체활성화 사업이 있다는 것을 알게 되어 어린이 공동돌봄을 신청했다. 15회에 걸쳐 오전 10시부터 오후 1시까지 음악, 미술, 과학, 생태 등 교육을 하고, 점심 식사 제공을 통해 아파트 내의 어린이들과 만나고 부모들과 소통하면서 서로를 알아 갔다. 공동체 활동의 의미를 조금은 깨닫게 되었다. 물론 힘든 일도 많았고, 완전 자원봉사의 형태로 진행되어 시간과 에너지는 물론 재정적인 기여도 마다하지 않아야 했다.

세종시에서 시작된 첫 번째 공동체 활동으로 나는 세종시 행복교육지원센터의 실무위원이 되어 마을교육활동가들을 만나고, 마을에서 이루어지고 있는 교육활동에 대한 이야기를 듣고 나누는 기회를 만나게 되었다. 마을교육 초기부터 어린이를 돌보고 필요한 것을 공급하기 위해 자발적으로 시작했던 마을교육활동가들의 모습은 매우 인상적이었다. 이들과의 만남은 늘 건강한 자극이 되었다.

미디어가 만난 마을교육공동체 활동

　세종시에서 활동하면서 가장 새로운 경험은 미디어 교육을 통해 시민 제작자가 되어 라디오 프로그램을 제작·진행하는 것이다. 세종시민들의 이야기를 방송으로 만들어 서로의 삶에 대해서 나누고, 알리는 미디어 활동은 현재는 물론 미래에도 매우 중요한 정보와 소통 창구로 그 역할이 더욱 커지고 있다.

　마을교육공동체 활동에서 활동가들의 수고가 큰데도 일반 시민들은 그 내용을 잘 알지 못한다는 생각에 이를 방송에서 홍보했으면 좋겠다고 판단했다. 실제 마을교육공동체 활동을 하는 청소년들과 오랫동안 마을교육공동체에서 함께하고 있는 활동가들을 만나고 싶었다. 이들의 활동을 알리고 그 의미를 더 확산하는 데 조금이라도 힘을 보태기 위해서 2023년 11월에 청소년 자치배움터로서 '동네방네 프로젝트'를 소개하고, 직접 활동하는 청소년들을 초대해서 이야기를 나누는 방송을 준비했다. '동네방네 프로젝트'는 청소년들이 스스로 배움을 기획하고 운영·평가하는 프로그램으로 세종특별자치시교육청의 지원으로 진행되고 있다. 우리는 청소년들이 관심 있고, 필요한 정보를 알기 위해 어떻게 계획하고 실행하고 있는가를 알아보고자 했다.

　같은 시기에 '나는 마을교육공동체 선생님이다'라는 프로그램을 제작했다. 범지기마을10단지 푸른작은도서관 관장이면서 북적북적 마을학교 대표인 윤나영 관장님과 어린이 문화공간 마을학교 대표이자 조치원 어린이도서관 운영위원장으로 봉사 중인 박아남 활동가를 만나 세종시 마을교육의 시작과 현재 그리고 미래에 대해서 이야기를 나누었다.

1년 후, 2024년 11월에는 지역에서 학교와 주민, 공동체가 어우러져 마을교육공동체 활동을 하는 사례를 라디오 프로그램으로 제작했다. 마을계획단으로 활동하는 어르신들이 은빛교사단으로 지역의 초등학교 학생들을 이른 등교에서부터 수업 후까지 돌보는 새롭고 확장된 마을교육 형태를 소개하게 되었다.

청소년과 함께했던 '동네방네 프로젝트'는 2023년 11월 2일 오전 10시 〈세종사람들의 이야기〉에서, '마을교육활동가들과의 대담'은 2023년 11월 7일 오전 9시 〈문지현의 광장에서〉에서, '해밀동의 은빛교사들과 함께' 프로그램은 2024년 11월 7일 〈세종사람들의 이야기〉에서 세종FM 공동체라디오의 98.9 MHZ 전파를 타고 방송되었다. 마을교육공동체 활동에 대해 함께 나누고 공감하고자 방송분 중 필요 부분을 편집하여 글로 남긴다.

이 세 방송은 먼저, 현재 청소년의 모습을 알고 그들의 꿈, 고민, 장래 준비 등에 대해서 솔직하게 듣는 시간이었다. 그리고 마을교육활동가들의 헌신적이고 진솔한 이야기를 통해 세종시 학교 밖 교육의 중요성을 깨닫게 되었다. 최근에는 주민이면서 돌봄 역할을 하고 있는 어르신들을 통해 또 다른 마을교육공동체 활동, 지역의 자율적·연대적 교육의 새로운 모형을 보게 되었다.

동네방네 프로젝트

2023년 11월 2일(목), 오전 10시, 세종FM 공동체라디오 〈세종사람들의 이야기〉

동네방네 프로젝트에 직접 참여하면서 뮤지컬을 준비하던 학생들은 자신들이 어떻게 이 활동에 참여하게 되었는지, 앞으로 본인들의 꿈을 준비하기 위해 현재 무엇을 하고 있는지를 서로 나누고 힘을 얻게 되었다고 한다.

학생들과 방송에서 나누었던 이야기를 간추려 보면 다음과 같다.

진행자 동네방네 프로젝트는 청소년들이 학교에서 하지 못한 경험을 할 수 있게 해 주는 청소년을 위한 프로그램이죠. 학교에서 하지 못하는 경험에는 어떤 것들이 있는지요?

학생 1 학교에서는 그냥 책상에 앉아서 선생님이 해 주시는 말을 받아 적고 외우기만 하는데, 동네방네 프로젝트에서는 우리가 스스로 생각하고 움직이고 또 협업도 하게 돼요.

진행자 그렇게 하는 거군요. 여러분이 현재 뮤지컬 팀으로 활동하고 있는데, 사실 학교에서 뮤지컬 하기가 쉽지 않잖아요? 동네방네 프로젝트를 통해서는 여러분이 계획한 뮤지컬을 할 수 있다는 얘기군요. 왜 이 프로그램에 참여하게 됐는지 조금 더 얘기해 줄 수 있나요?

학생 1 저는 학교에서 동네방네 프로젝트 안내문을 보고 알게 되었고, 무대 경험을 늘리고 싶어서 참가하게 되었습니다.

학생 2 저는 학교 게시판에서 동네방네 프로젝트 공고문을 봤어요. 우연히 들어가서 한번 훑어봤는데 뮤지컬 분야가 있더라고요. 제가 공연을 해 보고 싶고 노래를 하고 싶어서 뮤지컬을 흥미롭게 보고 있었어요. 뮤지컬을 해 볼 기회가 흔치 않았는데, 하고 싶은 마음이 들어 참가했습니다.

학생 3 저는 세종시에서 하는 캠퍼스 공동교육과정에서 극작 창작 수업을 들었는데요. 그 극작 창작 선생님이 뮤지컬 담당 선생님이셨는데, 그때 마침 추가로 인원을 모집한다고 하셨고 평소에 관심이 많아서 지원하게 됐습니다.

학생 4 저는 연기자가 꿈이었어요. 그래서 세종시에서 연기자로서 나중에 바탕이 될 수 있는 활동이 뭐가 있을까 찾아보고 있었어요. 새롬청소년센터 보컬 동아리에서도 활동하고 있었는데, 그곳의 동네방네 프로젝트 담당 길잡이선생님이 추천해 주셔서 3년 전부터 시작해서 오랫동안 활동하고 있습니다.

동네방네 참가자들과의 인터뷰

뮤지컬 곡 녹음 현장

뮤지컬 솔로 파트 녹음 모습

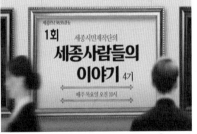

세종사람들의 이야기 4기 1회/진행 문지현/동네방네프로젝트 참가 청소년들 뮤지컬 팀)/라이브/세종FM98.9MHz

〈세종사람들의 이야기〉 시즌4 제1회 섬네일

진행자 동네방네 프로젝트를 하면서 달라진 점은 무엇인가요?

학생 1 저는 제가 굉장히 많이 성장했다고 느껴요. 작년에 같이 뮤지컬 프로그램을 했던 친구 중 한 명은 처음에 혼자 하기를 굉장히 무서워하고, 아직 진로로는 생각하지 않고 연기에만 관심이 있어서 왔다고 했는데, 이 뮤지컬 프로그램을 하면서 지금은 "언니, 저 이제 예고 가려고요"라고 말하는 걸 듣고 이 프로그램을 통해서 저뿐만 아니라 많은 청소년 친구들이 성장하는구나라는 생각을 했어요. 이 프로그램이 진로를 찾는 데 굉장히 많은 도움을 준다고 느꼈어요. 그래서 이 프로그램이 더 많은 친구들한테 알려졌으면 좋겠어요.

진행자 활동을 하면서 어떤 점이 제일 어려웠어요?

학생 1 아무래도 스스로 생각하고 스스로 움직여야 하니까 그런 고민이 많았고요. 처음에 서로 모르는 학생들하고 어울리는 것도 걱정이 되었어요. 처음 해 보는 일이라서 고민도 많고 걱정도 많고 불안이 많았던 것 같아요.

진행자 여러분이 하는 뮤지컬은 어떻게 기획하고 연습하고 있는지요?

학생 1 뮤지컬 동아리에서는 멤버들의 실제 이야기를 하나씩 적어서 그것을 상황극으로 연기하고, 실제 이야기를 바탕으로 해서 극을 탄생시킵니다. 김영승 극작 길잡이선생님이 그 이야기를 편집해 주시고, 뮤지컬에 관련된 용어라든지 아니면 런스루런 연습하는 과정 같은 것을 세세하게 잘 알려 주십니다.

진행자 모여서 어느 정도 연습을 해요?

학생 1 처음에는 일주일에 한 번씩 모였는데, 공연을 앞두고 두 달 전부터는 거의 일주일 내내 만나다시피 해요.

진행자 여러분은 참 행복해 보여요. 그런데 지금 여러분 세대는 뮤지컬이라는 장르에 상당히 익숙할 텐데, 실제 해 보는 건 또 다른 얘기잖아요. 친구들이나 부모님의 반응은 어떤가요?

학생 1 저는 친구들 앞에서 노래만 불렀었는데 뮤지컬 공연으로 무대에 오른다니까 친구들이 엄청 신기해했어요.

학생 2 저는 뮤지컬에서 아빠 역할을 했었는데, 술 취한 연기였어요. 진짜 리얼하게 했다고 말씀해 주셨어요.

학생 3 제 인상이 무대에 올라갈 그런 사람으로 안 보이거든요. 뮤지컬 무대에 올라간다고 하니까 친구들이 되게 신기해했어요.

학생 4 저는 뮤지컬을 한다고 하니까 부모님이 "잘됐네. 좋은 경험이겠다." 하시면서 지지해 주셔서 잘했어요.

학생 5 저희 부모님은 공부는 하고 싶은 만큼 하고 대신 돈은 잘 벌고 살았으면 좋겠다고 생각하시는 분들이어서, 뮤지컬을 하는 것에 대해서 굉장히 좋아하시진 않았어요. 왜냐하면 예술인이라는 자체가 안정적으로 생계를 유지하고 가기에는 조금 힘든 부분이 있어서 좀 반대를 하셨어요. 이렇게 동네방네 뮤지컬 프로그램을 하다 보니까 이번에 공연을 보러 와 주셨고, 보고 나서 "너 하는 거 보니까 해도 되겠다"라고 말씀해 주셨어요

진행자 앞으로 나는 이런 거 하고 싶어요, 또는 준비하고 싶어요, 하고 얘기할 수 있는 것들이 있어요?

학생 1 저는 지금 극작가를 꿈꾸고 있는데요. 현재 여러 대학에 지원한 상태입니다. 입시뿐만 아니라 현재 드라마 공모전도 준비 중이에요. 사실 저는 드라마 작가에만 관심이 있었는데 뮤지컬도 만들고 싶더라고요.

진행자 지금 준비하고 있는 작품이 있다고 들었어요. 어떤 뮤지컬인지 한번 얘기 좀 해 주세요.

학생 1 저희가 공연할 뮤지컬 제목은 〈샤인 드림 스마일〉이에요. 이 뮤지컬은 저희 이야기를 담고 있어요. 직접 경험했던 일들을 길잡이선생님이 정리해 주셨는데, 청소년들한테 있을 법한 일들과 기상천외한 일들로 아주 즐거운 얘기들이 가득합니다.

진행자 동네방네 프로젝트를 다른 친구들에게도 권하고 싶은 마음이 있어요?

학생 1 네, 너무 많이 권하고 싶죠. 사실 뮤지컬을 전문적으로 배울 수 있는 데가 없잖아요.

학생 2 예술 분야를 잘 지원해 주시지 않는 부모님들이 계시는데, 이런 활동을 통해서 뮤지컬 경험을 할 수 있는 게 너무 좋아요. 세종시 교육 중 진짜 잘된 점이라고 생각합니다.

학생 3 저는 아는 친구들이 없는 고등학교로 진학해서 많이 어색하고 친해지지 못한 상황이었는데, 이 동네방네 프로젝트에서 새로운 친구들을 만나다 보니까 오히려 학교 친구들과도 편해지더라고요.

학생 4 동네방네 프로젝트 친구들이랑 갈수록 편해지고 같이 얘기하는 게 정말 즐겁고 재밌어요. 친구들과의 교류 문제에서 봤을 때도 이 프로젝트는 좋은 것 같아요.

진행자 여러분의 입장에서 볼 때, 이 활동을 하는 데 어떤 어려움이 있다고 생각하세요?

학생 1 이 프로그램을 이수하려면 세 번 이상 나와야 하는데, 세 번을 못 채워서 이수를 못 하는 학생도 있어요. 여기 세종시 동지역 학교를 다닌다고 해서 다 동 지역에 사는 것은 아니거든요. 다른 지역에 사는 학생들은 또 그 시간을 맞추기가 너무 힘들다고 생각해요.

진행자 혹시 지금의 활동이 앞으로 나의 진로하고 좀 연관됐으면 좋겠다, 하는 그런 바람이 있는 친구가 있나요?

학생 1 네. 저는 자세한 진로는 정하지 않았는데, 지금처럼 좋아하는 음악을 하면서 직업을 가지고 싶기도 하고, 뮤지컬에 흥미가 생기기 시작했어요. 그래서 뮤지컬 배우도 생각해 보고 있습니다.

진행자 여러분이 조금 더 행복한 삶을 살기 위해서 뭐가 필요한지, 무엇을 바라는지 얘기해 줄래요?

학생 1 저희가 더 행복한 학생이자 사람으로 살아갈 수 있도록 하는 것이요. 주변 어른들의 따뜻한 시선과 따뜻한 한마디가 굉장히 중요한 것 같아요. 왜냐하면 저희는 하고 싶은 걸 다 하기에는 너무 현실적인 문제가 보이고, 또 그렇다고 하고 싶은 걸 포기하기에는 하고 싶은 의지가 크다 보니까 그 사이에서 갈등하고 있어요. 학생이다 보니까 공부도 해야 하고, 또 제가 예술을 한다면 연습을 해야 하고, 이런 식으로 학생 신분으로서 생각해야 되는 것과 미래에 하고 싶은 것 사이에서 갈등할 때가 굉장히 많은데요. 이럴 때마다 저희 때를 겪어 보신 어른들이 옆에서 조금 따뜻하게 응원해 주셨으면 좋겠습니다.

학생 1 저는 어른들이 학생들을 더 믿고 맡겨 줬으면 좋겠어요. 그래서 학교에서도 학생들이 자체적으로 움직일 수 있는 수업이 좀 늘어났으면 좋겠다고도 생각해요.

진행자 오늘 긴 시간 동안 여러분과 함께했는데, 방송을 한 소감이 어떤지 한 명씩 얘기해 주세요.

학생 1 저는 사실 오늘 라디오라는 것을 처음 해 봤는데 너무 편안한 분위기에서 진행돼서 떨지 않고 잘할 수 있었어요. 저희 뮤지컬 동료들의 이야기를 듣고 새로운 것들도 알게 되고, 또 많은 생각이 들었어요. 정말 너무 좋은 시간이었습니다.

학생 2　저도 라디오를 처음 한다고 했을 때 되게 긴장했거든요. 그래서 과연 가서 말을 잘할 수 있을까 내가 이상한 짓은 안 하려나 하고 고민을 했는데, 다행히 무사히 잘 넘어간 것 같아요. 라디오 방송에 참여해서 새로운 경험을 했고 정말 재밌었어요. 다음에 한 번 더 불러 주세요.

학생 3　전 아직도 심장이 쿵쾅쿵쾅 뛰는 것 같아요. 시작할 때부터 정말 떨렸는데, 아직도 진정이 되지 않아요. 그래도 다행히 하고 싶은 말은 다 한 것 같아서 정말 즐거웠고, 편안한 분위기에서 진행해 주셔서 정말 감사합니다.

학생 4　저는 여기 세종FM이 두 번째인데도 아직도 떨리네요. 그래도 우리 MC 선생님께서 너무 잘해 주셔서 감사하고, 또 아까 행복한 청소년을 만들어 가기 위한 것이라고 얘기해 주셨는데, 한 가지 부탁드릴 점은 세종시청이나 관계자분들이 조금만 더 힘써 주셨으면 좋겠습니다. 사실 저희가 뮤지컬을 하면서 연습실 대관 문제가 좀 있었거든요. 대관 문제를 해결하려면 돈이 필요한데, 학생이라 능력이 안 되어서 저희가 사용할 수 있는 시설이 있었으면 좋겠어요. 안전하고, 어렵지 않게 대관하고 연습할 수 있는 곳이 있으면 좋겠어요.

학생 5　처음 라디오에 불러 주셨을 때는 재밌게 한번 해 보고 와야겠다 하고 왔는데 너무 떨리는 거예요. 초반에는 조금 긴장해서 말하고 싶었던 걸 다 말하진 못했지만, 진행을 편안하게 잘해 주신 덕분에 못 했던 말을 다 할 수 있어서 너무 좋았습니다.
　　　그리고 저도 연습실 관련해서 한마디만 하고 싶은데요. 세종시에서 살아가는 예술인이자 학생으로서 연습실 대관 문제가 굉장히 어려워요. 그래서 밤에 가로등을 불빛 삼아서 길에서 연습하기도 했어요. 이런 적이 너무 많아서 관계자분들이 세종시의 연습실을 좀 더 많이 만들어 주시고, 대관도 쉽게 해 주셨으면 좋겠다는 바람이 있습니다.

진행자 오늘 동네방네 프로젝트에서 활동하고 있는 청소년들과 함께 했습니다. 세종시의 청소년들이 학교 밖으로 나와서 이렇게 건강하고 즐겁게 자신들의 관심 영역을 넓혀 가고 있는 모습은 매우 인상적입니다.

어른들의 눈으로만 보고 가르치려고 하지 말고 소통하고 이해하면서 서로를 응원해 줄 수 있는 그런 거리들이 많아졌으면 좋겠습니다. 자신들의 시간을 메우고 있는 미래의 귀한 한 사람 한 사람을 응원합니다. 똑같은 길을 걷지 않아도 같은 모양으로 선택하지 않아도 각자의 색깔로 표현되는 다양함이 풍성함으로 이어지는 삶이 되기를 기대하면서 동네방네 프로젝트의 뮤지컬 팀을 응원합니다. 여러분 고맙습니다.

● 마무리 멘트

'동네방네 프로젝트' 방송을 통해 학생들의 진솔하고 건강한 학교 밖 활동을 보게 되었고, 우리 세종시 청소년들의 삶을 아는 데 큰 도움이 되었습니다. 이들과의 녹음 시간이 무척이나 즐거웠고, 의미가 있었습니다.

이런 활동들을 방송으로 소개하고 알리는 일의 중요성을 다시 한번 느끼면서 청소년들과 소통하며 그들을 알아 가고 응원하는 것이 소중함을 다시 한번 확인했습니다. 스튜디오에서 그들이 공연할 뮤지컬의 노래들을 녹음하는 과정을 통해 당당하고, 재능 있는 청소년들의 꿈을 이루기 위한 노력과 가능성을 학교 밖에서 준비하는 지혜로움도 봤습니다. 저에게는 또 다른 경험이고 도전이었습니다.

나는 마을교육공동체 선생님이다

2023년 11월 7일(화), 오전 9시, 세종FM 공동체라디오 〈문지현의 광장에서〉
참석자: 윤나영, 박아남 마을교육활동가

진행자 여러분, 안녕하세요? 〈문지현의 광장에서〉 시작합니다. 완연한 가을 모습을 띤 형형색색의 나뭇잎들이 변색의 절정기를 지나가고 있는 것 같습니다. 하루하루의 반복적인 일상들이 특별한 의미를 발견하기 어렵다고 생각하기 쉽지만, 그 하루하루가 모여 우리의 한 달을, 일 년을, 그리고 인생을 메꾸어 가는 소중한 나날임을 알게 되기까지는 시간이 좀 필요한 것 같습니다.

교육도 그중에 하나이지 않을까 싶습니다. 당장은 효과가 있는 것 같지 않지만 배움의 과정을 통해서 축적된 학습과 경험이 개인들의 가치관, 태도, 행동의 점진적인 변화와 발전을 가져온다는 것에는 많은 분이 동의하실 겁니다.

오늘 〈문지현의 광장에서〉는 세종시의 마을교육공동체 활동을 오랫동안 지속적으로 성실하게 하고 계시는 교육활동가를 모시고 이야기 나누는 시간을 갖고자 합니다.

마을교육활동가로 두 분을 모셨습니다. 안녕하세요. 각자 소개 부탁합니다.

윤나영 안녕하세요. 저는 범지기마을10단지 푸른작은도서관 관장이면서 북적북적 마을학교 대표로 활동하고 있는 윤나영입니다.

박아남 저는 어린이 문화공간 마을학교 대표이자 조치원 어린이도서관 운영위원장으로 봉사 중인 박아남입니다.

진행자 오늘 두 분 모시고 함께 마을교육에 대해서 얘기를 나누게 되어 저는 상당히 기대가 됩니다. 마을교육활동가로 소개를 드렸는데, 마을교육공동체 활동이라는 게 어떤 건지 좀 설명해 주시겠어요?

윤나영 마을교육공동체라는 것은 한마디로 '온 마을이 아이들의 성장을 돕는다'라는 기조를 가지고 있고요. 세종시 신도심은 아파트가 많은데, 이 아파트에는 작은도서관을 운영할 수 있는 공간들이 있습니다. 그 공간에서 작은도서관 운영자들이 도서관의 운영뿐만 아니라 다양한 프로그램을 통해서 함께 마을교육을 하고 있죠. 아이들과 관련된 프로그램을 진행할 때는 교육적인 가치를 포함하여 진행하게 되고요.

박아남 저는 마을에 있는 이웃 어머님들이랑 같이 돌봄과 교육을 하는 공동체 활동을 처음 시작하면서 마을교육공동체를 접하게 되었고, 지금 점점 더 발전하는 단계에 와 있는데요. 사실은 마을교육이라는 게 엄청 거창한 게 아니라 가까이에 있는 이웃들, 지인들과도 충분히 마을 내에서 할 수 있는 모임이자 활동이라고 생각합니다. 그렇게 만나게 된 이웃들이랑 같이 아이들의 교육, 더 나아가서 지역의 교육환경, 우리 마을의 어떤 교육적인 가치들을 같이 살펴보면서 성장할 수 있다는 데에 의의를 두고 있습니다.

진행자 두 분의 시작은 약간 다른 점이 있네요. 한 분은 작은도서관에서 시작하셨고, 또 박 선생님 같은 경우는 자녀를 돌보는 가운데서 지역의 이웃과 같이 자녀를 키우고 있는 엄마들 중심으로 시작하게 되셨군요. 윤나영 선생님, 초기 활동하고 현재까지의 활동을 좀 비교해 보면, 규모라든지, 어떤 지원을 받는 거라든지, 아니면 참여하시는 정도와 성과적인 측면이라든지, 이런 거에서 초기에 하셨을 때와 지금 상황이 어떤 차이가 있는지 얘기해 주시겠어요?

윤나영   초기에 2016년부터 작은도서관에서 북적북적 마을학교라고 저희도 공동육아로 시작을 했어요. 공동육아를 하면서 우리 마을에 뭐가 제일 필요할까를 생각하게 되었어요. 그때 어린이집 대란이 있었거든요. 세종시에 어린이집이 많지 않으니까 어머님들이 보낼 곳이 없고 나갈 곳이 없는 거예요. 그래서 일주일에 한 번씩 아파트 내 키즈룸 공간에 모여서 공동육아를 시작했어요. 주민이 예약을 하면 누구나 사용할 수 있는 공간인데, 사실 오전에는 그곳이 많이 사용되지 않거든요. 그래서 동 대표분들한테 얘기하고 관리소에 협조를 얻어서 일주일에 한 번씩 그 공간에 모여서 책을 읽기도 하고 놀기도 하고 이런 활동들을 한 거죠. 그런데 운영진도, 입주민분들도, 저희가 그러한 활동을 하면서도 이게 마을교육의 일환이라는 생각을 못 했어요. 그러다 해를 거듭하면서 우리가 하고 있는 게 마을교육이구나, 그 가치에 대한 공부도 하게 되고, 운영진도 공부하고 이제 주민들도 점차 인식이 생긴 거예요. 교육청에서 진행되는 마을학교 사업을 우리 주민들이 활성화시킬 수 있구나라는 생각을 하고, 공동육아 북적북적 마을학교를 하면서 우리 마을에도 마을교육공동체가 생겨나기 시작했다는 점이 굉장히 뜻깊습니다. 지금은 또 운영진이나 봉사자들께서 그 속에서 역량을 키워서 각자 강사로 활동하기도 하고. 다른 공동체를 조직해서 더 활발하게 활동하기도 해요.

그것이 공동체의 개인적, 개별적인 확산이라면 더 큰 확산은 각 마을에서 활동하는 마을교육활동가들이 모이게 되는, 집결되는 커뮤니티 공간도 생기고, 소통의 공간이 또 생기는 거예요. 이제 우리 마을만 움직이는 게 아니라 마을과 마을을 연결 짓는, 그래서 크게 세종시가 마을교육을 함께하고 있다는 연대 의식까지도 공유하고 있는 것이 큰 가치, 큰 의미라고 볼 수 있습니다.

박아남 저도 마을교육공동체 이야기를 들었을 때 추상적으로, 어쩌면 일부분만을 이해하고 있었는데, 지금 윤나영 관장님의 말씀을 들어 보니 현실적인 필요에서 출발했지만 시간이 지나면서 그 필요성이 상당히 의미가 있고 또 구체화되고 확장되어 가는 가운데 개인적인 발전이나 지역의 발전 그리고 지역과 지역을 잇는 그런 의미에서 큰 성과가 있지 않았나 하고 생각합니다.

진행자 마을교육공동체라면 학교교육과는 어떻게 다른 건지요. 또 특징이 뭔지 설명해 주실 수 있을까요?

박아남 저는 현재 학부모로서 초등학교, 중학교에 아이가 있어서 학교교육의 현장도 다른 활동가보다 더 자주 접하게 됩니다. 현재 마을교육활동가로서도 활동하고 있는 제가 생각하는 차이점은, 학교교육은 공교육이고 교육과정에 따라서 그리고 그 교육과정 역시도 각 학교의 특색에 따라서 운영되고 있습니다. 마을교육은 학교교육에서 미처 다 이루어지지 못하거나, 또는 학교교육에서 할 수 없는 활동들, 그리고 그런 상황에 있는 학생들을 위해서 열려 있는 또 다른 배움터라고 생각하시면 됩니다. 그래서 가까운 마을 내에서 아이들이 얼마든지 즐거운 배움과 공교육에서는 시도하지 못했던 다양한 프로그램들을 경험할 수 있다는 것이 마을교육의 장점이라고 생각합니다. 요즘은 점차 학교교육과 마을교육을 연계시키려는 노력을 학교에서도 하고 있거든요. 그래서 자연스럽게 그 교육의 흐름이 학교에서 마을로, 각 가정으로 이어지고 있다는 것이 상당히 고무적이라고 봅니다.

마을교육활동가 인터뷰 모습

마을교육활동가들의 모임

진행자 지금 자녀가 학교에 다니고 있는 학부모들은 훨씬 그 체감하는 정도, 또 참여하는 정도가 다를 것 같습니다. 윤나영 관장님은 이 마을교육공동체 활동이 앞으로 어떻게 지속될 것 같으신지요. 세종시의 독특한 마을교육공동체 활동이긴 한데, 이게 교육청하고 결합된 활동이라고 아까 말씀하셨잖아요. 그래서 지금 시간적으로 놓고 보면 한 8년 정도 마을교육활동이 쭉 이루어진 건가요?

윤나영 마을학교나 마을교사 등 마을교육활동가들이 계속해서 끊임없이 하는 이야기가 '우리가 이걸 계속할 수 있을까요'라는 질문이었어요. 그러니까 가치로만 따지면 아이들이 수혜를 받고 학교와 마을이 연계되고 학교에서의 심화 과정을 또 마을에서 보낼 수 있다는 점을 본다면, 이건 꼭 지속가능해야 하는 교육입니다. 문제는, 지자체의 예산에 의존하다 보니까 가장 큰 모순점은 마을학교를 운영하는 운영진이 일정의 보수를 가져갈 수 없다는 점이에요. 이것은 세종시만이 그런 게 아니라 지방보조금의 규정에 따라서 지정되어 있기 때문에, 결국은 외부에서 초빙해 오는 강사분에게만 강사비를 드리고, 아이들에게 재료비 정도만 책정할 수 있거든요. 그런데 프로그램을 준비하면 강사님을 모셔오기 위한 그전의 과정들, 즉 공고와 모집을 하고 연락 및 장소 섭외, 이런 모든 것들을 운영자가 직접 하는데, 직접적인 보수가 없다는 게 마을교육을 지속하는 데에서 어려운 점입니다.

진행자 저는 그 얘기를 들으면서 지방보조금 사업이라는 게 운영진한테 보조금의 일정 비율을 사용할 수 있게 한다든지, 이런 조항이나 그런 근거들이 있으면 참 좋겠는데, 지금 말씀하신 것처럼 그렇지 않더라고요. 그러면 기획부터 준비하고 진행하고 평가하고 다음번 프로그램으로 이어져야 하는, 그 과정의 수고에 대한 고려가 없이 그냥 100% 헌신과 봉사라는 얘기잖아요?

윤나영 그렇죠. 이렇다 보니 자꾸 법과 규정을 들여다보게 되는데, 지방보조금 규정에는 내부자에게 지급할 수 없다고 나온 거예요. 이 내부자라는 용어의 해석이 운영진을 말하는 건지 결정권자를 말하는 건지 꽹장히 모호한 면이 있어요. 집행하는 기관에서는 서류적으로 이름이 등록된 사람을 내부자로 보고 적용을 하고 있는 거고요.

진행자 사실 마을교육공동체 활동의 예산을 보면 각 사업마다 그렇게 큰 규모는 아니죠? 제가 알기로도 큰 규모가 아님에도 불구하고 거기서 유동성 있게 활용을 못 한다고 하니까 추상적으로 '마을교육공동체 너무 좋다' 이렇게만 생각하고 있다가 실질적으로 주도적·지속적으로 활동하고 있는 분들은 이런 어려움이 있구나, 하는 것을 좀 알게 되네요. 그렇다면 이 마을교육공동체 활동을 할 때 또 다른 지원이 필요한 부분이 있나요?

윤나영 8년 차 활동가와 1년 차 활동가의 가치적인 갭이 너무 큽니다. 그래서 그 차이를 좁혀 가기 위해서 제안을 하면, 5년 이상 된 활동가들에게 역량 강화를 시켜서 서로 끌어 줄 수 있도록 하는 거죠. 저희가 이제는 보조금에 의지하지 않는 자체적인 활동을 할 수 있도록 성장할 수 있어야 하는데, 그것에 대한 지원이 필요합니다.

진행자 그러면 마을교육공동체 활동을 하는 분들의 어떤 연합적인 움직임이나 노력들이 있나요?

박아남 교육청이나 시청에서 마을활동을 하는 사람들이 모인 단체는 이미 있습니다. 하지만 저는 마을활동가와 마을교육활동가는 다르다고 생각하거든요. 마을활동을 하는 것과 마을활동 중에서도 교육에 관한 활동은 다른데, 그것에 대한 인식조차도 어려운 편이죠. 저희가 마을교육활동가라고 소개를 하지만 일반적인 마을활동가와 같은 범주에 있다고 생각하는 분들이 계십니다. 실질적으로 몇 년 이상 지속적으로 마을교육활동을 하고 계시는 분들이 모여서 며칠 전 준비위원회 같은 모임을 꾸렸어요.

진행자 이 마을교육활동이 왜 필요한지 그리고 어떤 성과가 있고 어떤 보람과 의미가 있기 때문에 지속적으로 활동시는지, 그런 사례들을 먼저 소개해 주시면 어떨까요?

박아남 저는 지금 조치원 어린이도서관 운영위원장으로 있으면서 교육청 마을학교도 운영하고 있는데, 어린이도서관을 기점으로 해서 좋은 교육 프로그램이 있으면 직접 강사님을 섭외해서 프로그램까지도 연계시켜 주고 있습니다.

운영하는 입장이나 봉사하는 입장에서는 어떠한 대가나 수고가 없음에도 불구하고 이렇게 지속적으로 활동할 수밖에 없는 이유는, 실질적으로 제가 이렇게 노력함으로써 지역의 아이들이 받고 있는 배움의 기쁨과 가치가 크기 때문이에요.

실제로 읍면 지역이기 때문에 어떤 프로그램 같은 경우는 접할 수가 없는, 그런 교육 프로그램도 사실은 있어요. 강사 인력풀도 없고 장소도 없고 또는 어떤 기자재가 없는 경우도 있고요.

이번 학기에 컴퓨터, 코딩 분야의 강사님들을 섭외해서 특강 식으로 프로그램을 운영했어요. 이런 프로그램은 개인적으로 사교육을 받지 않으면 할 수가 없고, 높은 재료비나 또 자부담이 필요한데, 그런 교육을 무료로 진행할 수 있었던 점이 좋았습니다. 그때 학부모님들과 참여하는 학생들이 너무나도 기뻐하고 만족스러워하는 모습을 보면서 지역 내에서 교육과 문화적인 측면에서의 빈틈들을 마을교육활동을 하면서 메울 수 있구나, 그렇게 메우는 과정들이 반드시 필요하구나, 생각했어요. 그렇게 해야 더욱 견고하고 건강한 단체가 만들어질 수 있다고 생각합니다.

진행자　누군가의 수고, 누군가의 헌신이 있다는 건 우리가 다 알고 있
지만, 그런 것들을 바탕으로 현장에서 특히 지역의 여러 가지
제한점들을 뛰어넘을 수 있는 프로그램들을 도입하고, 학생들
한테 직간접적으로 그런 혜택을 받을 수 있도록 하는 것은 상
당한 노력이고 성과라고 생각합니다. 그런 것들이 좀 더 가치
평가를 높게 받았으면 좋겠다는 바람을 갖게 됩니다. 정말 박
수를 크게 쳐 드리고 싶을 만큼 얘기 들으면서 저는 많은 울
림이 있었습니다. 정말 수고하셨고 감사합니다. 우리 윤나영
관장님은 또 어떤 얘기를 해 주실 수 있나요?

윤나영　가장 큰 보람은 저희가 도서관을 시작했을 때 마을학교에 왔
던 5~6세의 아기들이 이제 초등학교 5학년이 되고, 중고등학
생이 되어 마을에서 마주쳐요. 그러면 그렇게 인사를 잘해요.
그때마다 제가 키우진 않았지만 왠지 제가 키운 듯한 보람이
듭니다. 우리 도서관과 마을학교에 자주 왔던 친구들은 절 마
주치면 "선생님, 아직도 도서관 관장 하세요?" 이렇게 물어봐
요. "아직도 하는데." 그러면 되게 놀라워하는 거죠. 저는 제가
봉사를 하는 모습도 하나의 가르침이라는 생각이 들어요. 제
가 이렇게 꾸준하게, 어떤 보수 여부를 떠나서 나의 가치에 맞
는 활동을 하는 것이 그 아이들한테도 훌륭한 교육이 되리라
고 생각합니다.

진행자　맞습니다. 지역에서 이런 활동을 하는 분들이 계시기 때문에
우리 지역이 발전한다는 생각이 들고요. 저는 일상에서 늘 친
근하게 볼 수 있는 마을교육활동가들! 시간이 지나면서 아이
들은 성장하고 변화지만 여전히 그 자리를 지키는 누군가들

이 있다는 사실이 주는 안정감이 굉장히 의미 있다고 생각합니다.

오늘 저희가 짧지 않은 시간 동안 대화를 나눴는데, 이제 두 분이 앞으로 나눌 마을교육활동을 이렇게 하려고 한다, 하는 계획을 말씀해 주시겠어요?

박아남 저는 어느 정도는 마을교육활동을 했기 때문에 더 나아갈 수 있는 방향이 있을까 사실 이렇게 고민했던 적도 있었어요. 그런데 정말 놀랍게도 우리 세종시에는 더 열심히 활동하는 마을교육활동가도 많이 계시고, 그분들의 성장 과정을 보면서 저도 바람을 가지게 되었어요. 지금은 저희가 지역을 거점으로 마을교육활동을 하고 있지만, 이것이 더 나아가서, 예를 들어 조치원읍과 다른 동 지역 간의 교류를 통한 학생들의 교육 문화 프로그램을 공유하거나 소통할 수 있는 더욱 큰 연대가 이루어지는 마을교육활동을 해 보고 싶다는 꿈이 있습니다.

그 첫걸음으로 내년에는 협의체형으로 좀 더 커다란 마을학교를 운영해 보고 싶다는 생각도 하고 있습니다. 그래서 주민자치회와 도서관 인근에 있는 초등학교, 지역의 어린이들이 우리 지역뿐만 아니라 다른 면 지역 또는 동 지역에서 교육활동하시는 분들과 소통하고 교류하고 프로그램도 나눌 수 있는 더욱더 큰 마을교육공동체를 만들어 가고 싶은 것이 현재 제 목표입니다.

진행자 정말 훌륭한 말씀을 해 주셨어요. 그래서 협업하는 거, 확장하는 거, 또 이렇게 교류하는 거, 단절이 아니라 계속 교류하고 확장하고, 그래서 그 파이의 크기를 넓혀 가는 거, 그게 다 이렇게 수고하시는 분들의 역할이 있기 때문에 가능하다는 걸 알고 있는데, 오늘 이렇게 또 말씀해 주시니 감사합니다. 내년에는 정말 더 큰 활동이 기대가 됩니다. 윤나영 관장님은요?

윤나영 네, 저희 마을학교 운영진한테 항상 하는 말이 있어요. 저는 지치지 말고 계속하자고 이야기를 합니다. 그래서 고민은 되지만 그래도 내년에는 우리 마을학교 상황에 맞는 운영을 또 작게 할 거고요. 제 개인적으로는 지속가능발전교육ESD 강사에 지원해서 활동을 하고, 주변에도 더 전파하고 싶습니다. 그리고 제가 마을교육공동체협의회에 준비위원장으로 좀 막중한 책임을 맡게 됐습니다. 저는 마을교육활동가와 마을, 마을과 마을을 잇는 네트워크 형성에 조금 더 주력해야 하지 않을까 싶습니다.

진행자 정말 훌륭하십니다. 누가 시키지도 않았지만 그런 역할을 하신다는 게 쉽지 않다는 걸 너무 잘 알거든요. 정말 지치지 말고 잘하셨으면 좋겠어요. 내년에 다시 기회가 된다면 어제 만났던 그 준비 모임들이 어떻게 진행되었고 지금 어떤 모습이라는 것을, 이 방송을 듣는 시민들하고 또 얘기를 공유했으면 좋겠습니다. 마을교육활동가들과 함께 세종시 마을교육의 시작, 진행, 현황, 앞으로의 발전과 관련된 대담을 나누는 좋은 시간이었습니다. 대부분의 것들이 짧은 시간에 큰 성과를 내는 것은 쉽지 않다는 것을 잘 알고 있고, 교육은 그중에서도 대표적이라는 생각이 듭니다. 하지만 중단하지 않고 그 의미와 목적성을 가지고 꾸준히 이 영역에서 활동하고 있는 많은 분들을 응원합니다. 오늘 두 분 정말 감사합니다.

● 마무리 멘트

세종시에 살면서 여러분은 어느 분야, 어떤 곳에 관심을 가지고 계신가요? 자신의 지역에 대한 관심은 삶의 질 향상에 중요한 기본이지 않나 생각해 봅니다. 특히 미래 세대를 돌보고 모든 청소년이 좀 더 행복한 삶을 위한 노력들이 가능하다면 우리는 적극적이고 효과성 있는 결과들을 위한 과정의 수고를 받아들이면서, 혼자가 아니라 다른 이들과 함께 지역의 교육환경을 개선하고, 넓게는 교육 생태계를 건강하게 하는 노력을 함으로써 세종시민의 행복한 삶을 위해서 조금씩 기여하고 참여하는 것이 매우 소중하다는 생각이 듭니다. 우리의 삶이 다른 이들의 수고와 헌신 덕분에 가능하다는 것은 수없이 많은 사례를 통해서 알 수 있지만, 이제는 우리 각자의 관심과 참여로 다른 이들의 삶을 풍요롭게 하는 실천의 기회들이 있기를 바랍니다.

해밀 은빛교사단 회원들과 마을교육을 보다

2024년 11월 7일(화), 오전 9시 세종FM 공동체라디오 〈세종사람들의 이야기〉 시즌6_제1회 방송
참석자: 김순남, 김영미 은빛교사단 회원

진행자 오늘은 "해밀동 은빛교사단 회원들과 함께 마을교육을 보다"라는 주제로 은빛교사단이 어떤 곳이고 무슨 활동을 하고 있는지 들어 보고 나누는 시간을 가져 보려고 합니다. 오늘 두 분이 함께하셨습니다. 각자 자기소개하시면 어떨까요?

김영미 안녕하세요. 해밀초등학교 돌봄 선생님으로 활동하고 있는 은빛교사단 김영미입니다.

김순남 안녕하세요. 세종시 해밀동에 사는 김순남입니다.

진행자 은빛교사단이라는 이름이 참 예뻐요. 교사단 하니까 선생님들의 모임 같은데, 은빛이라고 하면 뭔가 부드러운 느낌이 같이 옵니다. 은빛교사단이 어떤 모임인지 이야기해 주시겠어요?

김순남 은빛교사단은 해밀동 마을 계획 사업으로 마을 어르신을 교사로 양성하여 아랫세대에게 윗세대의 지혜를 전수하고, 마을 돌봄 활성화 및 세대 간의 문화 교류를 기대한다는 뜻을 가지고 모임을 하고 있습니다.

진행자 해밀초등학교는 해밀마을 안에 있는 초등학교이고, 그 마을에 사는 주민들인 여러분이 가서 학생들하고 함께 활동을 하신다는 말씀이군요. 그러면 여기에는 벌써 주민들도 참여하고 학생들도 있고 학교하고도 관계가 있겠네요? 조금 넓게 보면 그 주민들이 다 학부모님이시기도 하고요. 그러니까 마을 전체가 관련된 그런 활동이라고 볼 수 있네요. 은빛교사단 활동을 하는 것도 좀 독특하다는 생각이 드는데, 해밀마을에는 어떤 특색이나 자랑거리가 있는지요?

김영미 해밀마을을 자랑할 수 있어서 너무 좋습니다. 해밀마을 이름에서 '해밀'은 순우리말로 '비가 온 뒤 맑게 갠 하늘'이라는 뜻이에요. 이야기가 담긴 무지개 마을처럼 환경교육을 실천하고 다양한 주민들의 의견이 충분히 반영되는 정말 살기 좋은 아름다운 마을입니다.

진행자 해밀마을 아파트는 두 단지 3천 세대 정도라고 알고 있는데, 작은 규모는 아니네요. 하지만 일정한 주민들이 계시니까 어느 정도 활동을 하시기에 좋을 수도 있고요. 은빛교사단은 마을 계획의 하나로 활동하시는데, 어떤 활동을 하시는 거예요? 하루의 일과를 좀 소개해 주세요.

김순남 아침 7시 30분까지 도서관에 가요. 저희가 가서 아이들을 확인하고 이름을 쓰고 잘 보호했다가 9시가 되면 교실로 보냅니다.

김영미 아이들이 일찍 교실에 가서 혼자 있다가 어떠한 사고가 생길 수도 있으니까 일찍 오는 아이들을 저희가 도서관에서 돌봄을 하고, 일정 시간이 되어 선생님께서 교실 문을 열었을 때 갈 수 있도록 수업 전에 돌보는 거예요.

진행자 도서관에 오는 학생 수는 어느 정도 되는지요?

김영미 30명에서 40명 정도요.

진행자 아이들이 수업을 하고 좀 있으면 점심시간이 될 텐데, 그때는 또 어떤 활동을 하시나요?

김영미 아이들이 오면 저학년은 아직 어리기 때문에 저희가 배식 봉사를 합니다. 학생들과 같이 식사하면서 정말 해밀초등학교 아이들하고 식구가 되었다는 그런 생각이 듭니다.

김순남 수업이 끝나고 오후 2시부터는 엄마품 돌봄교실에서 저희가 보호하고 있다가 아이들이 일정에 맞춰서 갈 수 있도록 도와줍니다. 방과후 바둑, 줄넘기, 한자 등을 가야 하는데 시간을 잘 못 맞춰요. 그러니까 저희가 시간에 맞춰서 그 활동 시간에 잘 보내 주고 있어요.

진행자 참 훌륭한 일들을 하십니다. 아까 해밀마을에서 하는 그런 일들이 참 좋다고 말씀하셨는데, 왜 이 일을 하시는지요? 은빛 교사단 활동을 하는 가장 큰 이유는 어떤 거라고 말씀하실 수 있나요?

김영미 저는 일단 아이들을 만나면서, 지금은 다들 핵가족 시대잖아요. 저 또한 손자가 멀리 있기 때문에, 보고 싶은 손자에 대한 사랑을 이 어린 학생들 보면서 느끼고, 또 아이들한테도 할머니의 사랑을 전해 줄 수 있는 그런 따뜻한 시간이어서 저는 그런 마음으로 아이들과 만나고 있습니다.

진행자 저는 그 마음을 좀 이해할 것 같아요. 왜냐하면 요새는 자기 가족하고도 그렇게 가깝게 살지 못하는 경우가 많고, 또 동네 아이들이라고 하더라도 친근하게 대하기가 쉽지 않잖아요. 가까이서 아이들을 돌보는 것만으로도 마음이 즐겁다고 하시니까 참 좋네요. 이전에 돌봄이나 교육에 관한 경험을 해 보신 적이 있으세요?

김순남 저는 제 아이들의 1일 교사 경험이 있어요. 제 아이들을 기를 때는 스승의 날 1일 교사라는 게 있었어요. 그럴 때마다 학교에 가서 우리 아이들의 선생님이 된 거죠.

김영미 저는 장애인 주간보호센터에서 사회복지사로 11년간 아이들을 돌봐 왔습니다. 또 은빛교사단 활동을 하기 위해 두 달간 교육을 받았습니다. 학교 교장 선생님, 또 주변에 또 훌륭하신 선생님들이 강사진으로 오셔서 강의해 주셨습니다.

진행자 그런 강의를 듣고 나면 '내가 애 키울 때랑 너무 다르구나' 하는 걸 느끼시진 않으셨어요?

김영미 저희 아이들을 키울 때는 부모님께 교육받았던 것처럼 "해서는 안 된다, 된다"를 확실하게 아이들한테 딱딱 결정을 해 줬는데, 지금은 아이들이 자유롭게 표현할 수 있게 해 줍니다. 지금 보면 아이들한테 미안한 점이 많이 있었습니다.

김순남 저는 정말 제가 애들 기를 때하고 지금과는 하늘과 땅 차이예요. 아이들 의견도 존중해 줘야 하고, 아이들이 생각과 행동을 잘할 수 있도록 많이 도움을 주려고 합니다.

진행자   우리가 나쁜 뜻에서 강요하는 건 아니지만, 그래도 엄마는 이렇게 생각하니까 엄마가 너를 위해서 이렇게 하는 거야, 이런 얘기들을 우리는 익숙하게 듣고 살았는데, 요새 친구들은 좀 다르다는 걸 많이 느끼실 것 같아요. 지금 말씀하시는 내용을 살짝 들어봐도, 그 나름대로 또 변해 가는 이 세대를 통해서 두 분이 적응을 굉장히 잘하신다는 생각이 들어요. 가장 최근에 했던 활동 중에서 기억에 남거나 소개하시고 싶은 활동이 있으면 말씀해 주시겠어요?

김순남   방학 동안에 3학년 아이들 돌봄을 했었어요. 근데 개성이 다 강하고 자기주장이 아주 강해요. 남자아이와 여자아이가 둘이서 싸움도 하고요. 그러면 그걸 중간에 서서 옛날 같으면 "너 왜 이렇게 했니?" 했는데, 지금은 그렇게 못해요. 아이들끼리 화합을 잘 시켜야 하거든요. 방학 끝나고 편지가 왔는데 감동 깊게 읽었어요.

> 선생님, 안녕하세요? 저를 방학 동안 돌봐 주셔서 감사합니다.♥ 그동안 싸우고 서로 화해할 때마다 우리를 화해시켜 주시는 선생님 모습이 참 고마웠어요. 우리 다음에 개학하면 만날 때마다 인사해요. 감사합니다. 늘 존경하고 싶습니다.

김순남   이 편지를 받았을 때는 정말 가슴이 뭉클했어요.

진행자   그러셨겠어요. 보람도 많이 느끼시고 좀 힘들었던 상황도 잊게 되고요. 감정이 상당히 올라왔을 것 같아요.

김순남   한 학생이 방학 동안에 했던 일 중에서 자기가 잘 생각한 게 있으면 돌봄 선생님 덕분이라고, 최고라고 말하고 친구들과 밥

세종사람들의 이야기 6기 1회 | 진행: 문지현 | 해일 은빛교사회 회원들과 함께
마을교육을 보다 | 세종FM 98.9MHz

은빛교사단 인터뷰 모습 　　　〈세종사람들의 이야기〉 6기 1회 섬네일

도 함께 잘 먹을 수 있어서 좋았다는 편지도 있었어요. 애들이 이렇게 써서 보낼 때는 보람되고 진짜 가슴이 벅찼습니다.

진행자 굉장히 큰 보람을 느끼셨을 것 같아요. 친구들이 자기 마음을 표현하는데, 그게 완전한 표현은 아니라도 충분히 전달되는 그런 편지였다는 생각이 드네요.

김영미 저는 1학년에서 저의 도움을 필요로 하는 친구가 있었습니다. 이 친구는 첫 만남에서는 저를 아주 무서운 선생님으로, 저 또한 이 친구하고 내가 어떻게 한 학기 동안 잘 지낼 수 있을까, 좀 걱정이 앞섰습니다. 그런데 시간이 흐르면서 하루는 제가 개인 사정이 있어서 친구를 못 만났는데, 아이가 "선생님이 왜 안 나오셨어요? 선생님, 보고 싶었어요." 하며 흐느끼면서 껴안더군요. 그때 제가 이 아이들한테 도움을 줄 수 있는 존재라는 것에 정말 감사함을 느끼고 뿌듯했어요.

진행자 두 분한테는 아름다운 추억으로 오랫동안 기억되지 않을까 싶습니다. 은빛이라는 이름에 할머니 같은 그런 마음, 또 할머니한테 기댈 수 있는, 어떤 정서적인 게 있잖아요. 그런데 한편으로는 어르신들이 선생님이 되어서 학생들을 돌본다는 것이 참 쉽지는 않을 것 같아요. 어떤 점에서 어려움이 있는지도 조금 얘기해 주실 수 있나요?

김순남 밥 먹을 때 잘 안 먹어요. 그냥 숟가락 갖고 서 있어요. 그러면 "이거 맛있지, 이거 한번 먹어 봐." 그래도 처음에는 반응을 안 해요. 그러다 한참 있다가 "이거 맛있는 거야. 한번 먹어 봐." 하고 두 번 세 번 말하면 대번 먹어요.

진행자 그러니까 아이들한테는 처음의 반응에 비해서 조금 더 인내도 필요한 것 같고요. 그리고 섬세한 기다림도 좀 더 필요하다는 말씀이시군요.

김영미 저는 힘든 일보다는 반대로, 제가 뿌듯하고 행복했던 이야기를 잠깐 하고 싶어요. 저도 엄마품 돌봄교실에서 일주일에 한 번씩 봉사를 하고 있어요. 워킹맘들의 걱정과 염려를 저희가 도와주고 싶어서 아이들 정규 수업이 끝나고 오면 간식을 먼저 주는데, 엄마들이 그걸 다 확인을 하세요. 밴드 확인을 해서 감사하다는 인사가 톡방에도 올라와요. 그리고 이 아이들이 방과후 수업 활동을 할 수 있도록 돌봄을 해요. 이 아이들이 갔다 오면 "선생님, 오늘 수업 잘하고 왔습니다." 인사하고 집에 가는 것을 아이들이 좀 아쉬워해요. 할머니의 사랑이 학생들한테 더 먼저 전달이 되는지, 아이들이 껴안아 주고 그러고 갑니다.

진행자 아이들이 할머니의 푸근함을 느낄 수 있는 참 좋은 교류인 것 같아요. 내가 살고 있는 아파트에서 학생들을 만날 수 있을 거라고 생각해 보셨어요? 해밀마을에서는 독특하게 그런 일들을 시작하시는데, 본인이 은빛교사단으로서 그 역할을 하는 것에 대해서는 어떻게 생각하세요?

김순남 대단히 뿌듯하고 정말 이루 말할 수 없어요. 애들도 좋아하고 저희도 하루 일과가 끝나면 다른 곳에 일하러 가서 돈 버는 것보다도 훨씬 낫죠.

김영미 최근에 해밀동에서 무지개 축제를 했습니다. 무지개 축제 때 저희 가족도 같이 현장에 나갔어요. 아이들도 부모님들과 같이 한 공간에서 다 만났는데, 아이들이 "선생님~" 하면서 멀리서 달려와서 껴안아 주고 아는 체를 하더라고요. 그때는 옆에 있는 가족들한테도 제가 우쭐하고 당당해지면서 내가 이 아이들한테 정말 선생님으로, 앞으로도 더 예쁘게 정말 잘해야겠다는 마음이 들었습니다.

진행자 저는 두 분의 얘기를 들으면서 은빛교사단 회원의 역할에 대한 자부심과 보람도 상당히 크시지만, 해밀마을에 살고 계시는 주민으로서 그 지역사회에 대한 특별한 마음도 같이 있다는 생각이 들었습니다. 지역이 소중하고, 사랑하는 마음이 있다는 생각이 전해집니다. 멀리 가지 않고 내가 살고 있는 지역에서 이런 활동을 하시니까 어떤 특별함이 더 있다고 느껴지시나요?

김순남 길을 가다가 자기 엄마를 모셔와서 "우리 선생님이세요." 이렇게 인사해요. 우리 할머니 선생님이셔, 이렇게 얘기할 때마다 정말 내가 여기서 이런 일을 해서 이만큼 애들이 나를 알아봐 주는구나 생각하니까 너무 좋죠.

진행자 김영미 선생님 같은 경우는 이 활동하시면서 해밀 지역에 자리매김한다, 지역사회에 안착한다고 할까요? 그런 거에 혹시 영향을 받거나 도움을 받으셨어요?

김영미 저는 4년 전에 해밀마을 아파트에 입주하면서 처음 생활하기 시작했어요. 은빛교사단으로 활동하면서 제가 아이들과 엘리베이터를 타고 부모님들을 만나면, "아빠, 저희 선생님이세요." 하고 소개하면 인사를 하게 돼요. 서로 인사를 나누는 과정에서 이웃 간에 낯을 붉힐 수 있는 층간소음 같은 문제도 같이 해결할 수 있는 자리가 됩니다. 이웃 간에도 좋은 관계가 만들어질 수 있도록 하는 데 제가 중간 자리에 있다고 생각합니다. 해밀마을에 살면서 아주 큰 역할을 하는 저 자신으로 자리매김할 수 있었으면 합니다.

진행자 아파트라는 구조가 굉장히 단절되어 있음에도 이 활동을 통해 이해함도 생기고 친밀함도 생기고, 아이들과 알고 그 아이들의 부모님들하고 같은 주민으로서도 알게 되고, 문제가 있어도 아주 크게 확대되지 않고 서로 이해하고 조금 더 배려할 수 있는 그런 완충 역할도 할 수 있다는 말씀이시네요.

내가 이 활동을 하기 전하고 이 활동을 하고 나서는 뭐가 좀 변화됐을까, 얘기하신다면 어떤 것들이 있을까요?

김영미 제 모습에서 보입니다. 왜냐하면 제가 아이들을 만나면서 굉장히 밝아졌대요. 저희 남편이나 가족들이 엄마가 열심히 움직이고 활동하는 모습이 훨씬 더 보기 좋다고 하고, 제가 행복해 보인다는 소리를 주변 사람들한테 듣고 있습니다.

김순남 저는 매일매일 활동할 수 있다는 생각에 너무 좋고요. 요일별로 이렇게 나가니까 건강도 정말 좋아졌어요. 애들하고 같이 놀면서 자연적으로 저도 좋아지는 거죠.

진행자 이 활동을 또 하고 싶어 하시는 분들도 많이 계시죠?

김순남 내년에 은빛교사단을 다시 양성해서 좀 더 많은 인원이 활동에 참여할 수 있도록 마을 계획을 잡고 있어요.

진행자　혹시 힘드신 일은 없는지, 또 필요하신 거는 없는지, 이런 거는 조금만 더 있으면 좋겠다 싶은 것에 대해서 얘기해 주세요.

김영미　힘든 거는 정말 없습니다. 정말 없고, 바람이라면 이 학교와 마을의 지역 사업이 꾸준히 이어져서 저희처럼 은빛교사단이 학교에서 활동할 수 있도록 지속적으로 잘 이루어지기를 기대합니다.

김순남　저도 마찬가지인데, 이 프로그램이 좀 더 많은 걸 해서 여러 사람이 같이 공유할 수 있도록 해 줬으면 좋겠습니다. 마을 안에서도 좋지만 다른 마을과의 협력도 좋고요. 마을 계획이라 좀 더 많은 사람이 참여했으면 좋겠다는 생각이죠.

진행자　오늘 긴 시간 동안 스튜디오에서 은빛교사단의 활동에 대해서 두 분 선생님의 마음과 생활을 저희하고 나눴습니다. 이렇게 나누다 보니까 좀 정리가 되기도 하고 감정이 약간 올라오기도 하고 그러신 것 같은데, 마지막으로 방송하신 소감을 표현하시면서 마무리할까 합니다.

김영미　이번 기회에 저희 같은 시니어들이 세종교육의 중점인 학생자치 활동에 같이 참여할 수 있었다는 것이 너무 감사하고요. 앞으로도 몸이 건강하여 이 사업에 끝까지 동참하고 싶습니다.

김순남　정말로 어르신들이 할 수 있는 일로는 최고인 것 같아요. 다른 일도 좋지만 정말 아이들하고 같이 놀고 하는 게 저 자신부터가 달라지니까요. 많은 사람이 같이 했으면 좋겠습니다.

진행자　은빛교사단의 적극적 홍보단 같으십니다. 체험을 통해서 말씀하시는 거라 주변 사람들이 깊이 있게 들을 거라는 생각이 듭니다. 바쁘신데도 두 분 시간 내서 함께 나눔의 시간을 가질 수 있어서 참 감사합니다. 해밀초등학교의 은빛교사단 회원들을 모시고 지역에서 마을교육이 어떻게 이루어지고 있는가를 살펴보는 시간이었습니다. 두 분 모두 건강하시고, 다음에 기회가 있으면 오늘 이후에 어떤 활동들이 있었는가를 또 들을 수 있는 그런 시간을 가져 보도록 노력하겠습니다. 함께해 주셔서 고맙습니다.

● 마무리 멘트

아이 한 명을 키우기 위해서는 온 마을이 필요하다. 즉, 온 마을 사람의 도움과 관심과 돌봄이 필요하다는 속담을 우리가 잘 알고 있는데, 이렇게 지역에서 학교가 지역 주민들하고 소통하고 교류하면서 학생들한테 교육과 돌봄 서비스가 같이 가도록 하는 것은 굉장히 좋은 사례가 아닐까 싶습니다. 해밀마을에서 시작된 은빛교사단이 더 퍼져 나가 더 많은 사람이 참여하고 더 많은 아이가 이 돌봄의 혜택을 받을 수 있으면 좋겠습니다. 그렇게 되도록 또 마음으로 많이 응원하겠습니다. 그리고 충분히 활동하실 수 있도록 은빛교사단 회원분들이 더 건강하시길 바랍니다.

작고 소박한 시작이 가져오는
크고 위대한 변화

세종시에 이사 오는 대부분의 사람들은 낯설고 익숙하지 않은 터전에서 각자의 삶을 살게 된다. 특히, 자녀를 키우는 주민들은 새로운 교육환경 조성과 적응 그리고 교류 및 지원 등이 매우 필요할 것이다. 개인적으로 혼자 감당하기보다는 비슷한 여건에 있는 주변 사람들을 발견하고, 서로 힘을 합쳐 조금이라도 나은 교육을 만들어 가기 위해 천천히 가더라도 주체적이며 자율적인 교육활동을 하고 있다는 것을 알게 된다. 혼자가 아닌 다른 이들이 이미 시작했고, 지금도 새로운 길을 만드는 마을교육활동가들이 있다는 것은 매우 큰 힘이 된다.

처음에는 몇몇 사람들의 독특하고 새로운 방식이었던 것이 지금은 지역 주민들에게 직간접적으로 연계되어 있고, 활동하는 교육공동체로 성장 발전하고 있다. 비주류이고, 중심에서 벗어난 교육의 형태가 이제는 제도권 안으로 들어올 수 있으며, 세종시의 중요한 교육정책과 맞물려 가면서 학교 밖 청소년까지 아우르며 마을공동체, 마을교육공동체, 교육청, 시청 등 사회조직 간의 유기적이고 협력적인 활동을 통해 마을 지역에서, 세대를 넘나들며 전 주민이 참여하는 새로운 방식의 마을교육공동체를 보게 된다. 작은 시작이 큰 물결을 타기를 기대한다.

에필로그

    마을교육공동체 및 거버넌스 운영 담당자로서 여러 사람의 의견을 청취하고 지역사회와 학교의 요구를 가까이에서 들을 수 있는 값진 시간이었고, 또 기회었다. 서로에게 필요한 기관을 연계해 주고 문제를 함께 해결해 나가면서 뿌듯함도 느낄 수 있었다.

    계속해서 글을 쓰고 다듬기를 반복하면서, 글을 쓴다는 것은 한없이 작아지고 겸손해지는 작업이었다. 그간의 활동들을 정리해 보며 사건의 나열로 보일 수도 있겠지만 기록의 측면에서 갖는 큰 의미는 여전하다. 당시 현장에서의 생생함과 그 감정을 담기에는 부족한 것 같아 아쉬움도 남는다.

    마을교육활동가들과 글쓰기를 시작하면서 자연스레 마을교육공동체와 관련한 다양한 도서와 연구 결과물 등을 읽게 되었고, 미처 알지 못했던 그 근원적 뿌리와 시작을 알게 되며 학교에서 교사로서 겪었던 변화의 물결의 조각들이 맞춰지기도 하였다.

    마을교육공동체와 함께 나 스스로도 배우고 성장함을 느꼈다. 함께하신 분들과 책이 완성되기까지 도움을 주신 분들께 무한한 감사를 전하며, 우리가 모여 함께 이루기를 소망했던 초심에 가깝게 다가가기를 진심으로 바란다.

글쓴이를 대표하여 김미연

부록

부강마을교육공동체 학교-마을 연계
생태 프로그램 활동 계획안 1

1. 단원명: 식물의 생활

2. 단원 및 차시 학습 목표와 성격

단원	단원 학습 목표	차시 학습 목표	차시
1. 식물의 생활	식물의 생김새와 생활 방식이 환경과 관련되어 있음을 알 수 있다.	우리 주변에 사는 여러 가지 식물을 이용해 식물 요정을 만들고 소개할 수 있다.	(1/12)
		학교에 사는 여러 가지 식물을 조사할 수 있다. 우리 주변에 여러 가지 식물이 살고 있음을 설명할 수 있다.	(2~3/12)
		여러 가지 식물의 잎을 채집해 관찰할 수 있다. 채집한 잎의 특징에 따라 분류 기준을 세워 식물을 분류할 수 있다.	(4~5/12)
		들과 산에서 사는 식물의 생김새와 생활 방식을 조사해 설명할 수 있다.	(6/12)
		연못과 강가에서 사는 식물의 생김새와 생활 방식을 조사해 설명할 수 있다.	(7/12)
		사막이나 극지방에서 사는 식물의 생김새와 생활 방식을 조사해 설명할 수 있다.	(8/12)
		식물의 특징을 모방해 생활에서 활용하는 예를 조사하고, 식물의 특징이 실생활과 깊은 관련이 있음을 설명할 수 있다.	(9/12)
		식물의 다양한 생김새를 활용해 간단한 생활용품을 디자인할 수 있다.	(10~11/12)
		식물의 생활에 대한 개념을 정리하고, 정리한 내용을 평가할 수 있다.	(12/12)

3. 프로그램의 구성 방향

본 프로그램은 학교 내 다양한 식물에 대해 이해하며 특히, 환경과 나무의 관계를 알아보는 데 목적을 두고 있다. 학교에 사는 다양한 나무를 조사해 보고 나무도감을 만들어 본다. 다양한 나뭇잎을 관찰해 보며 잎의 특징을 알아보고 특징에 따라 분류 기준을 세워 나뭇잎을 분류하도록 한다.

도입 단계에서는 학교를 대표하는 교목인 오엽송에 대한 이야기를 나누며 다른 나무들에 대해 호기심을 갖도록 유도한다.

전개 단계에서는 학교의 다양한 나무들을 둘러보며 잎의 기능(증산, 광합성, 호흡작용)과 잎의 생김새(잎머리, 잎몸, 잎밑, 잎선. 넓은 잎, 바늘잎. 비늘잎), 잎자루, 턱잎, 잎맥(그물맥, 나란히맥, 손모양맥, Y자형맥, 관다발), 홑잎, 겹잎, 잎차례에 대해 이해하고 이러한 기준에 맞추어 채집하고 관찰하여 잎도감을 만들어 본다.

잎은 나무에서 영양분을 만들고 호흡을 하는 부분임을 설명하고 "영차 영차 영양분을 나르자"라는 협동놀이를 통해 환경과 나무의 관계를 이해할 수 있게 돕는다.

정리 단계에서는 수업 소감 나누기와 다음 2차시 수업 내용을 안내하고 오늘 관찰한 내용을 토대로 잎의 분류 기준에 대해 미리 생각하도록 한다.

단원	식물의 생활	대상	4학년 2학급 학급별 15명		
본시 주제	다양한 나뭇잎	장소	부강초 교내 학교숲	소요 시간	80분
학습 목표					

단원	식물의 생활	대상	4학년 2학급 학급별 15명		
본시 주제	다양한 나뭇잎	장소	부강초 교내 학교숲	소요 시간	80분
학습 목표	• 학교에 사는 여러 가지 식물을 조사할 수 있다. • 우리 주변에 여러 가지 식물이 살고 있음을 설명할 수 있다.				
세종형 학력	생태적 감성 능력, 창의적 사고 능력				
성취기준	[4과05-01] 여러 가지 식물을 관찰하여 특징에 따라 식물을 분류할 수 있다.				

학습 단계 (시간)	학습 과정	교수·학습 활동 및 내용	유의점(※), 준비물(♣)
도입 4'	동기 유발	▶ 동기유발 • 부강초등학교를 대표하는 나무를 알고 있나요? – 오엽송입니다. • 오엽송은 소나무일까요? – 소나무와 잣나무의 잎을 비교 관찰하며 같은 점과 다른 점을 찾아 본다. • 나무는 어떤 것을 기준으로 구분할 수 있을까요? – 잎 모양, 나무껍질(수피), 꽃, 열매 등으로 구분할 수 있어요.	♣ 모자, 생수, 운동화
	공부할 문제	▶ 공부할 문제 확인 학교에 사는 여러 가지 나무를 조사해 봅시다.	
전개 1'	학습 활동 순서 안내	▶ 학습활동 안내 [활동1] 관찰 및 채집하기 [활동2] 나뭇잎 도감 만들기 [활동3] 협동놀이 하기(영차영차 영양분을 나르자)	
30'	활동1	[활동1] 관찰 및 채집하기 • 학교에 사는 여러 가지 나무를 관찰하고 나뭇잎을 채집해 봅시다.	

30'	활동1	※부강초등학교 학교숲 나무 ① 전나무 - 잎 뒷면 흰 기공선 2줄 ② 향나무 - 어린 가지(바늘잎)/묵은 가지 (비늘잎) - 3줄의 불규칙 흰 기공선 - 향기 나는 나무(피톤치드-나무의 생존 전략) ③ 은행나무 - Y자형 잎맥(차상맥), 부채모양 잎 - 살아 있는 화석나무(고생대부터 존재) - 노거수(세종 양화리 600년) - 정자나무/당산나무-암수딴나무 ④ 배롱나무 - 잎차례(마주나기) - 잎 앞면 광택 - 잎맥 따라 털-벗겨진 수피 ⑤ 양버즘나무 - 플라타너스, 벗겨진 수피, 긴 잎자루 - 손모양 잎, 손모양 잎맥(장상맥) ⑥ 이팝나무 - 암수딴나무 - 감잎과 비슷(비교 관찰) - 꽃이 피면 사발에 소복한 쌀밥 모양 - 잎, 열매, 꽃 식용 가능(폴리페놀)	⑦ 단풍나무 - 잎선(불규칙 톱니) - 손모양 잎, 장상맥 ⑧ 산딸나무 - 열매가 딸기와 비슷 - 꽃잎같이 보이는 흰색은 꽃턱잎 - 잎맥이 휘어 잎밑으로 몰림 - 가지가 층을 지어 옆으로 퍼짐 (층층나무속) - 잎선(잔물결모양 톱니) - 기독교도가 사랑하는 나무(예수가 십자가에 못 박힐 때 사용) - 열매 단맛, 식용 가능 ⑨ 남천나무 - 상록 관목 - 3회 우상복엽(겹잎/작은 잎/잎줄기) - 가죽질 잎 ⑩ 화살나무 - 가지가 화살의 깃을 닮아 생긴 이름 - 코르크질 날개형 가지 - 잎 앞뒷면 색 다름(엽록소와 기공) - 잎자루 아주 짧음 - 어린잎(홑잎나물)	♣ 루페, 바인더, 필기도구, 도감용 책자 ※ 나뭇잎 채집 시 잎자루를 잡고 뒤로 꺾으며, 가능하면 턱잎까지 채집하도록 한다.
		• 루페 사용 방법과 잎 관찰 방법을 알아봅시다. ※루페 사용 방법 - 관찰할 잎을 손바닥이나 평평한 곳에 놓는다. - 렌즈 밑 투명한 부분을 손으로 가리지 않도록 한다. - 렌즈 가까이에서 한쪽 눈을 사용하여 잎을 관찰한다. ※잎 관찰 방법 - 잎의 구조: 잎머리, 잎몸, 잎밑, 잎선, 잎자루, 턱잎, 잎맥 - 잎 전체 모양 관찰: 갈래잎, 둥근 잎, 길쭉한 잎, 바늘잎, 비늘잎 - 잎 가장자리(잎선) 관찰: 밋밋한 모양, 톱니 모양 - 잎자루에 달린 잎의 개수 관찰: 홑잎, 겹잎(작은 잎, 잎줄기) - 잎맥 관찰: 그물맥, 나란히맥, 손모양맥, Y자형맥(잎 형태 유지, 관다발) - 잎차례 관찰: 어긋나기, 마주나기, 돌려나기 - 턱잎 유무 관찰		
15'	활동2	[활동2] 나뭇잎 도감 만들기 • 채집한 나뭇잎을 모아서 나뭇잎 도감을 만들어 봅시다. - 도감용 책자에 미리 양면테이프를 붙여 채집한 잎을 붙이기 쉽게 준비한다. - 나뭇잎을 붙이고 간단한 설명을 적어서 나뭇잎 도감을 완성한다.		♣ 도감용 책자, 필기도구, 클립보드판
25'	활동3	[활동3] 협동놀이-영차영차 영양분을 나르자 • 식물이 뿌리를 이용해 영양분과 물을 흡수하고 잎이 햇빛, 물, 이산화탄소를 이용하며 영양분을 만듭니다. 이 과정을 표현하는 놀이를 해 봅시다.		

25'	활동3	※놀이 방법 - 남녀 또는 홀짝 번호, 각 한 줄로 서게 한 후 서로 마주 보게 한다. - 마주 본 2인당 손수건 1장을 나누어 주고 서로 맞잡게 한다. - 솔방울이 뿌리가 흡수한 물이 되고 이를 뿌리에서 가장 먼 잎까지 옮겨 주어야 한다. - 솔방울이 잎까지 잘 도착하면 잎의 광합성에 대해 설명하고 뿌리까지 다시 전달하도록 한다. 중간에 솔방울을 떨어뜨리면 떨어뜨린 학생이 줍도록 한다. - 2번째 기회에서는 2인 1조의 간격을 넓혀 앞 조가 다음 조로 솔방울을 넘긴 후 맨 뒤로 뛰어가게 하여 목표지점까지 갈 수 있게 놀이를 진행한다. • 놀이가 끝난 후 지구 이상기온에 대해 이야기 나누고 나무의 이산화탄소 흡수가 지구의 온도를 낮출 수 있음을 설명한다.	♣ 손수건, 큰 솔방울 또는 탁구공
정리 5'	차시 예고	▶ 학습활동 정리 • (배·느·실) 오늘 배운 점, 느낀 점, 실천할 점을 발표해 봅시다. - 친구들과 나뭇잎 도감을 만들어서 재미있었어요. - 놀이가 신났어요. - 나무가 이산화탄소를 흡수해서 지구의 온도를 낮출 수 있다는 것을 알았어요. - 자연의 소중함을 알 수 있었어요. - 종이를 아껴 쓸게요. ▶ 학습활동 정리 • 다음 차시에는 오늘 관찰한 내용을 토대로 잎을 분류해 보고 나뭇잎 생태 놀이 활동을 하겠습니다.	

부강마을교육공동체 학교-마을 연계 생태 프로그램 활동 계획안 2

1. 단원명: 식물의 생활

2. 단원 및 차시 학습 목표와 성격

단원	단원 학습 목표	차시 학습 목표	차시
1. 식물의 생활	식물의 생김새와 생활 방식이 환경과 관련되어 있음을 알 수 있다.	우리 주변에 사는 여러 가지 식물을 이용해 식물 요정을 만들고 소개할 수 있다.	(1/12)
		학교에 사는 여러 가지 식물을 조사할 수 있다. 우리 주변에 여러 가지 식물이 살고 있음을 설명할 수 있다.	(2~3/12)
		여러 가지 식물의 잎을 채집해 관찰할 수 있다. 채집한 잎의 특징에 따라 분류 기준을 세워 식물을 분류할 수 있다.	(4~5/12)
		들과 산에서 사는 식물의 생김새와 생활 방식을 조사해 설명할 수 있다.	(6/12)
		연못과 강가에서 사는 식물의 생김새와 생활 방식을 조사해 설명할 수 있다.	(7/12)
		사막이나 극지방에서 사는 식물의 생김새와 생활 방식을 조사해 설명할 수 있다.	(8/12)
		식물의 특징을 모방해 생활에서 활용하는 예를 조사하고, 식물의 특징이 실생활과 깊은 관련이 있음을 설명할 수 있다.	(9/12)
		식물의 다양한 생김새를 활용해 간단한 생활용품을 디자인할 수 있다.	(10~11/12)
		식물의 생활에 대한 개념을 정리하고, 정리한 내용을 평가할 수 있다.	(12/12)

3. 프로그램의 구성 방향

나뭇잎은 식물 생태뿐 아니라 융합 교육에 좋은 교구로서 학교 주변 나무의 다양한 나뭇잎을 탐색하고, 나뭇잎을 이용한 메모리 게임, 퍼즐 맞추기 놀이 활동을 통해 생태 감수성과 창의성, 수학적 사고력을 키울 수 있다.

도입 단계에서는 1차시에 진행한 활동을 상기시키며 나뭇잎의 특징에 대해 복습하는 시간을 갖도록 한다.

전개 단계에서는 식물에 따라 잎의 생김새가 다양함을 알고, 기준을 정해 분류 활동을 하며, 메모리 게임으로 기억력과 관찰력을 기를 수 있다. 또한 나뭇잎 퍼즐 맞추기는 나뭇잎 모양을 알고 배열 감각, 협동심을 기를 수 있다.

정리 단계에서는 수업 소감을 나누고 앞으로 환경을 보호하고, 자연을 사랑하는 마음을 다지도록 한다.

단원	식물의 생활	대상	4학년 2학급 학급별 15명		
본시 주제	나뭇잎을 찾아라	장소	부강초 교내 학교숲	소요 시간	80분
학습 목표		• 여러 가지 식물의 잎을 채집해 관찰할 수 있다. • 채집한 잎의 특징에 따라 분류 기준을 세워 식물을 분류할 수 있다.			
세종형 학력	생태적 감성 능력, 창의적 사고 능력				
성취기준	[4과05-01] 여러 가지 식물을 관찰하여 특징에 따라 식물을 분류할 수 있다.				

학습 단계 (시간)	학습 과정	교수·학습 활동 및 내용	유의점(※), 준비물(♣)
도입 4'	동기 유발	▶ 동기유발 • 지난 시간에 알아본 우리 학교 나무들은 어떤 것이 있었나요? - 오엽송이요/ 모과나무요/ 화살나무요 등. • 살펴본 나무들은 어떤 모양이 있었나요? - 둥그란 모양이요/ 뾰족한 모양이요/ 길죽한 모양이요 등. • 나뭇잎의 구조는 어떻게 되나요? - 잎몸, 잎맥, 잎자루, 톱니로 구성되어 있어요.	
	공부할 문제	▶ 공부할 문제 확인 채집한 잎의 특징에 따라 식물을 분류해 봅시다.	
전개 1'	학습 활동 순서 안내	▶ 학습활동 안내 [활동1] 똑같은 나뭇잎 찾기 [활동2] 나뭇잎 분류하기 [활동3] 나뭇잎 메모리 게임하기 [선택] 나뭇잎 퍼즐 맞추기	
15'	활동1	[활동1] 똑같은 나뭇잎 찾기 • 선생님이 제시한 나뭇잎을 찾아봅시다. - 사전에 미리 채집해 놓은 나뭇잎을 주고 2인 1조로 이동하며 똑같은 나뭇잎을 1인당 2장씩 찾아온다. • 이 나뭇잎은 어떤 나무의 잎일까요? - 단풍나무요. (잘 모르면 선생님이 도움을 준다) • 이 나뭇잎의 나무는 어디에 있을까요? - 정자 옆에 있어요. • 짝꿍과 함께 똑같은 나뭇잎을 찾아오세요. - 1인당 2장씩 제시된 나뭇잎을 채집해 온다. 짝꿍끼리는 종류가 같으나 크기와 모양이 다른 것으로 채집한다. - 나무가 다치지 않도록 주의해서 채집한다.	♣ 학교 주변 나뭇잎 10종 이상, 루페 ※ 학생들에게 제시해 줄 나뭇잎은 미리 준비 ※ 채집 시 2인 1조로 이동한다.

20'	활동2	[활동2] 나뭇잎 분류하기 •채집해 온 나뭇잎을 숲보자기에 펼쳐 놓고 분류해 본다. •채집한 나뭇잎은 어떤 모양이 있나요? - 둥근 모양이요/ 뾰족한 모양이요/ 길쭉한 모양이요. •채집한 나뭇잎을 분류해 볼까요? - 아이들이 스스로 분류 기준을 정해서 분류하도록 유도한다. ※식물 분류 기준 예시 - 잎맥이 그물 모양인 것과 나란한 것 - 잎이 갈라진 것과 갈라지지 않은 것 - 잎 가장자리에 톱니 모양이 있는 것과 아닌 것	♣ 숲보자기, 스케치북, 루페 ※ 분류 기준이 적합한 기준에 접근하도록 안내한다. (식물 이름이나 용어 중심 수업은 지양)
15'	활동3	[활동3] 나뭇잎 메모리 게임하기 •똑같은 나뭇잎을 2장을 이용해 메모리 카드를 만들어 봅시다. - 딱풀을 이용해서 나뭇잎을 엽서에 붙인다. •나뭇잎 카드를 이용해 메모리 게임을 해 봅시다. ※나뭇잎 메모리 게임 방법 - 카드를 모두 뒤집어서 흰색이 보이게 한다. - 순서를 정해 나뭇잎을 2장씩 뒤집는다. - 똑같은 나뭇잎이 나오면 가져가고, 아니면 제자리에 둔다. - 카드를 많이 가져간 사람이 이긴다. - 카드 위치를 바꿔 가며 놀이한다.	♣ 숲보자기, A6 엽서, 딱풀 ※ 게임 시 2개 모둠으로 활동한다.

20'	선택
	활동
		[선택] 나뭇잎 퍼즐 맞추기 〈모둠활동〉
		
		※나뭇잎 퍼즐 맞추기 놀이 방법
		- 나뭇잎 카드를 1장씩 준비한다.
		  (메모리 게임에서 사용하였던 카드를 활용할 수 있으며 2장 중 1장
		  은 힌트용으로 남긴다.)
		- 나뭇잎 모양이 다양하게 준비한다.
		- 가위를 이용해 카드를 2장으로 자른다(2조각).
		- 반드시 잎맥을 지나가게 자른다.
		- 자른 카드를 흰색이 보이도록 뒤집어 놓고 섞는다.
		- 카드를 다시 뒤집어 나뭇잎 퍼즐을 맞춘다.
		- 카드 한 장을 다시 가위로 자라 3조각으로 만든다.
		- 카드를 뒤집어서 손수건에 싸고 옆 모둠과 바꾼다.
		- 동시에 손수건을 열고 나뭇잎 퍼즐을 맞춘다.
		- 먼저 맞춘 모둠은 '성공'이라고 외친다.
		- 모둠별로 카드를 바꿔 가며 놀이한다.
			♣
			숲보자기,
			가위,
			손수건
			
			※
			퍼즐 활동 시
			2개 모둠으로
			활동한다.

정리 5'	마무리	▶ 학습활동 정리 •(배·느·실) 오늘 배운 점, 느낀 점, 실천할 점을 이야기해 본다. - 우리 학교의 나뭇잎에 관심이 더 많아졌어요. - 나뭇잎 퍼즐 놀이가 재미있었어요 등. •우리 학교 주변 나무와 나뭇잎들이 더욱 건강하게 자랄 수 있도록 환 경을 보호하고, 자연을 사랑하는 친구들이 되기를 바랍니다.	

부강마을교육공동체 학교-마을 연계
제빵 프로그램 활동 계획안 〈초등학교 1학년〉

연계 교과	통합교과, 국어	대상	1학년	소요 시간	80분
성취기준	[2즐01-03] 가족이나 주변 사람과 소통하며 어울린다. [2슬02-01] 우리가 살고 있는 마을과 사람들이 생활하는 모습을 살펴본다. [2바02-04] 새로운 활동에 호기심을 갖고 도전한다. [2바04-03] 여럿이 하는 활동에 관심을 갖고 자발적으로 협력한다.				
학습 주제	같이 해봐요.-친구와 함께 하고 싶은 일을 이야기하고 실제로 함께 해 보는 경험				
학습 목표	친구와 함께 해 보고 싶은 일을 할 수 있다.				

단계	학습활동	자료(※) 및 유의점(♣)
도입	▶ 동기유발 • 다른 사람과 친해지는 방법 이야기해 보기 - 친구가 될 수 있는 자신만의 방법을 이야기해 봅시다. 친구의 이야기를 잘 들어 줍니다./ 친구가 힘들 때 가서 도와줍니다. ▶ 공부할 문제 확인 <mark>친구와 함께 해 보고 싶은 일을 계획하고 실제로 해 보기</mark>	
전개	[활동1] 친구와 함께 해 보고 싶은 일 계획하기 • 친구와 함께 해 보고 싶은 것을 자유롭게 말해 봅시다. - 맛있는 쿠키를 만들어 보고 싶습니다. • 친구와 함께 쿠키 만드는 일을 할 때 필요한 준비물을 정해 봅시다. - 앞치마, 두건, 위생장갑, 빵 만드는 각종 도구 등 • 쿠키를 만들 때 필요한 재료는 무엇이 있나요? - 밀가루, 달걀, 우유, 주걱, 볼, 오븐, 견과류, 초콜릿 등 • 쿠키를 만들 때 주의해야 할 점은 무엇인가요? - 만드는 순서를 지킵니다. 뜨거운 것을 조심합니다.	♣ 앞치마, 두건, 위생장갑, 빵 만드는 각종 도구 ※ 학생들이 해 보고 싶은 활동을 자유롭게 할 수 있게 충분한 공간과 시간을 마련한다.
	[활동2] 친구와 함께 해 보고 싶은 일을 하기 • 쿠키 만드는 순서를 살펴봅시다. - 버터 녹이기, 설탕과 달걀, 밀가루 넣고 반죽하기, 컵케이크 모양으로 반죽 넣기, 오븐에 굽기, 포장하기 • 모둠원과 역할을 나누어 함께 만들어 봅시다. • 만든 쿠키를 포장해 봅시다.	※ 여럿이 함께 하면 더 즐거울 수 있다는 점을 느끼는데 중점을 둔다.
	[활동3] 친구와 함께 시간을 보내면 좋은 점 이야기하기 • 다른 사람과 시간을 보내면 좋은 점을 이야기해 봅시다. - 혼자 할 때보다 여럿이 함께 해서 재밌었습니다. - 친구와 함께 맛있는 쿠키를 만들어서 더 의미 있었습니다.	
정리	▶ 학습 정리 • 만든 쿠키를 가족과 함께 나누어 먹어 봅시다.	
평가 기준	상 | 친구와 함께 시간을 보내면 좋은 점을 세 가지 이상 말할 수 있다. 중 | 친구와 함께 시간을 보내면 좋은 점을 한두 가지 말할 수 있다. 하 | 친구와 함께 즐거운 시간을 보냈다.	

부강마을교육공동체 학교-마을 연계
제빵 프로그램 활동 계획안 〈초등학교 2학년〉

연계 교과	통합교과, 국어	대상	2학년	소요 시간	80분
성취기준	[2슬01-01] 학교 안팎의 모습과 생활을 탐색하며 안전한 학교생활을 한다. [2슬02-01] 우리가 살고 있는 마을과 사람들이 생활하는 모습을 살펴본다. [2즐02-01] 내가 참여할 수 있는 문화 예술을 향유한다. [2국06-02] 일상의 경험과 생각을 글과 그림으로 표현한다.				
학습 주제	우리 마을에 있는 직업 중 파티셰를 체험하고 직업 인터뷰하기				
학습 목표	우리 마을에 있는 직업 중 파티셰를 체험하고 직업 인터뷰를 할 수 있다.				

단계	학습활동	자료(※) 및 유의점(♣)
도입	▶ 동기유발 • 우리 마을에서 찾을 수 있는 직업들은 무엇이 있었나요? - 경찰관, 소방원, 미용사, 의사, 태권도 사범, 선생님, 약사, 플로리스트, 파티셰 등등 ▶ 공부할 문제 확인 우리 마을에 있는 직업 중 파티셰를 체험하고 직업 인터뷰하기	♣ 마을 탐험 때 찍은 사진들
전개	[활동1] 파티셰 체험 준비하기 • 파티셰를 체험할 때 필요한 준비물은 무엇이 있나요? - 앞치마, 두건, 위생장갑, 빵 만드는 각종 도구 등 • 제과를 만들 때 필요한 재료는 무엇이 있나요? - 밀가루, 달걀, 우유, 주걱, 볼, 오븐, 견과류, 초콜릿 등 • 제과를 만들 때 주의해야 할 점은 무엇인가요? - 만드는 순서를 지켜요. 장난치지 않아요. [활동2] 제과 만들기 • 제과 만드는 순서를 살펴봅시다. - 버터 녹이기, 설탕과 달걀, 밀가루 넣고 반죽하기, 컵케이크 모양으로 반죽 넣기, 오븐에 굽기, 포장하기 • 모둠원과 역할을 나누어 함께 만들어 봅시다. • 만든 머핀을 포장해 봅시다. [활동3] 직업 체험 소감 발표하기 • 파티셰 직업 체험을 하며 들었던 느낌과 기분을 발표해 봅시다. - 반죽할 때 여러 번 치대야 해서 힘들었다. - 맛있는 냄새를 맡으며 반죽하니 기분이 좋았다. • 제빵사 직업 체험을 하면서 궁금한 내용을 인터뷰해 봅시다. - 빵과 제과의 차이가 궁금합니다. - 제빵사는 무슨 일을 하나요?	♣ 앞치마, 두건, 위생장갑, 빵 만드는 각종 도구 ※ 각종 알러지 있는 친구들을 미리 조사한다. ※ 안전사고가 발생하지 않도록 도구 사용과 질서 지키기를 사전에 지도한다. ♣ 활동지, 필기구
정리	▶ 학습 정리 • 만든 쿠키를 가족과 함께 나누어 먹어 봅시다. - 직업 체험을 하며 느꼈던 점을 가족과 이야기해 봅시다.	

평가 기준	상	직업 체험에 적극적으로 참여하며 직업과 관련된 인터뷰를 할 수 있다.
	중	직업 체험에 즐겁게 참여하거나 직업과 관련된 인터뷰를 할 수 있다.
	하	직업 체험에 참여하였다.

동네 사람들을 만나요(직업 인터뷰)

_____초등학교 2학년 ___반 _번 이름_____

날짜	통합교과, 국어	방법	만나기 / 전화하기 / 조사하기
인터뷰한 사람		인터뷰한 사람	
시작 인사	안녕하세요! 저는 부강초등학교 2학년 (　　　　)입니다. 우리 동네 사람들이 하는 일과 직업을 조사하고 있습니다. 바쁘시겠지만 잠시만 인터뷰 부탁드려도 될까요?		
질문 1			
질문 2			
질문 3			
끝인사	인터뷰를 해 주셔서 정말 고맙습니다.		

인터뷰를 해 본 소감을 적어 보세요.

부강마을교육공동체 학교-마을 연계
제빵 프로그램 활동 계획안 〈초등학교 3~4학년〉

연계 교과	사회	대상	3~4학년	소요 시간	90분
성취기준	[4사01-01] 우리 마을 또는 고장의 모습을 자유롭게 그려 보고, 서로 비교하여 공통점과 차이점을 찾아 고장에 대한 서로 다른 장소감을 탐색한다. [4사03-02] 고장 사람들의 생활과 밀접하게 관련이 있는 지역의 다양한 중심지(행정, 교통, 상업, 산업, 관광 등)를 조사하고, 각 중심지의 위치, 기능, 경관의 특성을 탐색한다.				
학습 주제	고장의 중요 장소 떠올리고 고장의 주요 장소 직접 체험하기				
학습 목표	부강 청소년문화관을 탐방하여 블루베리 크럼블을 만들어 봅시다.				

단계	학습활동	자료(※) 및 유의점(♣)
도입	▶ 동기유발 •우리 고장의 주요 장소 떠올리기 ▶ 공부할 문제 확인 부강 청소년문화관을 탐방하여 블루베리 크럼블을 만들어 봅시다.	
전개	[활동1] 부강 청소년문화관 탐방하기 •우리 고장의 주요 장소인 부강 청소년문화관 탐방하기 – 청소년문화관이 무엇을 하는 곳인지 알아보기 – 도서관 등 관련 시설 관람 및 체험하기	※ 실제 주민들의 방문 형태 등을 관찰하여 고장 중심지의 역할에 대해 인지하기
	[활동2] 블루베리 크럼블 만들기 •요리를 하기 전에 준비해야 할 것들 알아보기 – 요리 도구 및 안전 수칙 알아보기 – 위생 수칙 알아보기 •레시피에 주의하며 블루베리 크럼블 만들기 – 반죽하는 방법을 익혀 바르게 반죽하기 – 여러 가지 재료와 도구를 사용하여 블루베리 크럼블 만들기 – 오븐에 굽기	※ 주의할 점과 레시피를 잘 경청하여 만들 수 있도록 지도한다.
	[활동3] 블루베리 크럼블 포장 상자 꾸미기 •블루베리 크럼블을 담아갈 포장 상자 꾸미기 – 포장 전 크럼블이 식는 것을 기다리는 시간 활용하기 – 블루베리 크럼블을 담아갈 나만의 포장 상자 꾸미기	♣ 포장박스 꾸미기 재료
정리	▶ 학습 정리 •활동 후 느낌 나누기 – 우리 고장의 주요 장소에는 어떤 것들이 있는지 떠올려 보기 – 베이킹 외에도 주요 장소에서 할 수 있는 일들 생각해 보기	
평가 기준	상	고장의 중심지 탐방 후 중심지의 특성을 이해하고 연계 체험활동에 적극적으로 참여한다.
	중	고장의 중심지 탐방 후 중심지의 특성을 이해하고 연계 체험활동에 참여한다.
	하	고장의 중심지 탐방 후 중심지의 특성을 이해하지 못하고 연계 체험활동에 참여하기 어려워한다.

부강마을교육공동체 학교-마을 연계
제빵 프로그램 활동 계획안 〈초등학교 5학년〉

연계 교과	실과	대상	5학년	소요 시간	90분
성취기준	[6실02-02] 성장기에 필요한 간식의 중요성을 이해하고, 간식을 선택하거나 만들어 먹을 수 있으며 이때 식생활 예정을 적용한다.				
학습 주제	건강한 간식으로 스콘 만들기				
학습 목표	간식의 의미를 이해하고 건강한 재료로 스콘을 만들어 봅시다.				

단계	학습활동	자료(※) 및 유의점(♣)
도입	▶ 동기유발 • 간식의 의미 되돌아보기 ▶ 공부할 문제 확인 간식의 의미를 이해하고 건강한 재료로 스콘을 만들어 봅시다.	※ 건강을 고려한 간식을 만드는 것에 초점을 맞춘다.
전개	[활동1] 요리 준비하기 • 요리를 하기 전에 준비해야 할 것들 알아보기 - 요리 도구 및 안전 수칙 알아보기 - 위생 수칙 알아보기 - 재료 준비 및 손질하기	※ 안전과 위생을 위한 준비 단계도 요리 과정의 중요한 단계임을 지도한다.
	[활동2] 요리하기 • 레시피에 주의하며 스콘 만들기 - 반죽하는 방법을 익혀 바르게 반죽하기 - 여러 가지 재료와 도구를 사용하여 스콘 만들기 - 오븐에 굽기	※ 다음 활동인 레시피 만들기를 위해 자신의 요리 과정을 머릿속에 기억하며 요리할 수 있도록 지도한다.
	[활동3] 나의 요리 레시피 만들기 • 나의 요리 과정을 돌아보며 나만의 레시피 만들기 - 나만의 요리 팁 적기 - 준비하기 단계부터 정리하는 단계까지 순서에 따라 적기 - 이해를 도울 수 있는 그림 그리기	※ 자신만의 요리 팁 등을 그림과 글로 적을 수 있도록 지도한다.
정리	▶ 학습 정리 • 자신의 요리 레시피 발표하기	♣ 활동지 〈나만의 레시피 만들기〉

평가 기준	상	간식의 의미를 정확히 이해하고 건강한 재료로 스콘을 제대로 만들 수 있다.
	중	간식의 의미를 이해하고 건강한 재료로 스콘을 만들 수 있다.
	하	간식의 의미 이해와 스콘 만들기가 다소 어렵다.

부강마을교육공동체 학교-마을 연계
제빵 프로그램 활동 계획안 〈초등학교 6학년〉

연계 교과	실과	대상	6학년	소요 시간	90분
성취기준	[6실02-09] 안전과 위생을 고려하여 식사를 선택하는 방법을 탐색하고 실생활에 적용한다.				
학습 주제	안전과 위생을 고려하여 간식 만들기				
학습 목표	안전과 위생을 고려하여 스콘을 만들어 봅시다.				

단계	학습활동	자료(※) 및 유의점(♣)
도입	▶ 동기유발 • 안전하고 위생적이지 않은 식생활 경험을 이야기해 봅시다. ▶ 공부할 문제 확인 안전과 위생을 고려하여 스콘을 만들어 봅시다.	※ 안선과 위생을 고려한 간식을 만드는 것에 초점을 맞춘다.
전개	[활동1] 안전과 위생을 고려하는 방법 이해하기 • 안전과 위생을 고려하여 재료를 선택하고 준비하는 방법에 대해 알아봅시다. - 조리 전 손 깨끗이 씻기, 안전하고 신선한 재료 준비하기 - 식품 표시 확인하기 - 음식 재료의 원산지 확인하기 등	♣ 기사 및 동영상 자료
	[활동2] 요리하기 • 안전과 위생에 주의하며 스콘 만들기 - 반죽하는 방법을 익혀 바르게 반죽하기 - 위생적인 재료와 도구를 사용하여 스콘 만들기 - 주변을 청결하게 정돈하기	※ 다음 활동을 위해 요리 과정을 기억하며 요리할 수 있도록 지도한다.
	[활동3] 안전한 식생활 실천 지침 만들기 • 나의 요리 과정을 돌아보며 안전한 식생활 실천 지침 만들기 - 준비하기 단계부터 정리하는 단계까지 고려할 지침 적기 - 사진 및 그림 자료 활용하기	♣ 활동지 〈안전한 식생활 실천 지침 만들기〉
정리	▶ 학습 정리 • 자신의 요리 레시피 발표하기	

평가기준	상	안전하고 위생적으로 간식을 만들고 안전한 식생활 실천 지침을 발표할 수 있다.
	중	간식을 만들고 안전한 식생활 실천 지침을 발표할 수 있다.
	하	안전한 식생활에 대해 이해하고 있다.

부강마을교육공동체 학교-마을 연계
제빵 프로그램 활동 계획안 〈중학교 1학년〉

연계 교과	영어	대상	1학년	소요 시간	90분
성취기준	[9영02-04] 일상생활에 관한 방법과 절차에 대해서 설명할 수 있다.				
학습 주제	제과제빵을 체험하며 과정을 영어로 말하기				
학습 목표	제과제빵의 과정을 영어로 설명할 수 있다.				

단계	학습활동	자료(※) 및 유의점(♣)
도입	▶ 동기유발 •영어로 된 요리 프로그램을 시청하며 과정을 상상해 보기 ▶ 공부할 문제 확인 요리 과정을 설명할 때 필요한 단어들을 정리해 본다.	♣ 유튜브시청 -Lilly & Tiani
전개	[활동1] 제과제빵과 관련된 영어 단어 학습하기 자르다: chop/slice/dice/peel 끓이다: boil/simmer 찌다: steam 굽다: grill/bake 볶다: stir fry/roast 설탕: sugar 소금: salt 밀가루: flour 맛있어요 It's great/tasty/incredible 맛있는 냄새가 나요 It smells good 입맛에 딱 맞아요 It hits the spot	※ 체험 전 수업 시간 활용
전개	[활동2] 제과제빵 체험: 2인 1조 •협력 선생님의 진행에 맞게 2인 1조로 스콘 만들기	
전개	[활동3] 모둠활동: 4인 1조-체험 과정 영어로 정리하기 •오늘 만들 빵은 무엇인가요? - 진행자와 요리사로 역할을 나누어 스콘 만드는 과정을 인터뷰 형식으로 진행하기 - 한글로 대본을 작성한 후 영작하여 연습하기 - 모둠별 2인이 발표하기	♣ 모바일기기 (단어 검색 및 번역기 활용)
정리	▶ 학습 정리 •요리 과정과 방법에 맞게 영어로 말할 수 있다. - 핵심 문장 정리하며 영어 표현 익히기	
평가 기준	상	체험 과정을 순서에 맞게 정리하여 영어로 원활하게 말할 수 있다.
	중	체험 과정을 순서에 맞게 정리하여 영어 문장 구성의 연습을 통해 말할 수 있다.
	하	체험 과정을 순서에 맞게 정리하나 영어로 표현하는 데 어려움이 있다.

부강마을교육공동체 학교-마을 연계
제빵 프로그램 활동 계획안 〈중학교 2학년〉

연계 교과	국어	대상	2학년	소요 시간	90분
성취기준	[9국03-02]대상의 특성에 맞는 설명 방법을 사용하여 글을 쓴다.				
학습 주제	설명 방법을 사용하여 체험 내용을 표현하기				
학습 목표	설명 방법을 사용하여 체험 대상이나 과정을 표현할 수 있다.				

단계	학습활동	자료(※) 및 유의점(♣)
도입	▶ 동기유발 • 설명 방법 정리하기: 정의, 예시, 구분, 분류, 분석, 비교, 대조, 인과 등 ▶ 공부할 문제 확인 　설명 방법을 활용하여 체험한 내용을 글로 쓰기	♣ 설명 방법 학습지 ※ 체험 전 정리
전개	[활동1] 모둠활동 • -'스콘'의 특징, 재료 만들기 과정 설명하기 [활동2] 제과제빵 체험 • 협력 선생님의 진행에 맞게 2인 1조로 스콘 만들기 [활동3] 체험 내용 토의 • 설명 방법을 세 가지 이상 활용하여 체험 내용 글쓰기	♣ 설명 방법 학습지 활용
정리	▶ 학습 정리 • 글쓰기 상호 평가	

평가 기준	상	자신이 체험한 내용을 바탕으로 설명 방법을 세 가지 이상 활용하여 논리적인 글을 쓸 수 있다.
	중	자신이 체험한 내용이 드러나며 설명 방법을 한두 가지 활용하여 글을 쓸 수 있다.
	하	설명 방법을 사용하지 않고 자신이 체험한 내용을 글로 표현할 수 있다.

글쓰기

적절한 설명 방법 찾기	정의: 스콘의 유래, 뜻 구분: 빵의 종류 비교, 대조: 스콘과 빵의 공통점 차이점 과정: 스콘 만드는 순서 예시: 재료에 따른 스콘의 종류 인과: 스콘이 잘 만들어지기 위해서는
예상 독자	스콘을 모르는 사람들, 빵 만들기 체험이 궁금한 사람들
논리적으로 구성하기	– 처음: 스콘의 정의 및 유래 – 중간: 스콘의 특징, 종류, 만드는 방법 등 – 끝: 빵을 만드는 체험의 즐거움, 스콘에 대해 알게 된 점

위 내용을 참고하여 글을 써 봅시다.

부강마을교육공동체 학교-마을 연계
제빵 프로그램 활동 계획안 〈중학교 3학년〉

연계 교과	기술가정	대상	3학년	소요 시간	90분
성취기준	[9기가02-01] 청소년기 영양의 중요성을 이해하고, 청소년기 식생활 문제를 인식하여 자신의 식행동을 평가한다.				
학습 주제	청소년 건강을 위한 제과제빵 체험				
학습 목표	1. 영양소의 종류와 기능, 급원 식품을 연결할 수 있다. 2. 청소년의 건강한 식생활 관리 방안을 제시할 수 있다.				

단계	학습활동	자료(※) 및 유의점(♣)
도입	▶ 동기유발 • 초·중·고생 15.6% 비만, 아침 결식, 고지혈증 위험! - http://news.kbs.co.kr/news/view.do?ncd=3238053 - 구글 You're what you eat ▶ 공부할 문제 확인 건강한 청소년 식사 계획하기: 제과제빵 체험	♣ 유튜브 영상 ※ 체험 전 수업 시간 활용
전개	[활동1] '스콘'에 대한 음식 정보 찾기: 재료, 열량 등	※ 체험 전 수업 시간 활용
	[활동2] 제과제빵 체험 • 협력 선생님의 진행에 맞게 2인 1조로 스콘 만들기	
	[활동3] 모둠활동 – 청소년기의 식생활 문화 조사 및 토의 • 청소년기 식생활 문화의 문제점에 대해서 토의하기	휴대전화를 통한 기사 검색 및 상호 인터뷰로 자료 준비
정리	▶ 학습 정리 • 토의 내용 발표하기	
평가 기준	상	건강한 식생활 문화의 특징을 설명하고 영양소의 종류와 기능을 연결할 수 있다.
	중	건강한 식생활 문화의 특징을 이해하고 영양소의 특징을 연결할 수 있다.
	하	건강한 식생활 문화의 특징을 부분적으로 이해할 수 있다.

(주어진 주제 1, 2 중 선택) 토의하기

모둠명		모둠원 이름	
학습 주제	1. 청소년기 식생활 문제 분석(식행동, 심리적·사회적 측면) 2. 청소년기 건강한 식생활 관리 방안 탐색 *세계적으로 문제가 되는 기아, 비만 문제와 연결하여 토의		
학습활동 전개 (토의·토론)	1. 선택한 주제 분석 2. 청소년기 건강한 식생활 관리 방안 탐색		
예상되는 질문			
예상되는 질문의 답			
보충 설명할 내용			

학교-마을(체험터) 연계 프로그램 활동 계획안
북카페 만들기

프로그램명	우리 학교 작은 북카페, 우리가 만들어요		체험터명	(사)한국DIY 가구공방협회
연계 교과	창체, 실과	대상	초 5~6학년/중학생 최대 인원 ○○명	소요 시간	180분 (2차시×2회기)

※ 연계 교과 행에 6개 열이 존재함

연계 교과	창체, 실과	대상	초 5~6학년/중학생 최대 인원 ○○명	소요 시간	180분 (2차시×2회기)
성취기준	[6실02-06] 간단한 생활 소품을 창의적으로 제작하여 활용한다. [창체] 공동체 활동에 자발적으로 참여하여 문제를 함께 해결하고 나눔과 배려를 실천한다.				
학습 주제	친구와 함께 우리 학교 북카페 만들기				
학습 목표	친구와 협동하여 북카페(책장과 벤치)를 만들고 학교에서 직접 사용할 수 있다.				

단계	학습활동		자료(※) 및 유의점(♣)
도입	▶ 동기유발 •다양한 전면책장과 벤치의 사진을 활용하여 동기유발 ▶ 공부할 문제 확인 친구와 함께 목공을 이용하여 우리 학교 북카페를 만들어 봅시다.		♣ 작품 사진 ※ 2회기에 걸쳐 작품이 완성됨을 안내한다.
전개	1 회 기	[활동1] 준비하기 •스트레칭 영상을 보며 준비 운동하기 •복장과 전동공구 사용 시 주의점 등 안전 규칙 알기 •모둠 나누기(5~6명), 제작 과정 토의 후 발표하기 •전동공구 사용법 교육 및 실습	※ 제작 과정별 사진을 활용하여 전체적인 제작 과정을 미리 알아본다.
		[활동2] 조립하기1 •토의를 거쳐 만들기 과정에 맞는 역할 분담하기 •벤치 제작 실습하기 - 벤치 조립	♣ 필기구, 제작 과정 사진, 목공 도구, 장갑
	2 회 기	[활동3] 조립하기2 •조립하기1에 이어서 전면책장 제작하기 •사포의 필요성을 알아보고, 모든 모둠원이 함께 협동하여 사포질 하기	♣ 목공 도구, 장갑, 사포
		[활동4] 페인트칠하여 완성하기 •장소와 용도에 맞는 색상을 논의한 후 페인트 바르기 •오염 방지를 위해 코팅하기 - 오버코팅	♣ 페인트 도구, 컬러 테라피 자료
정리	▶ 학습 정리 •품평 및 추후 희망 품목 추천하기 •만족도 조사 및 기념사진 촬영하기		※ 학교의 적절한 장소에 배치하여 사용할 수 있도록 한다.
평가 기준	상	목공품 제작 과정을 알고 모둠원과 협동하며 북카페를 만들 수 있다.	
	중	목공품 제작 과정을 알고 북카페를 만들 수 있다.	
	하	목공품 제작 과정을 일부 알고, 도움을 받아 북카페를 만들 수 있다.	

[자료]
완성된 전면책장과 벤치

벤치

전면책장

세트

아래 그림을 보고 단계별 제작 과정을
친구와 토의해 봅시다.

조립 1단계 | 조립 2단계 | 조립 3단계 | 조립 4단계

조립 1단계 | 조립 2단계 | 조립 3단계

컬러테라피

[빨간색] 자극적, 체력, 열정, 생명력, 힘, 순환 촉진	[주황색] 긍정적, 즐거움, 따뜻함, 명랑함, 흥분, 행복, 에너지	[노란색] 지식, 행복, 도전, 희망, 의지, 웃음, 따뜻함, 낙관주의, 긍정적	[녹색] 눈 건강, 자연, 정서적 안정감, 스트레스 해소, 성장, 건강	[파란색] 정신통일, 진실, 집중력 향상, 휴식, 인내, 평온, 지식, 의사소통, 지혜
[보라색] 신비스러움, 고귀함, 상상력, 우아함, 평온, 창의성	[회색] 지성, 미래, 도시적, 지향적, 겸손, 성숙, 신중	[흰색] 순수함, 순결, 청결, 지혜, 진실, 정직, 단순, 중립	[검은색] 권위, 힘, 권력, 엄숙, 세련됨, 고급스러움, 단결력 지성	[갈색] 신뢰성, 성실함, 편안함, 중후함, 안정, 안전

학교-마을(체험터) 연계 프로그램 활동 계획안
농작물 수확하기

프로그램명	새콤달콤 포도여행			체험터명	쌍류포도정원 협동조합
연계 교과	슬생, 사회	대상	초 1~6학년 최대 인원 40명	소요 시간	80분
성취기준	[2슬01-04] 사람과 자연, 동식물이 어우러져 사는 생태를 탐구한다. [4사07-02] 주변 여러 장소에서의 경험과 느낌을 다양한 방식으로 표현하고, 장소감을 나누며 서로 존중하는 태도를 지닌다.				
학습 주제	농작물 수확하기-요리하기-농장 투어하기				
학습 목표	농작물의 성장 과정을 알고 직접 수확해 보고 요리해 봄으로써 건강한 먹거리의 소중함과 농업이 가치를 이해할 수 있다.				

단계	학습활동	자료(※) 및 유의점(♣)
도입	▶ 동기유발 •6차 산업과 마을기업에 대해 알아보기 •어떤 체험활동을 할지 이야기 나누기 ▶ 공부할 문제 확인 포도를 수확하여 나만의 포도잼을 만들고 포도 터널에서 자연의 아름다움과 동식물을 탐색하며 즐겨 봅시다.	♣ 6차 산업 관련 자료 화면
전개	[체험전 안전교육] •포도 수확에 필요한 도구(전지가위) 사용 방법에 대한 주의 사항 알아보기 •포도의 향과 맛에 대해 이야기를 나눈 후 불을 사용할 때 주의점 알아보기 [활동1] 포도 수확하기 •포도의 성장 과정과 포도 품종에 따라 수확 시기가 다름을 알려 주고 한 손으로 포도를 감싸듯 잡고 전지가위를 사용하여 포도를 수확한다.	※ 장소 활용 및 도구 이용 안전지도를 실시한다.
	[활동2] 포도잼 만들기 •수확한 포도를 깨끗이 씻고 알알이 따서 주무른다. •포도잼 만드는 순서를 알아보고 포도를 냄비에 넣고 끓인다. •강-중-약 순서로 불을 조절하면서 주걱으로 원 모양을 그리면서 천천히 젓는다. •농도를 확인하면서 걸쭉해질 때까지 약한 불로 끓이다가 설탕을 넣어 완성한다. •유리병에 담아 뚜껑을 닫고 종이가방에 넣어 포장한다.	♣ 전지가위, 포도 담을 바구니 믹스볼, 냄비, 버너, 부탄가스, 주걱, 설탕, 유리병, 네임펜, 종이가방, 포도
	[활동3] 포도정원 생태 탐방하기 •"GO, GO 포도 터널(오두막존 쉼터)"에서 소중한 생명에 대해 알아본다. •"놀아 보자! 모래놀이터, 그네, 시소야!"에서 꿈을 키워 본다. •"만나 보자! 동물(토끼, 강아지, 공작, 닭), 식물(포도나무, 자두, 블루베리 등)"에서 감성을 키운다.	※ 동물을 만지지 않도록 지도한다.
정리	▶ 학습 정리 •품평 및 추후 희망 품목 추천하기 •만족도 조사 및 기념사진 촬영하기	

평가기준		
	잘함	포도의 성장 과정을 알아보고 포도잼을 만들고 활동에 즐겁게 참여한다.
	보통	포도 수확 및 포도잼 만들기에 참여한다.
	노력 요함	포도 수확 및 포도잼 만들기에 관심을 가지고 참여하기 위해 노력한다.

학교-마을(체험터) 연계 프로그램 활동 계획안
바구니 만들기

프로그램명	나만의 친환경 바구니 만들기			체험터명	만든바구니 라탄공방
연계 교과	미술, 환경	대상	초 1~고 3 최대 인원 20명	소요 시간	90분
성취기준	[2바02-04] 새로운 활동에 호기심을 갖고 도전한다. [4미02-04] 표현 의도를 가지고 작품을 제작하며 자기 작품을 소중히 여길 수 있다. [6도04-01] 지구의 위기 상황을 이해하고, 이를 극복하기 위한 다양한 방안을 찾아 자신의 일상에서 실천하고자 노력한다.				
학습 주제	기후 위기에 대해 알고 자연 재료를 이용하여 나만의 친환경 바구니 만들기				
학습 목표	라탄공예의 재료에 대해 알아보고, 친환경 소재를 사용하여 생활에 필요한 나만의 바구니를 만들 수 있다.				

단계	학습활동	자료(※) 및 유의점(♣)
도입	▶ 동기유발 •기후 위기와 관련된 그림책으로 동기 유발하기 ▶ 공부할 문제 확인 라탄공예에 대해 알고 자연 재료를 이용하여 친환경 바구니를 만들어 봅니다.	♣ 그림책, PPT ※ 기후 위기와 친환경 소재를 자연스럽게 연결 짓도록 한다.
전개	[활동1] 스케치하기 •라탄공예의 주요 특징 이해하기 •도구 사용 방법과 사용 시 주의점 익히기 •나만의 바구니 스케치하기 - 각자가 원하는 용도에 맞는 모양과 높이 생각하기	♣ 다양한 바구니 사진, 활동지 ※ 가위, 송곳 등 도구 사용 시 주의점을 자세히 안내한다.
	[활동2] 기초 이해 및 만들기 •라탄공예의 기본적인 엮음에 대해 인지한 후, 조금씩 익숙해지는 손의 감각으로 원하는 바구니 높이까지 만들기 •재료를 연결하는 방법에 대해 배우기 •바구니를 단단하게 만드는 방법과 모양을 잡는 방법 배우기 •여러 가지 기법 중에서 제일 많이 쓰이는 기법인 2줄 꼬아 엮기를 하여 무늬 만들기	※ 활동 예시
	[활동3] 바구니 완성하기 •오로지 친환경 재료인 등나무만을 이용하여 마지막까지 마무리하는 방법을 익혀서 완성하기(꽃 모양 마무리) •재료를 자르면서 깔끔하게 정리하기	※ 완성품 예시
정리	▶ 학습 정리 •소감 나누기 - 직접 친환경 바구니를 만든 소감, 어떻게 사용할 것인가 등 - 주변 정리 정돈하기	♣ 청소용품 ※ 협동하여 청소 및 뒷정리하도록 지도한다.
평가 기준	상 | 라탄공예 바구니 만드는 방법의 원리를 이해해서 스스로 만들 수 있다. 중 | 라탄공예 바구니 만드는 방법을 익혀 스스로 만들 수 있다. 하 | 도움을 받아 라탄공예 바구니를 만들 수 있다.	

학교-마을(체험터) 연계 프로그램 활동 계획안
향수 만들기

프로그램명	취향 저격, MBTI 향수 실험실			체험터명	스윗버블 스튜디오
연계 교과	미술, 도덕 등	대상	초 4~6 최대 인원 25명	소요 시간	90분
성취기준	[6미-01-02] 자신이나 대상에서 찾은 감각적 특징, 느낌, 생각 등을 관련지어 나타낼 수 있다. [4미-02-04] 표현 의도를 가지고 작품을 제작하며 자기 작품을 소중히 여길 수 있다.				
학습 주제	MBTI 향수 만들기				
학습 목표	1. 자신의 성격적 특성에 대해 이해하고, 성격유형의 다양성을 알 수 있다. 2. 향의 느낌을 다양한 방법으로 표현하고 자신만의 향수를 만들 수 있다.				

단계	학습활동	자료(※) 및 유의점(♣)
도입	▶ 동기유발 • 우리가 향(향수)을 사용하는 이유 생각해 보기	
전개	[활동1] MBTI 검사(약식)하기 • 자신의 성격유형을 확인하고 모둠원과 공유하기 • 내 성격유형의 단점을 장점으로 바꾸어 표현하기	※ 모둠활동 MBTI 간이 테스트 또는 사전 온라인 테스트
	[활동2] 자신의 성격유형을 색깔로 표현해 보기 • 성격유형의 이미지나 특징을 색깔로 떠올리기	
	[활동3] 성격유형에 맞춰 조향하기 • 여러 향료를 시향하며 느낌 적기 • 자신의 성격유형에 맞는 향료 고르기(1~3종류) • 선택한 향료로 조향하여 향수 완성시키기	※ 체험활동 시 안전 및 주의 사항 안내
정리	▶ 학습 정리 • 소감 나누기 – 직접 친환경 바구니를 만든 소감, 어떻게 사용할 것인가 등 – 주변 정리 정돈하기	※ 완성품 후 처리 과정 및 사용상 주의 사항 안내

평가 기준	상	체험하며 떠오른 느낌과 생각을 다양한 방법으로 나타낼 수 있다.
	중	향수를 직접 만들어 쓰는 즐거움과 창의적 태도를 갖는다.
	하	나를 이해하고 존중하며 생활한다.

취향 저격, MBTI 향수 실험실

___학년 __반 _번 이름_____

1. 자신의 성격유형을 확인하고 성격의 특징을 다양한 색깔로 떠올려 보세요.

내 성격유형		▶	떠오르는 색깔	
장점	예) 긍정적이다, 다정하다, 솔직하다 등	▶	떠오르는 색깔	
단점	예) 소심하다, 의존적이다, 융통성이 적다 등	▶	떠오르는 색깔	
단점을 장점으로 바꾸어 표현하기	예) 소심하다 ⇨ 세심하다, 의존적이다 ⇨ 협동심이 좋다	▶	떠오르는 색깔	

2. 향료를 시향하며 떠오르는 느낌과 색깔을 적어 보세요.

번호	느낌	색깔	번호	느낌	색깔
1번			6번		
2번			7번		
3번			8번		
4번			9번		
5번			10번		

3. 1~10번 중 자신에게 어울리는 향료 1~3가지를 골라 번호에 O표 하세요. (내 성격유형에 맞는 향, 나와 어울리는 색깔의 향료, 장점을 부각시킬 수 있는 향료 등)

학교-마을(체험터) 연계 프로그램 활동 계획안
에스프레소 추출하기

프로그램명	에스프레소 추출하기			체험터명	세종커피직업 전문학교
연계 교과	기술, 가정	대상	중학생 최대 인원 30명	소요 시간	50분
성취기준	[9기가02-03] 건강과 환경을 고려한 식품의 선택, 관리, 보관 방법을 탐색하여 실생활에 적용한다.				
학습 주제	바리스타에 대해 알아보고 에스프레소 추출하기				
학습 목표	에스프레소 커피머신을 이용하여 에스프레소를 추출할 수 있다.				

단계	학습활동	자료(※) 및 유의점(♣)
도입	▶ 동기유발 •에스프레소 추출 동영상 시청하기 •학습 목표 알아보기 •안전교육 및 유의 사항 살펴보기	※ 에스프레소 추출 동영상
전개	[활동1] 바리스타에 대해 알아보기 •다양한 분야에서 활동하는 바리스타 탐색하기	바리스타가 카페에서만 일하는 직업이 아니라 다양한 분야에서 활동할 수 있는 직업인임을 소개한다.
	[활동2] 에스프레소 커피머신과 그라인더의 구조 알아보기 •커피머신의 구조와 각 부분의 명칭, 기능 탐색하기 •그라인더의 구조와 각 부분의 명칭, 기능 탐색하기	※ 에스프레소 커피머신, 그라인더
	[활동3] 에스프레소 추출하기 •포터필터를 분리하고 장착하기 •커피를 포터필터 바스켓에 커피를 담아 정리하기 •에스프레소 추출하기	♣ 화상에 주의할 수 있도록 강조한다.
	[활동4] 에스프레소 체험하기 •추출된 에스프레의 색을 보고 향을 맡아보기 •포터필터 바스켓에 담기는 커피의 양에 따른 추출 시간과 추출 양, 색, 향의 변화 관찰하기	※ 에스프레소 맛은 다 소 자극적이므로 맛은 선택적으로 체험할 수 있도록 안내한다.
정리	▶ 학습 정리 •실습한 기구와 장소 정리하기 •질의응답 및 소감 나누기	

평가 기준	상	직업인으로서의 바리스타에 흥미를 느끼고 알맞은 도구의 사용법을 통해 에스프레소를 추출할 수 있다.
	중	직업인으로서의 바리스타를 탐색하고 에스프레소를 추출할 수 있다.
	하	직업인으로서의 바리스타를 알고 도움을 받아 에스프레소를 추출할 수 있다.

학교-마을(체험터) 연계 프로그램 활동 계획안
바나나잎 바구니 만들기

프로그램명	나에게 바나나		체험터명	감성가득 체험장
연계 교과	과학, 미술	대상 전 연령	소요 시간	70분

성취기준	[4과16-01] 기후변화 현상의 예를 알고, 기후변화가 인간의 활동과 관련되어 있음을 토의할 수 있다. [4과 04-03] 생물의 한살이 과정을 조사하여 생물에 따라 한살이의 유형이 다양함을 소개하는 자료를 만들어 공유할 수 있다. [4미02-01] 관찰과 상상으로 아이디어를 떠올려 표현 주제를 구체화할 수 있다.
학습 주제	열대식물인 바나나 특징을 이해하고, 바나나잎 바구니 만들기
학습 목표	바나나의 특징을 이해하고, 방수되는 특징을 이용하여, 바나나잎 바구니를 만들 수 있다

단계	학습활동	자료(※) 및 유의점(♣)
도입	▶ 동기유발 •기후변화와 관련하여 우리나라에서 자라는 열대식물 알아보기 ▶ 공부할 문제 확인 **열대식물인 바나나의 특징을 알아보고, 바나나잎 바구니를 만들어 봅시다.**	※ PPT 자료
전개	[활동1] 바나나의 성장 과정에 대한 설명을 듣고, 직접 관찰하기 •바나나는 뿌리와 잎으로 구성된 식물임을 확인하며 설명 듣기 •바나나 잎맥에서 물이 저장되어 있는 상태 확인하기 •꽃잎 사이의 작은 바나나가 한 손씩 달려 있는 것 관찰하기 •바나나를 셈하는 법을 세계의 언어로 배우기 (한 손=one hands) •바나나 수확하기	※ 바나나 비닐하우스 농장 견학
	[활동2] 에스프레소 커피머신과 그라인더의 구조 알아보기 •커피머신의 구조와 각 부분의 명칭, 기능 탐색하기 •그라인더의 구조와 각 부분의 명칭, 기능 탐색하기	※ 비닐하우스 내 체험장
	[활동3] 열대과일을 맛보며 이야기 나누기 •바나나와 같은 열대과일 작물을 이용한 간식 맛보기 •열대작물이 성장하는 환경에 대한 이야기 나누기 •열대작물 수확 후의 활용에 대한 이야기 나누기	실내 체험장
정리	▶ 학습 정리 •소감 나누기 - 바나나에 대하여 새롭게 알게 된 점 등 소감 발표하기 - 주변 정리정돈 하기	실내 체험장
평가 기준	상 바나나가 사는 환경과 특징을 세 가지 이상 설명할 수 있으며 바나나잎으로 바구니를 완성할 수 있다.	
	중 바나나가 사는 환경과 특징을 설명할 수 있으며 바나나잎으로 바구니를 만들 수 있다.	
	하 바나나가 사는 환경과 특징을 설명하는 데 어려움이 있으며 바나나잎으로 바구니를 만드는 데 참여한다.	

세종마을교육공동체 활성화 지원에 관한 조례

[시행 2023. 4. 10.] [세종특별자치시조례 제2118호, 2023. 4. 10., 일부개정]

세종특별자치시교육청(교육복지과)

제1조(목적) 이 조례는 「평생교육법」 제5조, 「청소년 기본법」 제48조에 따라 학교, 마을, 지역사회가 연대하고 협력하는 교육 생태계 조성을 위해 세종마을교육공동체 활성화 지원에 필요한 사항을 규정함을 그 목적으로 한다. 〈개정 2018.2.12., 2021.4.12., 2022.2.21.〉

제2조(정의) 이 조례에서 사용하는 용어의 뜻은 다음과 같다. 〈개정 2021.4.12., 2023.4.10.〉

1. "마을"이란 생활환경을 같이하는 학생, 교직원, 학부모, 주민이 교육·경제·문화 등의 가치를 공유하는 공간적·사회적 범위를 말한다.
2. "교육활동"이란 「교육기본법」 제9조 및 제10조에 따른 학교교육과 사회교육 활동을 말한다.
3. "세종마을교육공동체"란 학교와 마을이 아이들을 함께 키우고 마을이 아이들의 배움터가 되도록 학교와 마을, 교육청과 지방자치단체 그리고 학부모와 시민사회가 협력하고 연대하는 교육 생태계를 말한다.
4. "마을교육지원센터"란 마을교육공동체 사업 추진을 활성화하기 위하여 학교-마을 연계 교육과정 운영을 지원하고, 지역의 교육기능 회복을 위한 관련 사업을 수행하는 조직을 말한다.

제3조(기본원칙)

① 세종마을교육공동체는(이하 "마을교육공동체"라 한다) 학교 구성원 및 마을주민 간의 긴밀한 관계 형성을 통한 학교 교육력 제고를 지향한다.

② 마을교육공동체는 학교 구성원 및 마을주민의 참여, 행정기관의 상호 신뢰와 협력을 통해 추진한다.

제4조(교육감의 책무)

① 세종특별자치시교육감(이하 "교육감"이라 한다)은 마을교육공동체 활성화를 지원하는 데 필요한 기반을 조성하기 위해 노력한다.

② 교육감은 마을교육공동체의 관련 사업에 대하여 적극적으로 협력하여야 한다.

③ 교육감은 마을교육공동체가 지속될 수 있도록 교육·문화 환경을 조성하여야 한다.

제5조(주민 참여) 마을교육공동체의 구성원은 누구나 스스로의 책임과 역할을 인식하고 마을교육공동체 지원 사업 및 교육활동에 참여할 수 있다.

제6조(기본계획)

① 교육감은 마을교육공동체 사업을 지원하기 위하여 다음 각 호의 내용을 포함한 "마을교육공동체 활성화 지원 기본계획"(이하 "기본계획"이라 한다)을 5년마다 수립·시행하여야 한다. 〈개정 2021.4.12.〉

1. 기본목표와 중장기 추진방향에 관한 사항

2. 재원 조달에 관한 사항

3. 협력체계 구축에 관한 사항

4. 평가에 관한 사항

5. 그 밖에 마을교육공동체 활성화 추진 및 지원에 필요한 사항

② 교육감은 기본계획 수립 시 학생, 교직원, 학부모, 마을주민, 관련 전문가 등의 의견을 수렴하고 그 의견이 반영되도록 노력하여야 한다. 〈개정 2021.4.12.〉

③ 교육감은 기본계획을 효율적으로 추진하기 위하여 연도별 시행계획을 수립·시행하여야 한다. 〈신설 2021.4.12.〉

[제목개정 2021.4.12.]

제7조(마을교육공동체 활성화 사업)

① 교육감은 마을교육공동체 활성화를 위하여 행정적 지원을 할 수 있으며, 다음 각 호의 사업을 추진할 수 있다. 〈개정 2021.4.12., 2023.4.10.〉

1. 학교와 마을을 연계한 교육활동 사업

2. 마을교육공동체 관련 단체 및 기관 지원 사업

3. 마을교육공동체 관련 연구 및 조사 사업

4. 그 밖에 마을교육공동체와 관련하여 교육감이 필요하다고 인정하는 사업

② 교육감은 제1항 각 호의 사업에 관한 사무를 법인·단체·기관·개인에 위탁할 수 있으며, 필요한 경비의 전부 또는 일부를 예산의 범위에서 지원할 수 있다. 이 경우 「세종특별자치시교육감 사무의 민간위탁에 관한 조례」 또는 「세종특별자치시 교육비특별회계 지방보조금 관리 조례」에 따른다. 〈신설 2021.4.12., 개정 2023.4.10.〉

[제목개정 2021.4.12.]

제8조(마을교육지원센터의 설치 등)

① 교육감은 다음 각 호의 업무를 수행하기 위하여 마을교육지원센터(이하 "지원센터"라 한다)를 설치·운영할 수 있다. 〈개정 2023.4.10.〉

1. 마을교육공동체 활성화를 위한 프로그램 개발·보급

2. 마을교육공동체 관련 인적·물적 인프라 구축 및 지원

3. 마을교육공동체 운영 등에 대한 컨설팅 지원 및 모니터링

4. 마을교육공동체 홍보 및 네트워크 구축 운영

5. 마을교육공동체 운영 우수사례 발굴·전파

6. 마을교육공동체 관련 연구 및 분석

7. 제7조 각 호에 따른 사업 지원

8. 그 밖에 마을교육공동체 활성화에 필요한 사항

② 마을교육공동체 사업에 대한 전문적·효율적 관리를 위하여 제1항 각 호의 사무를 법인 또는 단체 등에 위탁할 수 있다. 〈개정 2022.8.10., 2023.4.10.〉

③ 제1항에 따른 지원센터의 설치·운영 등에 필요한 사항은 교육감이 정한다. 〈개정 2021.4.12., 2023.4.10.〉

④ 제2항에 따라 사무를 위탁하는 경우 필요한 경비의 전부 또는 일부

를 예산의 범위에서 지원할 수 있다. 〈신설 2023.4.10.〉

[제목개정 2023.4.10.]

제9조(성과평가 등)

① 교육감은 매년 마을교육공동체 사업에 대해 성과평가를 실시할 수 있다. 다만, 성과평가는 지방보조금의 교부를 받은 사업자에 한정한다.

② 교육감은 필요할 경우 외부 전문기관에 의뢰하여 성과평가를 실시할 수 있다.

③ 다음 각 호의 어느 하나에 해당된다고 인정될 때에는 해당 사업자에 대한 선정을 취소할 수 있다. 선정이 취소된 사업자는 즉시 사업비를 반환하여야 한다. 〈개정 2021.4.12.〉

　1. 사업자가 법령 또는 조례를 위반하였을 때

　2. 사업자가 사업비를 목적 외에 사용하거나 또는 지원 조건을 위반하였을 때

　3. 사업자가 거짓 또는 부정한 방법으로 신청 또는 보고하여 사업비를 지원 받았을 때

4. 사업자가 정당한 사유 없이 3개월 이상 사업을 지체하였을 때

제10조(연수 등) 교육감은 마을교육공동체를 운영하기 위하여 세종시민에게 필요한 연수와 발표회 등을 실시할 수 있다.

제11조(위원회 설치) 마을교육공동체 활성화 지원에 관한 사항 등을 심의하기 위하여 교육감 소속으로 세종마을교육공동체 추진위원회(이하 "위원회"라 한다)를 둔다.

제12조(위원회 기능) 위원회는 다음 각 호의 사항을 심의한다. 〈개정 2021. 4. 12.〉

　1. 제6조에 따른 기본계획

　2. 마을교육공동체 사업 지원

　3. 마을교육공동체 사업과 관련된 교육·홍보 및 정보 등의 보급

　4. 마을교육공동체 활성화 사업의 점검 및 평가

　5. 그 밖에 마을교육공동체 활성화 지원에 필요하다고 인정하는 사항

제13조(위원회 및 실무협의회 구성 등)

① 위원회는 위원장 1명과 부위원장 1명을 포함하여 15명 이내의 위원으로 구성한다.

② 위원장과 부위원장은 위원 중에서 호선한다.

③ 당연직 위원은 교육감 소속 공무원 중 관련 업무 국장 3명과 세종특별자치시장 소속 공무원 중 관련 업무 국장 2명이 되고, 위촉 위원은 다음 각 호의 어느 하나에 해당하는 사람 중에서 교육감이 위촉한다. 다만, 위촉 위원은 특정 성별이 위촉 위원 수의 10분의 6을 초과하지 아니하도록 하여야 한다. 〈개정 2019.7.10.〉

　　1. 세종특별자치시의회에서 추천하는 시의원 2명 이내

　　2. 마을교육공동체 정책에 관한 전문적 학식과 경험이 풍부한 사람

④ 제3항의 규정에 따라 위촉하는 위원은 「지방공무원법」 제31조의 결격사유에 해당하지 않아야 한다.

⑤ 위원회가 위임한 사항과 구체적이고 실무적인 업무에 대하여 조정하고 기획하는 기구로 실무협의회를 둔다. 〈신설 2018.2.12.〉

⑥ 실무협의회의 운영 및 구성에 관한 사항은 시행세칙으로 정한다. 〈신설 2018.2.12.〉

[제목개정 2018.2.12.]

제14조(위원 임기 및 해촉)

① 위촉위원의 임기는 2년으로 하며, 한 차례만 연임할 수 있다. 다만, 보궐위원의 임기는 전임 위원의 남은 임기로 한다.

② 교육감은 위원이 임기 만료 전이라도 다음 각 호의 어느 하나에 해당하는 경우에는 해촉할 수 있다. 〈개정 2021.4.12.〉

　　1. 장기치료를 요하는 질병 등으로 직무 수행이 불가능하거나 현저히 곤란하다고 인정되는 경우

　　2. 위원이 위원회 직무와 관련하여 알게 된 비밀을 누설하거나 그 내용을 개인적으로 이용하거나 이와 관련하여 이득을 취한 경우

　　3. 사회적 물의를 일으키거나 품위 손상 등의 사유로 직무 수행이 적

합하지 않다고 인정되는 경우

제15조(위원장)

① 위원장은 위원회를 대표하고, 위원회의 업무를 총괄한다.

② 위원장이 부득이한 사유로 그 직무를 수행할 수 없는 경우 부위원장이 그 직무를 대행하며, 위원장과 부위원장이 모두 부득이한 사유로 그 직무를 수행할 수 없을 때에는 미리 위원장이 지명한 위원이 그 직무를 대행한다. 〈개정 2021.4.12.〉

제16조(회의)

① 위원회의 회의는 위원장이 소집한다.

② 위원회의 정기회의는 매년 1회 이상 소집하고, 임시회의는 위원장 또는 재적위원 3분의 1 이상의 요구로 위원장이 소집한다.

③ 위원회의 회의는 재적위원 과반수의 출석으로 개의하고, 출석위원 과반수의 찬성으로 의결한다.

④ 위원회는 심의 안건과 관련하여 필요한 경우 전문가나 주민으로부터 의견을 듣거나 관계 공무원에게 설명 또는 자료의 제출을 요구할 수 있다. 〈신설 2021.4.12.〉

⑤ 교육감은 위원회에서 심의·의결된 사항에 관하여 마을교육공동체 활성화 정책을 수립하는 데 반영하도록 노력하여야 한다. 〈신설 2021.4.12.〉

제17조(제척·기피·회피)

① 위원은 심의의 공정을 기하기 위해 마을교육공동체 사업 지원과 이해관계가 있는 안건의 심의에는 참여할 수 없다.

② 해당 안건의 당사자는 위원에게 공정한 심의·의결을 기대하기 어려운 사정이 있는 경우에는 위원회에 기피 신청을 할 수 있고, 위원회는 의결로 이를 결정한다. 이 경우 기피 신청의 대상인 위원은 그 의결에 참여하지 못한다.

③ 위원이 제1항에 따른 제척 사유에 해당하는 경우에는 스스로 해당 안건의 심의·의결에서 회피하여야 한다.

제18조(간사) 위원회의 사무를 처리하기 위하여 간사 1명을 두되, 간사는 마을교육공동체 업무담당 사무관 또는 장학관으로 한다.

제19조(수당 등) 위촉위원에게 「세종특별자치시교육청 각종 위원회 설치 및 운영 조례」에 따라 예산의 범위에서 수당 등을 지급할 수 있다. 〈개정 2021.4.12., 2023.4.10.〉

제20조(협력체계 구축) 교육감은 마을교육공동체 사업의 활성화를 위하여 지방자치단체, 대학, 비영리 법인, 단체 또는 관계 기관과의 협력체계를 구축·운영할 수 있다.

[종전 제20조는 제22조로 이동]

[본조신설 2021.4.12.]

제21조(표창) 교육감은 마을교육공동체 활성화에 이바지한 공적이 뛰어난 사람, 학교, 기관 또는 단체 등에게 「세종특별자치시교육청 교육·학예에 관한 표창 조례」에 따라 표창할 수 있다.

[본조신설 2021.4.12.]

제22조(시행세칙) 이 조례의 시행에 필요한 사항은 교육감이 별도로 정한다.

[제20조에서 이동]

[본조신설 2018.2.12.]

부칙〈제2118호, 2023.4.10.〉

이 조례는 공포한 날부터 시행한다.

세종특별자치시 세종행복교육지원센터 설치 및 운영에 관한 조례

[시행 2021. 7. 15.] [세종특별자치시조례 제1714호, 2021. 7. 15., 일부개정]

세종특별자치시(교육지원과)

제1조(목적) 이 조례는 세종특별자치시의 지역교육자원 인프라 구축을 통하여 지역 교육 여건을 향상시키고 학생의 건강한 성장과 발달을 도모하기 위하여 세종행복교육지원센터를 설치하고 그 운영에 필요한 사항을 규정함을 목적으로 한다.

제2조(정의) 이 조례에서 사용하는 용어의 뜻은 다음과 같다.

1. "학생"이란 세종특별자치시(이하 "시"라 한다) 관내 유치원·초등·중등·고등학교(이하 "학교 등"이라 한다)에서 재학 중인 학생 및 같은 연령대의 아동 및 청소년을 말한다.

2. "방과후 활동"이란 학생이 학교 등에서 받는 정규교육 과정 시간 후에 이루어지는 학생들의 취미·학습활동을 말한다.

3. "체험학습"이란 학교 밖에서 학생이 교육인프라 등을 활용하여 스스로 다양하고 풍부한 경험을 할 수 있는 교육과정을 말한다.

4. "교육인프라"란 지역사회에 소재한 환경, 문화, 체험학습 등 인적·물적 자원을 통해 체계적으로 발굴·개발한 교육적 자산을 말한다.

제3조(세종행복교육지원센터의 설치 등) 세종특별자치시장(이하 "시장"이라 한다)은 학생에게 필요한 프로그램, 체험학습 및 방과후 활동 등 다양한 교육지원 사업의 개발과 운영을 지원하기 위하여 세종행복교육지원센터(이하 "센터"라 한다)를 설치·운영할 수 있다.

제4조(센터의 기능) 센터의 기능은 다음 각 호와 같다.

1. 교육지원 사업 및 교육청 협력사업의 기초조사·사업분석·평가·연구

2. 학교와 지역 교육인프라를 연계한 프로그램 기획 및 운영

3. 학생들의 체험활동(자유학기제를 포함한다) 및 방과후 활동 지원

4. 지역 교육자원 발굴 및 역량 강화 교육

5. 지역 교육 네트워크의 구성·운영·홍보

6. 그 밖에 교육지원을 위하여 시장이 필요하다고 인정하는 사항

제5조(운영협의회 설치 및 기능 등)

① 시장은 센터의 효율적 운영을 위하여 센터 운영협의회(이하 "협의회"
라 한다)를 둔다.

② 협의회는 다음 각 호의 사항을 심의한다.

1. 센터의 연간 운영계획 수립 및 평가에 관한 사항

2. 센터의 기능 및 사업수행에 관한 사항

3. 센터의 사업계획에 관한 업무공유 및 추진방향에 관한 사항

4. 교육정책에 부합하는 정책사업 기획 등에 관한 사항

5. 그 밖에 시장이 필요하다고 인정하는 사항

제6조(협의회 구성)

① 협의회는 공동위원장 2명을 포함한 15명 이내의 위원으로 구성한다.

② 공동위원장은 시 교육업무 담당국장 및 세종특별자치시교육청(이하
"교육청"이라 한다) 담당국장이 된다.

③ 협의회의 당연직 위원은 시 교육업무 담당과장과교육청의 담당과장
으로 하고, 위촉직 위원은 다음 각 호의 어느 하나에 해당하는 사람
중에서 시장이 성별균형을 고려하여 위촉한 사람으로 한다.

1. 교육현장에서 활동하였거나 활동하고 있는 교육 분야에 경험이 풍
부하고 식견을 갖춘 사람

2. 방과후 활동 또는 체험학습 관련 사무에 종사하는 사람

3. 그 밖에 방과후 활동 또는 체험학습 관련 사무에 지식이나 경험이
있다고 인정되는 사람

④ 협의회의 사무를 처리하기 위하여 2명의 공동간사를 두되, 간사는
공동위원장이 각각 지명한 사람으로 한다.

제7조(위원의 임기) 위촉위원의 임기는 2년으로 하되, 두 차례만 연임할
수 있다. 다만, 위원의 사임 등으로 인하여 새로 위촉된 위원의 임기는
전임위원 임기의 남은 기간으로 한다.

제8조(위원장의 직무)

① 공동위원장은 공동으로 협의회를 대표하고 협의회의 사무를 총괄한다.

② 공동위원장 모두 부득이한 사유로 직무를 수행할 수 없을 때에는 공동위원장이 합의를 통해 미리 지명한 위원이 그 직무를 대행한다.

제9조(위원의 해촉) 시장은 위촉위원이 다음 각 호의 어느 하나에 해당하는 경우에는 해당 위원을 해촉할 수 있다.

　　1. 위원 스스로 사임을 원하는 경우

　　2. 장기간의 치료를 요하는 질병 등으로 직무를 수행하기 어렵다고 인정되는 경우

　　3. 위원이 협의회 업무를 통해 알게 된 비밀을 누설하거나, 협의회의 정보를 이용하여 사적 이익에 활용한 경우

　　4. 그 밖의 품위손상 등 위원의 직무를 수행하는데 부적당하다고 인정되는 경우

제10조(회의)

① 공동위원장은 협의회의 회의를 소집하고, 그 의장이 된다.

② 협의회의 회의는 정기회의와 임시회의로 구분하되, 정기회의는 연 2회 소집하고, 임시회의는 공동위원장이 필요하다고 인정하는 경우 또는 재적 위원의 3분의 1 이상의 소집요구가 있는 경우에 공동위원장이 소집한다.

③ 협의회의 회의는 재적 위원 과반수의 출석으로 개의하고, 출석위원 과반수의 찬성으로 의결한다.

④ 제1항부터 제3항까지에서 정한 사항 외에 협의회의 운영 등에 필요한 사항은 협의회의 의결을 거쳐 공동위원장이 정한다.

제11조(수당 등) 협의회의 회의에 출석한 위원에게는 예산의 범위에서 「세종특별자치시 위원회 설치 및 운영에 관한 조례」에 따라 수당·여비 등 실비를 지급할 수 있다. 〈개정, 2021.7.15.〉

제12조(지원 등) 시장은 센터의 설치·운영에 소요되는 비용 및 공간을

지원할 수 있으며, 교육감에게 그 비용과 공간의 지원을 요청할 수 있다.

제13조(협력체계 구축 등) 시장은 센터의 설치와 운영을 위하여 교육청 및 학교와 협력 체계를 구축하고, 프로그램에 관하여는 교육청 또는 해당 학교와 협의하여 운영할 수 있다.

제14조(공무원의 파견) 시장은 센터의 원활한 운영을 위하여 교육감에게 그 소속 공무원의 파견을 요청할 수 있다.

제15조(시행규칙) 이 조례의 시행에 필요한 사항은 규칙으로 정한다.

부칙 〈제2118호, 2023.4.10.〉
이 조례는 공포한 날부터 시행힌다.

부칙 〈조례 제1714호, 2021.7.15.〉〈세종특별자치시 위원회 설치 및 실비변상 등에 관한 조례 전부개정조례〉

제1조(시행일) 이 조례는 공포한 날부터 시행한다.

제2조(설치·운영 중인 위원회 위원에 대한 적용례) 이 조례 시행 당시 설치·운영 중인 위원회 중 같은 위원회에 6년 초과 연임 또는 3개 위원회를 초과하여 중복 참여하고 있는 위원은 제5조에도 불구하고 해당 위원회 임기의 남은 기간까지 종전의 규정을 적용한다.

제3조(일반적 경과조치) 이 조례 시행 당시 종전의 「세종특별자치시 위원회 설치 및 실비변상 등에 관한 조례」에 따라 행하여진 처분, 절차, 그 밖의 행위는 그에 해당하는 이 조례의 규정에 따라 행하여진 것으로 본다.

제4조(다른 조례의 개정) ①~(139) (생략)

(140) 세종특별자치시 세종행복교육지원센터 설치 및 운영에 관한 조례 일부를 다음과 같이 개정한다.

제11조 중 "세종특별자치시 위원회 설치 및 실비변상 등에 관한 조례"를 "세종특별자치시 위원회 설치 및 운영에 관한 조례"로 한다.

(141)~(168) (생략)

삶의 행복을 꿈꾸는 교육은
어디에서 오는가? ·····

● **교육혁명을 앞당기는 배움책 이야기** 혁신교육의 철학과 잉걸진 미래를 만나다!

● **비고츠키 선집** 발달과 협력의 교육학 어떻게 읽을 것인가?

참된 삶과 교육에 관한
생각 줍기